Regine Kölpin (Hrsg.)
Grünkohl, Mord und Pinkel

Wellhöfer Verlag
Ulrich Wellhöfer
Weinbergstraße 26
68259 Mannheim
Tel. 0621/7188167

info@wellhoefer-verlag.de
www.wellhoefer-verlag.de

Titelgestaltung: Uwe Schnieders, Fa. Pixelhall, Mühlhausen
Satz: FPW Verlagsdienstleistungen
    www.fpw-verlagsdienstleistungen.de

ISBN 978-3-95428-187-9

Regine Kölpin (Hrsg.)

Grünkohl, Mord und Pinkel

25 Kurzkrimis und 25 Rezepte

Inhalt

Rezepte

Matthias Houben

Das Verschwinden eines Freundes nach dem Verzehr von Ostfreeske Krabbenkoken

Dangast

Dangast, irgendwann im Sommer

Karl ist ein Freak, was nicht weiter schlimm wäre, wenn nicht ausgerechnet ich ihn dazu gemacht hätte und es dann auch aushalten müsste, mit allen Konsequenzen. Du bringst deinem Bekannten die Benutzung eines Smartphones bei, zeigst ihm alle Vorzüge der Onlinepräsenz und ab da beginnt er, dich freudestrahlend mit Selfies zu überschwemmen. Ich bin hier, esse gerade dies und trinke das, schau hier, im Hintergrund siehst du ...

Für einen mittelalten Privatier, der sonst nichts mit sich anzufangen weiß, mag das interessant sein, für mich wurde es zur Qual.

Bis zu jenem denkwürdigen Tag, an dem er mit seinen letzten Selfies verschwand, als hätte es ihn nie gegeben.

Ich besitze noch die saubere Chronologie des letzten Tages: Karl in seinem weißen Cabrio auf dem Parkplatz am Hafen von Dangast, Karl beim Verzehr von Ostfreeske Krabbenkoken und mehreren Gläsern Weißwein, mit gerötetem Gesicht und weinselig, seine Kommentare über den Phallus, während er vom Strand zurück zum Radziwill-Haus geht. Das Bild vom Gemälde mit dem Stuhl davor, auf den er unbeobachtet steigt und sich vor dem Kunstwerk selbst fotografiert.

Ab da war Karl ein Freak, denn Karl gab es fortan nicht mehr. Das Ausbleiben weiterer Selfies, der freundliche Besuch eines Polizeibeamten, der das Verschwinden meines Bekannten bearbeiten musste, nachdem sein weißes Cabrio mehrere Tage verlassen in Dangast gestanden hatte, all das bestätigte: Karl war verschwunden, weg, als wäre er schlussendlich vom Stuhl ins Gemälde gestiegen und schösse seine Selfies nun im Radziwill-Universum.

Diese Vermutung habe ich natürlich nicht erwähnt, der Beamte machte eh schon einen leicht genervten Eindruck, nachdem ich ihm die Fotos des Tages gezeigt hatte. Was blieb, war eine alltägliche Lücke, das Ausbleiben von Selbstporträts eines Gelangweilten, die für mich zur Routine geworden waren. Was mich sehr irritierte und letztendlich dazu bewog, der ganzen Geschichte auf den Grund zu gehen.

Ein Selbstversuch zur Klärung

Da ich kein weißes Cabrio besitze, es aber ein wunderbarer Sommertag ist, mit blassblauem Ostfriesenhimmel und Schäfchenwolken, setze ich mich kurz entschlossen aufs Fahrrad und mache mich auf den Weg. Dabei ignorierend, dass eine Strecke gut 35 Kilometer beträgt, die ich später wieder zurückradeln muss. Vergesse eben auch, dass mein Gesäß eine solche Tortur schon lange nicht mehr gewohnt ist, was sich nach gut zehn Kilometern schmerzhaft bemerkbar macht. Es ist heiß, ich schwitze, und das nicht nur unter den Armen, die Oberschenkel werden hart, die Knie irgendwie weich, ich sehe mich zum Schluss gezwungen, das Fahrrad zu schieben, wodurch Dangast und kalte Getränke nur langsam näherkommen.

Endlich stehe ich auf dem Kopfsteinpflaster am Hafen, schaue auf den graubraunen Schlick. Es ist Ebbe im Jadebusen, ich schließe mein Fahrrad mit einer Kette an einen Zaunpfosten und hoffe, dass es nicht in ein paar Tagen gefunden wird, ohne dass es von seinem Besitzer noch Spuren gäbe.

Ein bescheuerter Gedanke, der dem Flüssigkeitsverlust geschuldet ist. Ich krame die Fotos aus der Hosentasche, die ich zunächst einmal entknittern und auseinanderpusseln muss, da sie dort während der Fahrt stark gelitten haben und nun aneinanderpappen. Ich sortiere sorgfältig und lege den Weg fest: vom Hafen zum Platz, Mittagessen in der Sonne mit Blick durch einzelne Laternen auf den Jadebusen, danach zurück zum Strand, dann wieder hoch zum Radziwill-Haus. Meine Lippen sind trocken, der schweißnasse Rücken wird vom Wind gekühlt, ich beginne bei dreißig Grad zu frieren und spüre, dass meine Kopfhaut zwischen den spärlichen Haaren Spuren von Sonnenbrand aufweist; sie beginnt zu blättern und zu jucken.

Meiner Bitte nach Ostfreeske Krabbenkoken und einem Weißwein kann Folge geleistet werden und ich schlucke das erste Glas schon weg, ehe die Bedienung wieder verschwinden kann. Bestelle eine Karaffe nach und mache mich übers Essen her. Karl hat es geschmeckt, aber er war schließlich in mancher Beziehung etwas Besonderes. Nun, mir schmeckt es auch, erscheint mir allerdings bei knapp dreißig Grad ziemlich heftig, es schlägt im Magen richtig auf. Was ich mit den nächsten Schlucken aus dem zweiten Glas Wein abfedere. Ich könnte mich abrollen, irgendwie ist die Stimmung hier unter den Touristen lustig. Man schwätzt, laut und inhaltslos, bewundert gegenseitig die schmutzigen Füße und Beine. Wohl auch im Watt gewesen, kniehoch im Matsch gestanden, fast ausgerutscht und hingefallen. Wenn Karl dort läge, würde man noch eine Hand mit dem Smartphone sehen können. Er hätte es sicher im letzten seiner Momente hochgereckt, damit es nicht verschmutzt. Aber Karl in seiner weißen Jeans, dem hell gestreiften Seidenhemd, wäre nie und nimmer, die teuren Lederslipper in der Hand, in den Matsch hinausgewandert. Er wäre auch nicht von der Kaimauer ins Hafenbecken gefallen.

Ich kichere vor mich hin und gieße nach. Rad fahren macht durstig, ich trinke weiter den säuerlichen Wein, der sich mit den Krabben anzufreunden beginnt, obwohl ich leichte Zweifel habe, ob er das richtige Gegenmittel ist.

Der junge Polizist hatte darauf hingewiesen, dass jeden Tag Menschen verschwinden, nachdem sie Zigaretten holen gegangen sind. Was mich nicht überzeugen kann, denn Karl raucht nicht. Pardon, rauchte nicht. Ich beginne mit meinem imaginären Gegenüber zu sprechen, als wäre ich nicht allein. Und bin kurz davor, ihm auf die Schulter zu klopfen. Ich möchte laut lachen, lasse es aber nach einem Blick in die Runde lieber sein. Alles um mich herum ist betriebsam und ernst damit beschäftigt, Unmengen von Pommes und Kartoffeln zu verdrücken. Daneben häufen sich Fischgebirge oder Schnitzel, in ein halbes Brot gerollt und fett gebacken.

Ich muss aufstoßen und spucke aus Versehen auf ein Foto von Karl. Klar, im Hintergrund ist der Phallus zu sehen, Kinder und Erwachsene in der bemühten Haltung, im Watt nicht umzufallen. Karl mit einem debilen Grinsen, als wollte er sagen: »Alles Idioten, ich hau jetzt ab.«

Was er aber nicht getan hat, schließlich existiert noch das Foto von Karl vor dem Radziwill-Gemälde. Mit dem Stuhl davor. Der Wein macht müde, ich bekomme schon Muskelkater vom ungewohnten Radfahren und beschließe, mir den Weg zum Strand zu sparen. Immerhin erreichten mich ja noch Fotos von der Zeit nach seinem Besuch dort. Ich versuche, mit bloßer Hand eine Fliege zu fangen, die sich auf meinem Teller niederlassen will, stoße fast das Weinglas um und trinke es lieber leer, bevor mir wirklich ein solches Missgeschick passiert. Was mich wieder zu Karl bringt. Karl, dem gar kein Missgeschick passieren kann, zu ordentlich, zu sauber, zu kontrolliert in allem außer darin, wahllos Freunde mit Selfies zu traktieren.

Wenn er überhaupt mehr als einen Freund gehabt hat. Vielleicht hat ihn dieser Gedanke zu einer Kurzschlusshandlung getrieben: nur einen Freund zu besitzen, der auch noch weit entfernt davon ist, echte Anteilnahme zu mimen.

Entführt hat ihn bestimmt auch keiner, jeder halbwegs vernünftige Mensch bringt einen solchen Mann schon nach kürzester Zeit wieder anstandslos zurück und tauscht ihn gegen einen anderen ein. Was ich nicht getan habe, ich war immer geduldig mit ihm. Außerdem wird in Ostfriesland niemand gekidnappt.

»Friesland, wir sind hier in Friesland«, korrigiert mein Alter Ego und beginnt in der Nase zu popeln.

Ich frage mich, warum ich dann nicht *Freeske* Krabbenkoken gegessen habe, und leere das Glas mit einem letzten durstigen Zug.

Mein kaum unterdrückter Rülpser irritiert die Bedienung, und ich bringe nur ein abgehacktes »stimmt so« heraus, mehr damit beschäftigt, kein weiteres Endgeräusch an das »so« zu hängen, als ihr weiter in das Ausschnittgebirge zu starren. Irgendwie muss ich jetzt ins Radziwill-Haus gelangen, ohne kichernd wildfremde Menschen anzulabern. Kleines weißes Gebäude mit blau angestrichenem Holzbrett als Giebelabschluss. Zum Glück bin ich allein, alles drängt zum Strand. Ich zahle 3,50 Euro ohne Gruppenermäßigung, mache darüber einen idiotischen Scherz, den nur mein Alter Ego versteht, das schon vorgegangen ist.

Ich drehe verlegen ob des Scherzes, der gar nicht ankommt, das Heftchen in den Händen: »Der Kosmos kann zerstört werden, der Himmel nicht.«

Mein Magenkosmos ist auch zerstört, mein Darmhimmel beginnt Abluft zu erzeugen, ich verschwinde schleunigst in die halbdunklen, niedrigen Räume und bleibe erschrocken vor der »Schönheit des Alleinseins«

stehen. Entstanden 1948, dem Geburtsjahr von Karl. Hat er jedenfalls behauptet, obwohl ich ihn weiter für einen Mittvierziger gehalten habe, schon aus Trotz und Unverständnis, dass Menschen, die nicht arbeiten müssen, dem Alterungsprozess so anstandslos widerstehen.

Der fliegende Engel trägt eindeutig Karls Gesichtszüge.

Ich muss mich setzen, kalter Schweiß perlt von meiner Stirn, das ganze Gebäude schwankt belustigt hin und her. Aus der Ecke wird mir zugewispert: »Das ist der Wein, du Affe, und dein Krabbenkoken, hättest ja auch Salat und Mineralwasser nehmen können, selbst schuld.«

Die zwei Flieger im Gemälde stürzen auf Karl zu, den leicht Schwebenden, und werden ihn gleich abschießen.

Warum um alles in der Welt ist er ausgerechnet in dieses Bild gestiegen?

Beide Hände auf die Oberschenkel gelegt, versuche ich mich zu stabilisieren und kämpfe mit aufsteigendem Sodbrennen. Das Heftchen liegt bereits auf dem Boden, zerknittert und allein. Mein Magen will ihm den Gefallen tun und ihm Gesellschaft zukommen lassen, aber ich schlucke mächtig dagegen an.

Scheiße, er kann doch nicht wirklich in ein Gemälde geklettert sein. Ich bin kurz davor, einen Selbstversuch zu wagen, sehe mich dann in Handschellen abgeführt wegen der Zerstörung eines teuren Bildes und lasse es bleiben. Karl wäre es dennoch zuzutrauen gewesen.

Ich frage mich, ob man Selfies aus einem Kunstwerk verschicken kann, ob er da drinnen überhaupt Netz hat.

Gemalt 1948, da gab es so etwas noch nicht.

Ich muss hier raus, ohne zu kotzen, bücke mich nach vorn, um das Heftchen aufzuheben, und lande auf den Knien vor dem Gemälde, das bedenklich schwankend an der Wand hängt. Was, wenn es in diesem Augenblick auf mich herabfällt, mich unter sich begräbt und aufsaugt, hinein in das andere Universum?

Stolpernd richte ich mich auf, lasse mein Alter Ego in einer dunklen Ecke stehen und haste nach draußen. Irgendwie gelange ich bis zum Fahrrad, schaffe es nicht aufzusteigen. Was auch in Ordnung ist, denn mein Gesäß fühlt sich an wie eine einzige offene Wunde. Karl wäre nie Fahrrad gefahren, stillos, unkomfortabel, unkultiviert und vollkommen am Thema vorbei, wenn man ein weißes Cabrio mit sechs Zylindern besitzt. Aber wenn man so stolz darauf ist, dann lässt man es doch nicht einfach stehen.

Sogar wenn ihm das Benzin ausgegangen wäre durch eine noch so unwahrscheinliche Unachtsamkeit, er hätte bestimmt jemanden gefunden, der ihm Benzin aus einem Reservekanister aufgefüllt hätte. Selbst damit zu einer Tankstelle zu gehen, wenn er denn einen Reservekanister besessen haben sollte – ebenso undenkbar, die weißen Jeans mit Benzinflecken, häretischer Gedanke. Wäre Winter gewesen, mit einem halben Meter Schnee, und Karl im Schnee umgefallen, so wäre er als weißer Mann nicht mehr zu entdecken gewesen, bis die Schneeschmelze eingesetzt hätte. Aber wir haben Sommer mit dreißig Grad, trinken Wein und essen Ostfreeske Krabbenkoken. Ostfreeske in Friesland, am Jadebusen, groß und mächtig, wie der der Kellnerin.

Warum hat er plötzlich aufgehört, Selfies zu verschicken?

Hat ihm jemand das Smartphone geklaut und er sucht immer noch danach? Sitzt er jetzt auf der Sonnenterrasse seiner Finca in Spanien und hat sich längst ein neues Auto gekauft, weil das andere ja schon zwei Jahre alt und damit fast unbrauchbar geworden ist? Vielleicht hat er auf seiner Finca kein Netz. Aber dann hätte ich ein Flughafen-Selfie bekommen.

Ich versuche erneut, auf das Rad zu steigen, ohne ins Siel neben dem Fahrradweg zu fallen, und schaffe es, wenn auch nicht schnurgerade, mich auf den Rückweg zu machen. Leicht schwankend zwischen den einsetzenden Kopfschmerzen und dem schmerzenden Hintern passt sich mein Fahrstil meiner Ratlosigkeit an.

Fünfunddreißig Kilometer mit der einzigen, unbeantworteten Frage: »Was hat das jetzt gebracht?« Unterbrochen von Pinkelpausen, ein paar Meter das Rad schieben, weil das Gesäß einfach nicht mehr will. Interessant dabei: Das Absteigen schmerzt heftiger als das Wiederaufsteigen.

Dangast, danach

Mittlerweile besuche ich regelmäßig das kleine Haus in Dangast. Man kennt mich bereits als Dauergast, nickt mir zu, wenn ich durch die Zimmer streife, vor den Gemälden stehen bleibe, sie lange und sorgfältig mit den Augen absuche, immer in der Erwartung, vielleicht irgendwann eine verdächtige Bewegung darin zu bemerken oder einen plötzlich auftauchenden Arm, der mir das Smartphone entgegenreckt. Ich habe allerdings nie wieder Ostfreeske Krabbenkoken gegessen und auch nicht in der Mittagshitze dazu mehr als zwei Gläser Wein getrunken.

Von Karl habe ich bisher nichts mehr gehört.

Manchmal frage ich mich, ob ich ihn mir nur eingebildet habe.

Was auch nicht wirklich hilft.

OSTFREESKE KRABBENKOKEN

Zutaten:
500 g gepulte Krabben
5 Scheiben geriebenes Weißbrot
1/2 TL gehackte Petersilie
1/2 TL gehackter Koriander
3 EL Mayonnaise
1 EL Senf
1 Ei
weißer Pfeffer
1 Tasse feine Kräcker- oder Brotkrümel
2 EL Butter
1 Zitrone

Zubereitung:
Zunächst werden Krabbenfleisch, Weißbrot, Petersilie und Koriander in eine Schüssel gegeben. In einer zweiten Schüssel verschlagen wir Mayonnaise mit Senf und Ei und würzen mit etwas Pfeffer. Das Ganze geben wir dann nach und nach über das Krabbenfleisch, wobei wir die Masse mit einer Gabel leicht lockern. Wir fügen nur so viel von der Mischung hinzu, dass sich das Krabbenfleisch schön damit verbindet.

Mit den Händen formen wir danach den Teig zu kleinen Kuchen, legen diese auf einen Teller und lassen sie im Kühlschrank eine Stunde ruhen. Vor dem Braten wälzen wir die Krabbenkuchen in Krümeln (vorzugsweise von Kräckern), um zu vermeiden, dass sie zäh werden. Wir schmelzen Butter in einer Bratpfanne und braten die Krabbenkuchen so lange, bis sie auf beiden Seiten knusprig braun sind.

Serviert werden die Krabbenkoken mit Zitronenscheiben und einem grünen Salat.

INSA SEGEBADE

Startkapital

WILHELMSHAVEN

»Verdammt, Müller! Warum haben Sie hier noch nicht abgesperrt?« Hauptkommissar Wattjes warf seine erst zur Hälfte aufgerauchte Gauloise vor die Pfoten der steinernen Löwen, die den Eingang zum Rathaus flankierten. Das Filterpapier platzte auf dem regennassen Pflaster, und Tabakkrümel mischten sich in das rote Rinnsal, das unter einer weißen Plane heraussickerte. Die Umrisse eines Körpers zeichneten sich darunter ab. Ein Redakteur der Wilhelmshavener Nachrichten hatte sein Objektiv darauf gerichtet und drückte pausenlos auf den Auslöser, bis Wattjes ihn am Mantelkragen packte und wegzog.

»Was macht die Mordkommission hier?«, beeilte sich der Journalist zu fragen. »Es hieß schließlich, es sei Selbstmord.«

»Wart's ab! Heute Nachmittag gibt's vielleicht 'ne PK«, knurrte Wattjes. Oder auch nicht, fügte er in Gedanken hinzu. Sollten die Presseheinis doch glauben, was sie wollten. Wenn jemand mit zerschmetterten Gliedern vor dem 49 Meter hohen Rathausturm lag, gingen alle automatisch von Selbstmord aus. Dabei gab es Videoaufnahmen, die die Frau in Begleitung eines Mannes zeigten, mit dem sie früh am Morgen das Rathaus betreten hatte. Zu erkennen war der Mann nicht; er trug einen schwarzen Hoodie, dessen Kapuze er sich tief ins Gesicht gezogen hatte. Die Kamera, die die Plattform des Turms überwachte, war dagegen defekt gewesen.

Als Wattjes, immer noch den Redakteur am Schlafittchen, die Stelle erreichte, an der ein Polizist gerade mit dem rot-weißen Absperrband kämpfte, konnte er es sich nicht verkneifen, dem Journalisten einen weiteren kleinen Stoß zu verpassen.

»Solltet ihr nicht längst in der Schule sein?«, raunzte er auf dem Rückweg zwei Jungen an, die mit dem Finger auf die Plane zeigten und miteinander tuschelten.

»Wir wohnen in der Nähe«, erklärte der eine, als würde das die Frage beantworten.

»Warum ist die Frau da runtergesprungen?«, fragte der andere.

»Das geht euch nichts an«, antwortete Wattjes und bemerkte, dass der Wind eine Ecke der Plane hochgeweht und ein Büschel blonder Haare freigelegt hatte, die mit Blut verklebt waren. »Aber wenn ihr hier nicht gleich verschwindet, kann ich euch verraten, warum ich euch eins hinter die Ohren gebe.« Der Kommissar nestelte in seiner Jackentasche nach einer neuen Zigarette. Aus dem Augenwinkel beobachtete er, wie die Jungen betont langsam den Rathausvorplatz verließen und gegen ein paar Müllsäcke traten, bis sie hinter der nächsten Ecke verschwanden. Wattjes zündete sich eine neue Gauloise an, nahm einen tiefen Zug und behielt den Zigarettenrauch sekundenlang in seinen Lungenflügeln, bevor er ihn durch die Nasenlöcher ausstieß. Erst dann beugte er sich hinunter und legte die Plane so zurecht, dass sie den Körper wieder vollständig unter sich verbarg.

Katrin Breuer, 33 Jahre alt, geschieden. Mehr hatten die Nachbarn nicht über die Tote sagen können, als er seine Befragung zwei Stunden später abgeschlossen hatte. Aufgefallen war sie den meisten wohl erst, als bekannt wurde, dass sie sich morgens um sieben vom Rathausturm gestürzt hatte. Die Durchsuchung der Zwei-Zimmer-Wohnung von Katrin Breuer in der Rüstringer Straße ergab ebenfalls nicht viel. Einen Abschiedsbrief fanden sie nicht. An wen hätte Katrin Breuer auch schreiben sollen?

Nichts deutete darauf hin, dass sie Freunde oder Verwandte hatte. Die einzige Adresse, die in ihrer Schreibtischschublade lag, war die ihres Ex-Mannes Herbert.

Wattjes schaute auf seine Armbanduhr. Bald elf und er hatte noch nichts gegessen. Allerhöchste Zeit, Richtung Kurpark zu fahren und in seinem Stammcafé ein französisches Frühstück zu sich zu nehmen. Mertens hätte darüber bestimmt gemeckert. Gut, dass er seinen Assistenten in die Pilze geschossen und nun seine Ruhe hatte. Mertens hatte immer brav mit seinem Frauchen und seinen zwei Gören gefrühstückt, bevor er zur Arbeit fuhr. Wattjes grinste. Er zog es vor, sich seinen Kaffee von der jungen, knackigen Bedienung im Café servieren zu lassen. Anschließend würde er diesen Herbert Breuer aufsuchen, der in der Nähe des Südstrandes wohnte. Klar, als Reeder, dessen Schiffe alle Weltmeere befuhren, war man sich eine noblere Wohngegend schuldig. Merkwürdig war nur, dass seine geschiedene Frau eher bescheiden gewohnt hatte. Vielleicht hatte Breuer einfach einen cleveren Anwalt. Oder einen Ehevertrag. Wattjes wünschte, er hätte selber an so etwas gedacht, bevor er Helga geheiratet hatte. Seit seiner Scheidung arbeitete er nur noch für die Miete und dass er etwas zu beißen hatte. Alles andere ging an seine Ex.

Während Wattjes am frühen Nachmittag vor der gusseisernen Pforte darauf wartete, dass ihm jemand öffnete, klopfte er sich die letzten Krümel seines Buttercroissants von der Krawatte. Danach zeichnete er mit dem Zeigefinger die Lettern auf dem blank polierten Messingschild unter der Türklingel nach: Herbert und Anke Breuer.

»Wollen Sie zu mir?«, hörte er plötzlich eine Stimme hinter sich.

Wattjes drehte sich um und stand einem etwa 45-jährigen Mann gegenüber, der einen hellgrauen Kaschmirmantel trug. Das Gesicht des Mannes war so gebräunt, dass Wattjes zuerst dachte, es sei geschminkt. Segeln in der Karibik, schätzte er dann.

»Deswegen bin ich hier. Herbert Breuer, nehme ich an. Mein Name ist Wattjes, Hauptkommissar Wattjes.« Er registrierte, dass Breuers Wangen sich unter der Bräune röteten und sein Atem sich beschleunigt hatte. Als wäre er gerannt. Dabei stand sein Benz, in dem ein Chauffeur wartete, nur ein paar Meter entfernt. Aber die meisten bekamen einen schnelleren Puls, wenn Wattjes sich vorstellte. Entweder weil sie eine schlimme Nachricht befürchteten oder weil sie sich ertappt fühlten.

»Komisch, dass niemand aufmacht. Meine Frau müsste da sein«, erklärte Breuer und schloss das Tor auf, bevor er Wattjes den Vortritt ließ.

»Vielleicht ist sie noch bei der Arbeit«, vermutete der Kommissar.

»Arbeit? Ich bitte Sie. Meine Frau arbeitet doch nicht. Es sei denn, sie bezeichnen das Schlendern durch Boutiquen als Arbeit.«

Breuer lachte und öffnete die Tür des Hauses, das wie zwei unterschiedlich große, nebeneinanderliegende Schuhkartons aussah. Der Kommissar folgte ihm durch einen weiß gekachelten Flur, der ihn an sterile Krankenhausgänge erinnerte, in ein Wohnzimmer, das größer war als seine ganze Wohnung. Die rechte Seite des Raumes wurde von einer Fensterfront eingenommen, vor der eine achtsitzige Couchgarnitur stand, die so strahlend weiß war, dass es blendete. Vier Ölgemälde an der gegenüberliegenden Wand zeigten die vier Jahreszeiten. Sogar Wattjes erkannte, dass eines von ihnen mehr gekostet hatte, als er in einem Jahr verdiente. Kurz wunderte er sich über die Motive. Überhaupt hatte er sich die Hauseinrichtung eines Reeders maritimer vorgestellt. Zumindest mit einem Steuerrad an der Wand oder einem dicken Tau anstelle eines schmiedeeisernen Treppengeländes.

»Hallo, Schatz. Ich habe dich gar nicht gehört. Ich wollte noch ein paar Kalorien verbrennen, bevor ich uns einen Matjessalat mache. Ich habe heute Morgen vom Markt frischen Matjes aus Emden mitgebracht. Den lege ich mit sauren Gurken, Äpfeln, Zwiebeln und saurer Sahne ein. Dazu gibt es leckere Pellkartoffeln.« Eine Frau in einem himmelblauen Gymnastiktrikot, das sich eng um ihre Taille und die Rundungen ihres Hinterns schmiegte, kam die marmorne Wendeltreppe herunter.

»Du kochst?«, fragte Herbert Breuer ungläubig.

Wattjes sah, wie sich die feinen Gesichtszüge der Frau verzogen. Er wettete, dass sie eine ordentliche Schimpftirade abgelassen hätte, wenn sie ihn nicht in genau diesem Moment entdeckt hätte.

»Wir haben Besuch?«, fragte Anke Breuer, und ihre Züge glätteten sich wieder, während sie sich mit den Fingern durch die schwarzen Locken fuhr. »Bitte nehmen Sie doch Platz.«

Wattjes setzte sich in die Mitte der Couch, Breuer nahm ihm gegenüber in einem Sessel Platz. Geblendet von der Sonne, die durch die großen Fenster in den Raum fiel, kniff er die Augen leicht zusammen. Seinen Mantel behielt er an, während Wattjes sich gemütlich in dem Polster fläzte.

»Sie waren mit Katrin Breuer verheiratet?«, begann der Kommissar das Gespräch.

»Ja.«

»Wie lange?«

»Zehn Jahre lang. Wir haben uns im vergangenen Herbst scheiden lassen.«

»In beiderseitigem Einvernehmen?«

»Ja, das heißt ... Hören Sie, warum fragen Sie das eigentlich alles? Hat Katrin mich angezeigt?«

»Hätte sie denn Grund dazu gehabt?«, parierte Wattjes mit einer Gegenfrage.

Breuer sank leicht in sich zusammen. Aber er fasste sich schnell wieder, straffte die Schultern und sagte: »Katrin will schon seit Wochen mehr Unterhalt. Ich habe ihr jedoch über meinen Anwalt mitteilen lassen, dass ich nicht daran denke. Schließlich war sie es, die mich betrogen hat. Soll sie doch arbeiten gehen. Das machen andere auch.«

Es sei denn, man ist die aktuelle Frau von Herbert Breuer, dachte Wattjes und notierte sich ein paar Sätze in sein Notizbuch. Sekundenlang war nur das Kratzen seines Bleistifts auf dem Papier zu hören, in das sich das Scharren von Schuhen mischte. Wattjes sah auf Breuers italienische Slipper. Zwei Monatsgehälter, schätzte er den Preis.

»Wo waren Sie heute Morgen um sieben?«

»Aber wieso ...?«, stotterte Breuer. »Warum fragen Sie mich all diese Dinge?«

»Ihre Frau, pardon, Ihre Ex-Frau wurde heute tot aufgefunden. Wir haben Grund zu der Annahme, dass sie ermordet wurde. Also, wenn Sie bitte meine Frage beantworten würden.«

»Wo soll mein Mann morgens um sieben schon gewesen sein?«, schaltete Anke Breuer sich ein, als ihr Mann kein Wort herausbrachte und Wattjes mit offenem Mund anstarrte. »Er war bei mir zu Hause.«

»Wann haben Sie das Haus verlassen, Herr Breuer?«

»Um viertel vor acht. Wie jeden Morgen. Mein Chauffeur wird Ihnen das gerne bestätigen«, presste der Reeder heraus.

Wattjes rieb sich das Kinn und hob dann lauschend den Kopf.

»Das ist Balduin, unser Cockerspaniel. Wenn ich Gymnastik mache, sperre ich ihn in der Küche ein. Er stört mich sonst«, erklärte Anke Breuer das Kratzen an der Tür, das immer lauter im Wohnzimmer zu vernehmen war.

»Wie nett. Ich hätte auch gerne einen Hund. Aber unter uns gesagt, bin ich dafür einfach zu faul. Ich meine, morgens noch vor der Arbeit bei Wind und Wetter mit dem Tier Gassi zu gehen ... Also, das wäre nichts für mich.«

Froh über den Themenwechsel, sagte Breuer: »Doch es hält auch fit für den ganzen Tag, morgens vor dem Büro eine Stunde Luft zu schnappen.«

Es war nicht schwierig, sich vom Staatsanwalt einen Durchsuchungsbefehl für Breuers Wohnung ausstellen zu lassen. Die Blutergüsse an Katrin Breuers Handgelenken hatten bereits den Beweis geliefert, dass jemand sie auf den Rathausturm gezerrt haben musste. Herbert Breuer hatte für die Tatzeit kein Alibi. Als Katrin Breuer zu Tode stürzte, war er mit seinem Hund spazieren gegangen. Ohne Weiteres wäre es für ihn möglich gewesen, in einer Stunde von der Ebertstraße zum Rathausturm und zurück zu fahren und den Mord zu begehen. Der Benz hätte wieder in der Garage gestanden, noch bevor der Chauffeur seinen Dienst antrat.

Und Breuer hatte ein Motiv, seine Ex-Frau umzubringen: Überhöhte Unterhaltsforderungen, die Katrin Breuer gerichtlich hatte einklagen wollen. Das konnte die Polizei den Briefen entnehmen, die Katrin Breuer ihrem geschiedenen Mann in den vergangenen Wochen geschickt hatte. »Das Geld steht mir zu«, war darin unter anderem zu lesen. »Du wohnst in deinem Palast, und ich kann mir nur eine schäbige Wohnung leisten. Ich will, was mir zusteht. Deine Einschüchterungsversuche ziehen bei mir nicht. Ich habe keine Angst vor deinen Drohungen ... frage mich aber, was die Presse davon halten wird, wenn ich sie darüber informiere.«

Ein schwarzer Kapuzenpullover, noch feucht vom morgendlichen Regen, überführte Herbert Breuer endgültig. Die Laboruntersuchung ergab, dass die Hautpartikel darauf eindeutig von Katrin Breuer stammten. Breuer leistete keinen großen Widerstand, als zwei Polizisten ihn abführten. Die Beamten ignorierten sein konfuses Gestammel, während sie ihm die Handschellen anlegten. Als der Streifenwagen von der Auffahrt fuhr, schloss Wattjes die Haustür, strich dem Cockerspaniel über den Kopf und setzte sich neben Anke Breuer auf die weiße Sofagarnitur.

»Na, wie haben wir das gemacht, Süße?«

»Hervorragend. Kein Wunder. Bei der perfekten Planung. Allein Katrins Handschrift habe ich wochenlang geübt.«

»Aber die Hauptarbeit habe ich heute Morgen geleistet«, warf Wattjes ein. »Zum Rathaus konnte ich Katrin Breuer recht leicht locken. Auf die Plattform musste ich sie jedoch mit Gewalt ziehen. Und dann dieses Absperrgitter ... nur gut, dass die Kamera nicht funktionierte.«

»Also bitte, alles andere wäre ja noch schöner gewesen. Der Elektriker wollte immerhin 5.000 Euro haben.«

»Tut dir dein Mann denn gar nicht leid? Oder die arme Katrin?«, fragte Wattjes grinsend.

»Das hält sich sehr in Grenzen«, antwortete Anke. »Schließlich haben die beiden sich das selbst zuzuschreiben. Ich meine, nicht nur, dass Herbert ein Verhältnis mit seiner Ex hatte und ihr diese Luxushütte in Bad Zwischenahn gekauft hat, in die sie bald einziehen wollte. Er wollte mir auch partout kein Geld für mein Gymnastikstudio geben. Die Frau von Herbert Breuer arbeitet nicht. Was würden denn da die Leute denken«, ahmte sie den Tonfall ihres Mannes nach.

»Die Sache mit dem Startkapital sollte kein Problem mehr sein«, erklärte Wattjes und legte eine Hand auf Ankes Oberschenkel.

»Stimmt. Die Reederei Theilen & Söhne will seit Langem expandieren. Und sie hat das nötige Kleingeld, um Herberts Kähne zu kaufen.«

»Ich mag diese großen Pötte sowieso nicht – im Gegensatz zu einer kleinen, feinen Segeljacht. Ich wollte schon immer einmal in die Karibik. Ein bisschen Sonnenbräune auflegen. Aber sag mal ...«, Wattjes sah Anke Breuer aufmunternd an, »kannst du wirklich kochen? Gegen einen Matjessalat mit sauren Gurken, Äpfeln, Zwiebeln und saurer Sahne und dazu Pellkartoffeln hätte ich nichts einzuwenden.«

»Ich habe viele Talente, mein Lieber. Und eines davon ist Kochen. Ich werde es dir gleich beweisen. Die Zwiebel lasse ich allerdings lieber weg.«

Matjessalat

Zutaten (für 2 Personen):
6 Matjes
1 halbes Glas sauer eingelegte Gurken
1 große Zwiebel
2 Äpfel
1 Becher Naturjoghurt

Zubereitung:
Die Fische in Stücke schneiden ebenso wie die Gurken, die geschälten Äpfel und die Zwiebel. Darüber den Naturjoghurt und einen Schluck Gurkenwasser geben, alles gut miteinander verrühren und für ein paar Stunden an einem kühlen Ort durchziehen lassen. Zum Matjessalat schmecken frisch gekochte Pellkartoffeln mit einem Klacks Butter aus Weidenmilch.

LOTTE MINCK

Freischwimmer

HOOKSIEL

»Lust auf Backfisch? Ich möchte etwas Wichtiges mit dir besprechen«, sagt er, und ihr Herz macht einen kleinen Freudensprung.

Für sie ist Backfisch nicht einfach Backfisch, sondern ein Code, den nur sie beide verstehen. Fünf Jahre ist es jetzt her, dass ihr erstes Date am *To'n Fischhus* am Hooksieler Außenhafen stattfand, wo es den besten Backfisch weit und breit gibt. Dass er daran gedacht hat, rührt sie. Vor exakt fünf Jahren war das, auf den Tag genau.

Sie wirft einen Blick aus dem Fenster. Dicke Wolken jagen über den tiefblauen Himmel, aber es sieht nicht nach Regen aus. Obwohl es bereits auf Ende Oktober zugeht, sind die Temperaturen mild.

Sie atmet ein paarmal tief durch, damit er ihrer Stimme die Aufregung auf keinen Fall anhören kann. Am liebsten würde sie wie ein Kind quietschend auf und ab hüpfen und in die Hände klatschen, so sehr freut sie sich.

»Wann wollen wir los?«, fragt sie betont gelassen.

»Weiß nicht«, murmelt er. Er klingt geistesabwesend. »Was meinst du? Gegen Mittag. Oder lieber später?«

Später – von wegen. Sie kann es ja jetzt schon kaum aushalten. Von ihr aus könnte er ihr den Antrag gleich hier machen, zwischen den Brötchenkrümeln, leeren Tassen und Eierschalen des Frühstücks. Aber sie versteht, dass ihm das zu profan ist.

»Ich muss noch mal kurz los«, sagt er, »was erledigen. Ich bin rechtzeitig zurück.«

Das würde ich dir auch raten, denkt sie liebevoll, während die Tür hinter ihm ins Schloss fällt.

Was er wohl zu erledigen hat? Blumen besorgen? Eine Flasche Champagner, um den Anlass angemessen zu feiern? Oder hat er beim Juwelier einen Ring anfertigen lassen, den er nun abholt?

Summend räumt sie den Tisch ab, stellt das Geschirr in die Spülmaschine und macht sich daran, die Küche zu putzen. Eine knappe Stunde später ist alles blitzblank, aber es gilt nach wie vor, Zeit zu überbrücken. Nachdem sie das Bad gewienert und im Wohnzimmer Klarschiff gemacht hat, steht sie sinnend im Schlafzimmer.

Ob dem Antrag eine heiße Liebesnacht folgen wird? Das fände sie nur angemessen, und es würde auch mal wieder Zeit, muss sie sich eingestehen. Ihre körperliche Beziehung ist ein wenig eingeschlafen, aber das ist schließlich kein Wunder bei seiner beruflichen Belastung neuerdings. Er will Karriere machen, dafür lohnen sich Überstunden und kaum Freizeit allemal. Umso mehr freut sie sich, dass er heute, am Samstag, ausnahmsweise nicht arbeiten muss. Es kann jedenfalls nicht schaden, das Bett frisch zu beziehen.

Sie hat in einer Frauenzeitschrift gelesen, dass rote Bettwäsche die Leidenschaft anfachen soll, also holt sie die Bezüge mit dem orientalischen Muster in rot, violett und orange aus dem Schrank, die sie bisher nie benutzt haben. Dazu ein passendes Laken in violett, und schon wirkt das Schlafzimmer wie eine Lasterhöhle, in der alles passieren kann. Jetzt noch flackerndes Kerzenlicht … aber all das soll ihn überraschen, deshalb breitet sie die gestreifte Tagesdecke über das Bett und holt aus dem Wohnzimmer zwei Duftkerzen, die sie in ihrer Nachttischschublade versteckt. Später, wenn sie nach Hause kommen, wird sie den Raum mit einigen Handgriffen verwandeln, wenige Sekunden werden ihr dafür ausreichen. Sie seufzt wohlig, während ihre Fantasie sie ein paar Stunden in die Zukunft entführt. Sie sieht sich und ihn auf dem Bett, nackt und ineinander verschlungen, trunken von Champagner und Liebe …

Erhitzt von der Arbeit und ihren Gedanken, stellt sie sich unter die Dusche und wählt ein wohlriechendes Duschöl mit dem vielversprechenden Namen *Leidenschaft*. Es duftet nach Moschus, mit einem Hauch von Vanille. Sofort fühlt sie sich verführerisch und sexy.

Nach dem Abtrocknen ist ihre Haut samtweich, und sie steht vor ihrer Kommode. Zuerst will sie, wie üblich, zu ihrer schmucklosen und praktischen Unterwäsche greifen, aber dann fallen ihr die Dessous ein, die sie sich mal für eine besondere Gelegenheit gekauft und bisher noch nie getragen hat.

Als sie hineinschlüpft, kichert sie bei dem Gedanken daran, wie unverschämt teuer dieses Nichts aus Seidenbändern und schwarzer Spitze war. Wie er wohl reagieren wird? Sie ist geneigt, auch in dieser Frage dem allwissenden Frauenmagazin zu glauben, das stets todsichere Tipps bietet, um Männer zu verführen. Rote Bettwäsche, duftgeschwängerte Atmosphäre, weiche Haut und ein Hauch von verführerischer Transparenz … Was soll da noch schiefgehen? Nur zu den immer wieder beschworenen schwindelerregend hohen Absätzen wird sie sich niemals durchringen können, aber darauf steht er ohnehin nicht, wie sie weiß.

Sie hört die Wohnungstür klappen und zieht sich rasch Jeans und Pullover über, schließlich will sie ihm die Überraschung nicht verderben.

»Bin zurück!«, ruft er.

Sie gibt ihm etwas Zeit, damit er eventuelle Geschenke vor ihr verbergen kann, dann schlendert sie aus dem Schlafzimmer und umarmt ihn zur Begrüßung.

»Nanu«, sagt er, »neues Parfüm?«

Sie frohlockt innerlich – er hat es bemerkt. »Ach, das ist nur das Duschgel«, antwortet sie. Von ihm kommt nichts mehr. Nun gut, sie kann auf die Komplimente warten, sie hat alle Zeit der Welt.

»Sollen wir?«, fragt er nach einem Blick auf die Armbanduhr. »Oder ist es dir zu ungemütlich draußen?«

»Du weißt doch, ich liebe dieses Wetter«, erwidert sie, und für einen winzigen Moment huscht so etwas wie Unwillen über sein Gesicht. Er ist derjenige, dem starker Wind nicht behagt. Sie ist kurz davor, nachzugeben, aber dann entscheidet sie sich dagegen. Nein, sie will diesen Antrag genau an dem Ort, den er ursprünglich vorgeschlagen hat, mit allem Drum und Dran: mit viel Wind, mit Möwengekreische und dem unwiderstehlichen Duft von Backfisch.

Sie genießt jeden Meter der Fahrt, obwohl sie nicht reden – vielleicht auch gerade deshalb. Wahrscheinlich ist er aufgeregt wegen des Antrags, und das verschlägt ihm die Sprache. Sie empfindet tiefe Zärtlichkeit für ihn. Am liebsten würde sie ihn erlösen und ihm die Antwort bereits jetzt geben, aber natürlich möchte sie ihm den Moment, den er bestimmt schon ewig plant, nicht verderben. Das hat er nicht verdient.

Endlich mit ihm verheiratet zu sein, das wünscht sie sich so sehr. Ein höherer Level an Verbindlichkeit. Ein Leben lang zusammen sein. Gemeinsam alt werden. Zukunft planen. An ihrer Kinderlosigkeit wird sich trotzdem nichts ändern, darauf haben sie sich längst geeinigt. Sie genießen ihre Unabhängigkeit mit zwei Gehältern, die einen gewissen Komfort ermöglichen, an den sie sich mittlerweile gewöhnt haben. Kinder würden alles verändern: keine zwei Urlaubsreisen pro Jahr mehr, eine größere Wohnung müsste her … Sie schüttelt den Kopf.

»Was ist?«, fragt er.

Sie lächelt. »Nichts. Ich freue mich auf den Fisch. Ich habe mich gerade gegen die Knoblauchsauce entschieden. Es sei denn, du nimmst sie auch.«

»Mal sehen«, murmelt er.

Die Straße führt am Deich entlang, hinter dem die Wogen der Nordsee ans Ufer rollen. Sie kennt jeden Stein, jeden Zaunpfahl, jeden Grashalm, so oft ist sie die Strecke schon gefahren. Zahllose Schafe, pummelig durch ihr dichtes Wollkleid für den Winter, grasen am Deich. Sie sehen aus wie dicke weiße Wattebäusche auf vier dünnen Beinen. Wolken fliegen mit rasender Geschwindigkeit über den Himmel und sorgen für einen schnellen Wechsel aus grellem Sonnenlicht und Schatten.

Nordseewetter, wie sie es liebt.

Die Straßenführung erlaubt von Zeit zu Zeit einen Blick über die Deichkrone auf die dunkelgrüne kabbelige See. Es ist Flut und die Wogen tragen Schaumkronen aus weißer Gischt – diesen Anblick wird sie für die Ewigkeit konservieren, nimmt sie sich vor, als Sinnbild für diesen besonderen Tag.

Sie fahren über die Schleusenbrücke am Hooksieler Außenhafen. Auf dem Parkplatz stehen weniger Autos, als sie erwartet hat. Aber vielen Touristen ist dieses Wetter zu rau, da bleiben sie lieber an einem windgeschützten Ort, statt sich der Wucht der entfesselten Elemente auszusetzen.

Sie biegen nach rechts auf die Zufahrt zum Parkplatz ab. Ihr Herz pocht stärker und stärker, ihre Handflächen werden feucht. Ob er vor ihr auf die Knie fallen wird, vor allen Leuten? Er ist niemand, der gern im Mittelpunkt der allgemeinen Aufmerksamkeit steht, aber vielleicht macht er heute eine Ausnahme. Wenn man bedenkt, welche öffentlichen Bühnen sich manche suchen, um einen Antrag zu machen … vielleicht wird sie ihn gleich von einer völlig neuen Seite kennenlernen?

Der Wind reißt an ihren Haaren und zerrt an der Kapuze ihres leichten Anoraks, als sie aus dem Auto steigt. Lachend beugt sie sich noch einmal hinein und sieht, dass er zögert. Dann nimmt er die grobmaschige Strickjacke, die auf der Rückbank liegt, und streift sie über seinen dicken Troyer. Zusätzlich setzt er eine Wollmütze auf. Erst danach wagt er sich ins Freie, zieht aber sofort den Kopf zwischen die Schultern und vergräbt die Hände in den Jackentaschen.

»Du Frostbeule«, sagt sie.

»Der Wind ist verflucht kalt«, erwidert er.

Findet sie nicht. Es weht stark, okay, aber unter kalt versteht sie etwas anderes. Kalt ist es, wenn sie ihre Gesichtshaut nicht mehr spürt, und davon kann keine Rede sein.

»Dann lass uns was Warmes essen«, gibt sie zurück, hakt sich bei ihm ein und zieht ihn mit sich zum Imbiss.

Von den Tischen unterhalb der weißblauen Imbisshütte, die erhöht aufgebaut ist, sind nur zwei besetzt. Sie steigen die Stufen zum Verkaufsraum hoch und sehen auf den ersten Blick, dass drinnen und auf der überdachten Veranda nichts mehr frei ist, aber an der Theke kommen sie sofort dran. Da er sich gegen die Knoblauchsauce entscheidet, wählt auch sie die Remoulade, dazu Pommes frites.

Ihr läuft das Wasser im Mund zusammen, als man ihr das Tablett mit den goldbraunen riesigen Filets über den Tresen reicht; er nimmt die Getränke und bezahlt.

Tatsächlich ist es bei dem Wind nicht ganz einfach, mit dem Essen die Treppen hinunterzubalancieren. Aber sie schafft es und stellt das Tablett auf einem Tisch ab, der direkt an der Holzwand steht, über der die Imbissbude thront. Dort sind sie etwas geschützt. Er setzt sich ihr gegenüber und wirft einen skeptischen Blick auf die Möwen, die kreischend im Wind segeln, weil sie auf Beute hoffen.

»Lass es dir schmecken«, sagt er und zieht einen der Pappteller zu sich heran.

Sie sticht die Plastikgabel in den Backfisch. Die Teigkruste kracht verlockend und gibt das saftige Fleisch darunter frei. Sie liebt die Kombination von knusprig und weich im Mund – nirgends sonst ist der Fisch so lecker wie hier, findet sie. Während sie genussvoll kaut, fragt sie sich, wann es wohl so weit ist, dass er sich ihr endlich erklärt. Wenn die Teller leer sind? Aber er stochert nur in seinem Essen, ihm hat es also nicht nur die Sprache, sondern auch den Appetit verschlagen, dem Ärmsten. Sie isst schneller, um ihn anzuspornen.

»Keinen Hunger?«, fragt sie und deutet mit der Gabel auf seinen beinahe unangerührten Fisch. »Die Möwen freuen sich.«

Er steckt sich einen Bissen in den Mund, den er langsam kaut. Die Überwindung ist ihm anzusehen.

Je leerer ihr Teller wird, desto mehr muss sie darauf achten, ihn festzuhalten, sonst würden die Böen ihn vom Tisch fegen. Jetzt sind nur noch ein paar Pommes frites übrig, und sie stellt ihre Mineralwasserflasche auf den Pappteller, damit er nicht davonfliegen kann. Dann lehnt sie sich satt und zufrieden zurück. Es duftet nach köstlich Frittiertem, gemischt mit dem Salz, das der Wind mit sich führt. Ein paar Schiffe und Krabbenkutter liegen im Hafen, auch für den Ausflugsdampfer ist es heute zu stürmisch. Die Mole ist menschenleer. Die Sonne blendet, aber sie lässt die Sonnenbrille in der Tasche, da sie ihm beim Antrag in die Augen sehen möchte. Sie beobachtet die graugemusterten großen Jungmöwen, die über das Pflaster trippeln und darauf warten, dass endlich etwas vom Tisch fällt.

Sie bemerkt, dass sie mittlerweile allein unten auf dem Platz vor dem Imbiss sitzen. Sie sind nun unbeobachtet, jetzt könnte er doch allmählich …

»Svenja ist schwanger«, sagt er unvermittelt.

»Meinen Glückwunsch«, erwidert sie automatisch, während sie sich fragt, warum er ihr das erzählt. »Aber wolltest du nicht etwas Wichtiges mit mir besprechen? Schieß los!«

Wen interessiert schon die Schwangerschaft seiner Kollegin Svenja? Noch dazu in diesem Moment, der nur ihnen beiden gehören soll.

Er antwortet nicht, sieht sie zunächst nur an. Zögert. »Mach ich doch gerade.«

Was bitte hat die Schwangerschaft von Svenja mit seinem Heiratsantrag zu tun, fragt sie sich verwirrt. Endlich versteht sie, und die Erkenntnis fühlt sich an wie ein Schlag in die Magengrube, unerbittlich und sehr schmerzhaft. Sie krümmt sich. Ihr Mund ist trocken. Sie greift nach ihrem Getränk, und sofort reißt eine Böe den Pappteller vom Tisch. Die Möwen stürzen sich flügelschlagend auf die herumfliegenden Pommes frites, picken mit ihren großen schwarzen Schnäbeln danach, balgen sich zeternd um die besten Stücke.

Sie kann ihn nicht ansehen, hält ihren Blick starr auf die außer Rand und Band geratenen Tiere gerichtet. Sie weiß nicht, wie sie reagieren soll, was er nun von ihr erwartet, ihr Kopf ist leer. Sie kann nicht begreifen, dass er sich ausgerechnet diesen Ort, ausgerechnet ihren Jahrestag ausgesucht hat, um ihr mitzuteilen, dass er seine Kollegin geschwängert hat. Ihr dämmert, dass weder ihm der Ort etwas bedeutet noch er sich des Datums bewusst ist.

Während sie sich in ihrer Kinderlosigkeit häuslich eingerichtet hat, schwängerte er also Svenja. Die Svenja, über deren Oberflächlichkeit er stets hergezogen hat, die Stöckelschuhe und erst diese nervige Piepsstimme, die er den lieben langen Tag lang ertragen muss, diese hohle Tussi, wie er sie immer genannt hat. Sie weiß, dass sein Blick auf sie gerichtet ist, dass er auf eine Reaktion wartet.

Sie wendet sich ihm zu und sagt: »Dann haben wir wohl einiges zu besprechen. Lass uns ein paar Schritte laufen.«

Er ist sichtlich erstaunt, aber vor allem erleichtert. Geradezu beschwingt eilt er die Treppe zum Imbiss hinauf, um ihre Tabletts zurückzubringen. Sie erhebt sich von der Bank, unsicher, ob ihre Beine sie tragen.

Sie gehen am Hafenbecken entlang zur Mole. Fast panisch achtet sie darauf, ihn nicht zu berühren, das würde sie jetzt nicht aushalten. Sie wird seinen Körper nie wieder spüren, das ist nun Svenjas Zukunft. Ob man die Schwangerschaft schon sehen kann? Legt er dieser Frau die Hand auf den Bauch, um sein Kind zu streicheln – vielleicht sogar vorhin noch, während sie selbst das Bett für eine Liebesnacht vorbereitet hat? Dass sie sich nun dafür schämt, wird sie ihm nie verzeihen können.

Sie erreichen den asphaltierten Weg der Mole, der um den zwei Meter hohen Wall aus in Beton gegossenen Steinen herumführt.

»Ich bin froh, dass du … dass du nicht …«

»Dass ich keine Szene mache?«, fällt sie ihm ins Wort. »Warum sollte ich? Du hast Tatsachen geschaffen, an denen ich nichts ändern kann.« Sie ist über sich selbst erstaunt. Darüber, wie ruhig sie ist. Das muss der Schock sein, denkt sie.

»Es ist einfach passiert«, sagt er. »Glaub mir, ich wollte das nicht, ich habe es nicht darauf angelegt. Aber plötzlich hatte ich das Gefühl, ich muss mich freischwimmen, weißt du?«

Freischwimmen, klar, denkt sie bitter, indem du ein Kind mit einer hohlen Tussi machst. Sehr clever.

Nur an der Spitze der Mole gibt es ein Geländer. Sie bleibt stehen und lehnt sich dagegen. Ihr Blick geht weit über die aufgewühlte See bis nach Wilhelmshaven zu den Kränen des JadeWeserPorts. Der Wind zerzaust ihre Haare, lässt sie um den Kopf peitschen.

»Wir sollten darüber reden, wie es weitergeht«, sagt er. »Svenja und ich … wir haben eine Wohnung für uns gefunden, und ich werde noch heute … du verstehst.«

Oh ja, sie versteht.

Die vielen Überstunden, die Arbeit am Wochenende, da waren er und Svenja auf Wohnungssuche. Und jetzt, da alles in trockenen Tüchern ist, hat er endlich den Mumm, es ihr zu sagen. In aller Öffentlichkeit. Damit sie nicht ausflippt. Sehr mutig. Sie wird also ab heute allein leben.

»Wir müssen uns mit den Möbeln einigen«, fährt er fort. »Ich habe einen Transporter gemietet. Morgen werde ich schon etliche Dinge holen, dachte ich.«

Sie zuckt mit den Schultern, nickt und geht weiter um die hohe Mole herum, die nun den Hafen und den Imbiss vor ihnen verbirgt. Sie läuft am Rand des asphaltierten Weges entlang und blickt hinunter in die Gischt, die mit Wucht gegen die Mauer schlägt. Ein paar Spritzer Salzwasser treffen ihr Gesicht. Aus dem Augenwinkel nimmt sie wahr, dass er ihr folgt, nachdem er zunächst am Geländer stehengeblieben war. Der Wind kommt in harten Böen, sie muss sich dagegenstemmen, um nicht umgeworfen zu werden. Er holt auf, geht nun neben ihr her, die Hände in den Hosentaschen vergraben.

Eine Böe lässt sie taumeln.

Hastig packt er sie am Oberarm. »Pass auf«, sagt er erschrocken, »sonst fällst du noch rein.«

Sie packt ihn, zerrt ihn blitzschnell um sich herum, sodass plötzlich er mit dem Rücken zum tobenden Wasser steht.

»Du wolltest dich doch freischwimmen«, sagt sie ruhig und gibt ihm einen Stoß.

Er reißt entsetzt die Augen auf, rudert mit seinem freien Arm, will sich an ihr festhalten, greift daneben. Dann kippt er nach hinten, und sie tritt an den Rand der Mole. Mit lautem Klatschen trifft sein Körper aufs Wasser. Er schafft es nicht mehr, zu schreien. Sein Mund steht weit offen, als er panisch Atem holt. Genau in diesem Moment setzt der Wind einen Wimpernschlag lang aus, und sie

hört das Gurgeln des Wassers in seiner Kehle. Die blitz-
artig vollgesogenen Kleidungsstücke aus Wolle ziehen ihn
rasch hinunter.

Sie bleibt stehen und sieht zu, wie sein Körper noch
einmal kurz hochgespült und von der aufgewühlten See
an die Mole geschleudert wird, bevor er erneut in der Tiefe verschwindet. Seine Wollmütze tanzt einen Moment
lang auf der Gischt, dann versinkt auch sie.

Sie blickt sich um, weit und breit ist kein Mensch zu
sehen. Sie schlendert den Weg zurück. Als sie in Sichtwei-
te der Fischbude kommt, rennt sie los. Ihre Hilfeschreie
vermischen sich mit dem Kreischen der Möwen.

Backfisch in Bierteig mit Pommes frites und Hausmachermayonnaise

Zutaten:
800 g Seelachsfilet
1 Zitrone
Salz
150 g Weizenmehl
150 ml helles Bier
3 Eier

Zubereitung:
Das Fischfilet portionieren und salzen. Die Eier trennen, dann Mehl, Bier und die Dotter zu einem Teig verrühren. Das Eiweiß steif schlagen und unterziehen. In einem Topf oder einer Pfanne Pflanzenfett oder Öl erhitzen, dann den Fisch portionsweise durch den Teig ziehen und circa fünf Minuten knusprig ausbacken. Danach nach Geschmack mit Zitronensaft beträufeln.

Mayonnaise / Remoulade
Für selbst gemachte Mayonnaise gibt es unendlich viele Rezepte. In meiner Familie wird sie nach folgendem Rezept zubereitet:
Zutaten:
2 frische Eigelb
1 TL mittelscharfer Senf
1/4 l geschmacksneutrales Öl (z. B. Sonnenblumenöl)
Zitronensaft
Salz, Pfeffer, Zucker
Wichtig: Alle Zutaten müssen zimmerwarm sein, sonst gerinnt die Mayonnaise.
Zubereitung:
In einem hohen Gefäß mit dem Schneebesen des Handrührgeräts zunächst die Eigelbe mit dem Senf verquir-

len, danach ungefähr ein Viertel des Öls unter ständigem Quirlen tröpfchenweise hinzugeben, bis sich eine glatte Crème gebildet hat. Das restliche Öl dann in einem dünnen Strahl dazugießen, während die Masse weiterhin mit dem Handrührgerät geschlagen wird. Mit Salz, Pfeffer, Zitronensaft und ein wenig Zucker würzen.

Für eine Remoulade einfach frische Kräuter, und klein gewürfelte Gewürzgurken hinzufügen, nach Wunsch auch Knoblauch.

Pommes frites
Zubereitung:

Ein Kilo mittelgroße festkochende Kartoffeln schälen und in circa eineinhalb Zentimeter dicke Stifte schneiden (am einfachsten zuerst in Scheiben schneiden, dann die Scheiben in Streifen), dann in einer Schüssel mit ein wenig Öl mischen. Danach auf einem Backblech verteilen (nebeneinander!) und im Backofen bei 200 Grad (Umluft) circa 35 Minuten lang knusprig ausbacken. Nach der Hälfte der Backzeit wenden! Die fertigen Pommes frites mit grobem Salz bestreuen.

REGINE KÖLPIN

Spaghetti Mare

HORUMERSIEL

Wie sie ihre Spaghetti auf die Gabel drehte und sie mit immer derselben Handbewegung zum Mund führte! Er beobachtete sie jedes Mal, wenn sie zum Italiener ging. Denn wenn Luisa sich in ein Restaurant begab, dann in diese eine Pizzeria, und immer aß sie dieselbe Pasta. Nie kam ihr eine Pizza auf den Teller oder Nudeln mit Tomatensauce. Nein. Luisa aß ausschließlich Spaghetti Mare. Da glich sie ihrer Mutter, auch sie hatte stets dasselbe gegessen, nur war sie ständig beim Chinesen anzutreffen gewesen und speiste dort Ente Chop Suey. Nie Huhn, nie Rind und schon gar kein Schwein. Schon sie hatte sich keinen Fingerbreit von ihren Grundsätzen abbringen lassen und ihn mit ihrer Monotonie gepeinigt. Das hatte sie büßen müssen. Ja, er hasste sie deswegen genauso sehr, wie er sie liebte. Doch das war nun vorbei. Aus und vorbei. Langeweile war ihm unerträglich.

Jetzt war ihre Tochter dran. Es gab nur noch ein Ziel für ihn: Luisa. Er würde sie verfolgen, bis sie das bekam, was sie verdiente. Er kauerte am Zaun gegenüber, wollte, dass sie ihn entdeckte, denn in dem Augenblick begann das Spiel. Diese Hetzjagd, das Kribbeln, das ihm bis in die Fingerspitzen schoss. Er liebte das. So lange, bis er es nicht mehr aushielt, und genau dann …

Luisa erblickte ihn, als sie herzhaft in eine Krabbe bis. Antonio gab sie stets anstelle von Garnelen oder Langusten in die Sauce. Er kam vom Gardasee, aber er besaß, trotz seiner stets theatralisch zur Schau gestellten Sehnsucht nach Bella Italia, einen gesunden Geschäftssinn, der ihm sagte, dass die Feriengäste in Horumersiel zwar zum Italiener gingen, weil sie italienische Kost mochten, aber dennoch begeistert waren, wenn sie dort ein wenig das maritime norddeutsche Flair begrüßte, und sei es nur, weil er in seine italienischen Spaghetti Mare Nordsee-miesmuscheln und Granat mischte. Das zusammen mit einer feinen Knoblauch-Sahnesauce, und seine Kunden waren zufrieden. Manchmal konnte alles ganz einfach sein. Luisa mochte diesen Italiener. Soeben trat er auf die Terrasse und beugte sich augenzwinkernd zu ihr herunter. Fast unbemerkt streiften seine Finger ihr blondes Haar, das zusätzlich vom Sommerwind in genau seine Richtung getrieben wurde. Als sie aber den Mann auf der gegen-überliegenden Straßenseite entdeckte, gefror ihr das Blut in den Adern. Er machte es wahr. Er würde auf sie warten. Er würde sie verfolgen. Und er würde sie einholen … Gän-sehaut …

Antonio lächelte sie noch immer an, aber sie wagte nicht, das Lächeln zu erwidern. Nicht, wenn der Mann dort stand. Sie konnte erst gehen, wenn er verschwunden war.

Sie hatte ihn gesehen. Sehr schön, denn ihr Blick sprach Bände. Sie wusste, was ihr blühte. Sie wusste, dass sie ihm nicht entkam. Und nach diesem Flirtversuch mit dem Ita-liener schon gar nicht. Schlampe, schoss es ihm durch den Kopf. Gottverdammte Schlampe. Wie deine Mutter.

Dennoch fand er es schade, dass dieses Lächeln bald erlöschen würde. Wenn sie ihm ins Gesicht sah, würde es ausgeknipst werden und einem unsäglichen Schmerz weichen. Er hasste grinsende Schlampen. Ja, er freute sich auf den Augenblick, wenn das Lächeln festfrieren und sich ihre Blicke miteinander verweben würden. Für diese Vorstellung lebte er, seit es ihre Mutter nicht mehr für ihn gab.

Sie sah durchs Fenster auf die Straße; es wurde Zeit zu verschwinden. Er bemerkte, dass sie ihr Portemonnaie zückte. Sein Herz schlug schneller. Gleich …

Er war verschwunden. Eilig stopfte Luisa die Geldbörse in die Handtasche und trat auf die Straße. Die Urlauber schoben sich dicht an dicht, genossen ihre freie Zeit. Die Luft roch leicht fischig, der Wind hatte aufgefrischt. Ein schöner Sommerabend. So, wie man es sich wünschte. Luisa konnte den Mann nirgendwo entdecken. Dann war er wohl doch fortgegangen und machte seine Drohung nicht wahr. Sie schlenderte mit schwingender Handtasche an der Buchhandlung »Bücherinsel« vorbei, betrachtete in aller Seelenruhe die Auslagen. Sie grüßte ein vorbeikommendes Ehepaar, das augenblicklich eine Literaturempfehlung abgab. Sie plauschten eine Weile, dann machte sie sich weiter auf den Weg in Richtung Kurmittelhaus, in dessen Nähe ihr kleines Appartement lag. Als sie über den Parkplatz lief, ahnte sie plötzlich, dass er hier doch irgendwo auf sie wartete. Luisa beschleunigte ihren Schritt.

Sie ließ ihn warten, obwohl sie spüren musste, was er vorhatte. Sie wollte ihm also nicht so einfach in die Falle gehen. Luisa spielte dieses Spiel sehr gut. Nun aber rannte sie fast. Das gefiel ihm. Er glaubte förmlich, ihren Angstschweiß zu riechen. Das war gut, er liebte das. Jetzt nahm die Sache eine Wendung, die ihm gefiel.

Er hatte Luisa fast erreicht. Ihr Parfüm umwaberte ihn. Ein Gucci-Duft, genau wie ihre Mutter ihn stets getragen hatte. Die Spannung war unerträglich. Gleich war er am Ziel, gleich würde er sie schnappen und sich das holen, was ihm zustand und wonach es ihn gelüstete.

Luisa hatte das alte Holzschiff beinahe erreicht und verlangsamte ihren Schritt. Er war da, sie spürte es. Ihr Herz stolperte einen Augenblick. Abrupt drehte sie sich um und stand ihm Auge in Auge gegenüber.

Er packte sie am Oberarm. »Und nun meine Liebe, wirst du tun, was ich dir sage!«

Luisa zitterten die Knie. Dann öffnete sie die Bluse und ihm reckte sich ihre schwarze, geschnürte Korsage entgegen. Sie hockte sich augenblicklich vor ihn und senkte den Kopf. »Herr, ich bin dein«, flüsterte sie.

Er zerrte sie am Haarschopf hoch. »Ich werde dich bestrafen. Du hast mit dem Italiener geflirtet.«

Luisa versuchte den Kopf zu senken, doch er ließ sie nicht. »Jetzt geht unser Spiel erst richtig los«, grinste er und fingerte an der Hosentasche herum. »Lass uns nach Hause gehen, ich habe neue Kabelbinder gekauft. So wie Christian in *Fifty Shades of Grey*.«

»Und ich bin deine Anastasia!«

Spaghetti Mare

Zutaten:
500 g Spaghetti
200 g gepulter Granat (Nordseekrabben)
8 frische Miesmuscheln
200 g Lachs
250 g Sahne
Weißwein
2 TL Tomatenmark
2 Frühlingszwiebeln
2 Knoblauchzehen
Salz
Pfeffer
Chili
Kräuter
Olivenöl zum Braten

Zubereitung:
Spaghetti in ausreichend Salzwasser kochen. Miesmuscheln in Salzwasser kochen, bis sie sich öffnen.
Frühlingszwiebeln in Olivenöl anbraten. Granat und Lachs dazugeben. Gepresste Knoblauchzehen und Tomatenmark dazugeben. Mit etwas Weißwein ablöschen, mit Sahne aufgießen und mit den übrigen Gewürzen abschmecken. Die Sauce unter die gekochten Spaghetti heben und mit den gekochten Miesmuscheln garnieren. Dazu schmeckt ein grüner Salat.

CHRISTIAN JASCHINSKI

Das vierte Kind

MINSEN

Sie schrie, als er mit dem sirrenden Winkelschleifer an den Abszess zwischen den Zehen kam. Mit Gurten und Ketten hatte er sie so in Position gebracht, dass sie sich nicht bewegen konnte. Es begann sofort zu bluten, doch das berührte Apke Ahrends wenig. Er machte einfach weiter. Die Arbeit musste getan werden, und zwar regelmäßig. Funktionelle Klauenpflege war für die Gesundheit einer leistungsfähigen Milchviehherde unerlässlich. Dafür hatte er die Verantwortung.

Allerdings musste Apke Ahrends zugeben, dass sich die Bein- und Klauenschadensquote in den letzten fünfzehn Monaten negativ entwickelt hatte. Seit Helke zu diesem Schnösel Onno Oncken gezogen war.

Seine Helke. Ausgerechnet für so einen Versicherungsfuzzi in Anzug und Audi hatte sie ihn verlassen. Nach 23 Jahren Ehe. Wenn Ahrends daran dachte, schüttelte es ihn und er war unkonzentriert.

Den beißenden Gestank von verbranntem Horn nahm er sowieso nicht mehr wahr. Dafür konnte er jeden Rinderhof im Wangerland an seinem speziellen Geruch erkennen.

Wie den von Dörthe und Hans-Hugo Woltmann, die mit ihrem Hof in Förrien seit über 25 Jahren zu seinen Kunden gehörten. Der Viehbestand war in der Zeit stetig gewachsen, was Apke Ahrends gut gefiel. Sichere Geschäfte. Bisher zumindest.

Er mochte die Woltmanns, hatte ihre drei Kinder aufwachsen sehen, von denen ihm heute der Älteste mit dem Zuführen der Kühe half. Malte Woltmann studierte zwar in Hannover, kam aber auch gerne nach Hause, um zu helfen oder etwas mit seinen Freunden zu unternehmen.

Der 50-jährige Klauenpfleger machte die 141 los, nickte Malte zu und brummte: »Denn mal die Nächste.«

Die störrische 78 beanspruchte Ahrends' und Maltes volle Aufmerksamkeit, sodass sie den grünen Golf IV mit den angerosteten Stahlfelgen nicht beachteten, der auf den Platz aus alten roten Klinkern im Fischgrätmuster fuhr und neben einem weißen Kombi mit Fahrrädern auf der Anhängerkupplung parkte. Von dort aus gelangte man zum Haupthaus des Hofes, der teilweise von Graften umgeben war. Ein blau-weiß gestreifter Strandkorb wurde von einer riesigen Blutbuche beschirmt, die magisch alle Blicke auf sich zog, wenn man aus den Ferienwohnungen im Obergeschoss Richtung Süden über die weiten Felder schaute. Dörthe Woltmann hatte vorhin wieder eine Familie aus dem Rheinland herzlich begrüßt und ihr die vielen Ecken des Hofes gezeigt, die einen Bauernhofurlaub mit Kindern so spannend machten.

Thies Lüken stieg aus, musste die Fahrertür des alten Golfs dreimal zuknallen, damit sie schloss, und ging auf den Stall zu. Weil er keine Gummistiefel trug, blieb er auf dem Futtergang stehen.

»Moin, Apke. Moin, Malte!«

Apke Ahrends nickte nur, unterbrach aber seine Arbeit nicht weiter. Manche Kühe gingen bereitwillig in den Klauenpflegestand, andere hatten schmerzhafte Erfahrungen gemacht und waren daher nicht so einfach zu der Behandlung zu bewegen.

»Moin, Thies. Wie ist es gelaufen?« Malte sah seinen Freund erwartungsvoll an.

»Du kannst mir gratulieren!«

»Klasse, Mann. Das ist ja super!«

Ahrends machte weiter und war überhaupt nicht begeistert. Er wusste, dass Thies Lüken gerade von seiner Abschlussprüfung zum Klauenpfleger kam und sich nun im Wangerland selbstständig machen wollte. Letzte Woche hatten sie einen gebrauchten Klauenpflegestand aus Aurich geholt. Vor der Prüfung. Als Ahrends das hörte, hatte er nur mit dem Kopf geschüttelt. So optimistisch konnte auch nur ein Kerl sein, der noch nicht richtig ins Leben reingeschnuppert hatte.

»Jau, glatte Eins. Hat wirklich alles genauso geklappt, wie es sollte.«

»Das kost' 'ne Runde«, lachte Malte.

»Davon kannst du aber sowas von ausgehen.«

Ahrends ärgerte sich so über die Nachricht, dass er die Hohlkehlung am rechten Hinterhuf mit dem Rinnmesser zu tief anlegte. Schon wieder ein Fehler.

Warmes Licht fiel durch die Fenster des Gasthofes nach draußen.

Er stand einfach nur da. Die Augen unverwandt auf das Geschehen im Gastraum gerichtet.

Vom Parkplatz des Gasthofes *Zum Deichgrafen*, den die Familie Scherf hier in Minsen vor gut 130 Jahren auf die höchste Warf des Wangerlandes gebaut hatte, konnte man tagsüber nach Norden bis zum Deich schauen, hinter dem sich das Naturschutzgebiet Elisabeth-Außengroden von Schillig bis Harlesiel erstreckte, das als Vogelbrutstätte nur bei Sturmfluten von der Nordsee überspült wurde. Vom Deich her oder dem Strand bei Schillig aus hatte man einen herrlichen Blick auf die vorgelagerten Inseln Wangerooge und Minsener Oog.

Aber daran hatte er weder heute noch in den letzten Jahren Freude gehabt. So lange hatte er gewartet, doch nun war seine Zeit gekommen. Er schaute hasserfüllt den jungen Männern beim Feiern zu. Jungbullen nannten sie sich. Sie ließen es sich gut gehen. Trafen sich zum Boßeln, zum Eishockeyspielen und zum Saufen. Er wusste, was sie feierten.

Wie abgrundtief er sie verachtete. Heute waren es schon mehrere Runden Bier gewesen. Jetzt war die Suppe gekommen. Wahrscheinlich Steckrübensuppe mit geräuchertem Aal. Das war Gruppenritual zu dieser Jahreszeit. Auch das wusste er. Und hasste es gleichzeitig.

Seine Frau hatte die Suppe geliebt. Zweimal jeden Herbst hatte es das Gericht gegeben. Das war Tradition in ihrer Familie gewesen. Sie hatte es bevorzugt, wenn der Aal mit den Steckrüben püriert wurde, sodass sich der süßliche Rübengeschmack im Widerstreit mit dem salzig-herben Aal befand. Abgeschmeckt mit einem Hauch Schmand und mit etwas gehackter Petersilie überstreut. Anders serviert als im Deichgrafen, aber sie hatte eben ihren eigenen Kopf gehabt. Eine Sache, die er an ihr geliebt hatte.

Sie lachten. Das würde ihnen schon noch vergehen. So wie die gemeinsamen Essen mit seiner Frau vergangen waren.

Als aus der Saaltür jemand zum Rauchen nach draußen kam und durch die Öffnung Lachen, Musik und Licht herausdrang, war er bereits mit den umliegenden Schatten verschmolzen.

Das ganze Dorf stand unter Schock. Alle waren zur Beerdigung in die Minsener Kirche St. Severinus und Jakobus gekommen, die als nördlichste Kirche Ostfrieslands galt – wenn man einmal von den Inselkirchen absah. Bei der Traueransprache hatte sich die große Schar der Trauergäste in dem schlichten Saalbau gedrängt, der im 13. Jahrhundert aus mächtigen Granitblöcken auf einer Warft errichtet worden war. Weil sich die Kirche nur einen knappen Kilometer vom Meer entfernt befand, hatte man den Glockenturm etwas abseits gebaut, sodass er weniger Angriffsfläche für die heftigen Stürme bot und im Falle eines Einsturzes das Kirchenschiff nicht gefährdete.

Nun standen alle im Schatten des Glockenturms, der wie eine Miniaturausgabe der Kirche wirkte. Niemand konnte fassen, was hier gerade passierte. Thies Lüken hatte eine große Familie und viele Freunde gehabt. »Eltern sollten ihre Kinder nicht beerdigen. Das ist wider den natürlichen Gang der Dinge«, sagte Thies' Vater in diesem Moment. Er ließ es sich nicht nehmen, unter Tränen eine Grabrede zu halten, die nicht nur eine Trauer-, sondern auch eine Wutrede war. »Dieses brutale Verbrechen muss gesühnt werden!« Er ballte die Fäuste. Der stahlblaue Himmel und der herbstgoldene Sonnenschein bildeten einen harten Kontrast zu der depressiven Stimmung, die ein wolkenverhangener Tag mit Nieselregen, der einem zwischen Kragen und Haut kroch, besser widergespiegelt hätte.

Malte Woltmann fragte sich seit der schockierenden Nachricht, ob er wach war oder träumte. Sie hatten Thies' bestandene Prüfung gefeiert und am nächsten Tag war er tot. Ermordet. Sein Freund. Auf bestialische Art und Weise.

Er war erschlagen worden. Der Mörder hatte ihm das Rückgrat gebrochen und ihn dann auf den eigenen Klauenstand geflochten. Es war unfassbar.

Alle seine Freunde waren hier, soweit Malte das beurteilen konnte. Die Jungbullen, die alte Clique von früher. Das Kleeblatt. Sogar Jantje Ortgies war gekommen. Malte war erstaunt, sie zu sehen. Ihr Vater hatte sie im Rollstuhl bis an das offene Grab gerollt. Malte konnte nicht aufhören, an die vielen Erlebnisse zu denken. Von klein auf hatte er sie mit Thies geteilt, was beide eng miteinander verbunden hatte. Auf einiges waren sie im Nachhinein nicht stolz gewesen, anderes war so oft erzählt worden, wieder und wieder, dass es Kultstatus erreicht hatte.

Die Polizei hatte Apke Ahrends verhaftet, der zwar kein Alibi vorweisen konnte, aber dennoch steif und fest behauptete, trotz des eindeutigen Motivs mit dem Mord nichts zu tun zu haben.

Ubbo Ubben liebte seine allmorgendliche Joggingrunde, die ihn am Minsener Seewiefken vorbei über Küstersmatt bis zur Deichschäferei und dann den Weg entlang zwischen Naturschutzgebiet und Deich zurück nach Hause führte.

Nie im Leben hätte er es zugegeben oder gar jemandem erzählt, aber die Liebe zu der Runde hatte einen Grund: die grünschimmernde Bronzeskulptur des Seewiefkens, ohne deren Anblick er keinen Tag verbringen wollte. Genau so stellte er sich seine Traumfrau vor. Lange wellige Haare, schlanke, kräftige Schultern und kleine feste Brüste. Manchmal, wenn er im Dunkeln lief, fasste er sie sehnsüchtig an. Ihn störte das kalte Metall nicht.

Ubbo hatte sich ausführlich mit Meerjungfrauen beschäftigt und wusste, dass sie nur verführerisch schienen, tatsächlich aber aggressiv und grausam waren. Dennoch hatte er kein bisschen Angst vor ihnen, das hing vermutlich mit Arielle und Hollywood zusammen.

Die Sage vom Minsener Seewiefken erzählte, dass es aus Rache für seine Gefangennahme und erlittenen Quälereien in der Gefangenschaft nach gelungener Flucht eine Sturmflut schickte, um Alt-Minsen mit allen Menschen dahinzuraffen.

Heute Morgen war etwas anders als sonst. Ubbo spürte es in der Dunkelheit, noch bevor er es sah. Er kannte die Silhouette. Auch im Dunkeln oder im Nebel. Hatte jemand randaliert? Seinem Seewiefken etwas angetan?

Dann sah er, was auf der Skulptur lag. Er schlug die Hände vor dem Mund zusammen, sackte erschrocken auf die Knie. Ein Schrei blieb in seiner Kehle stecken.

Malte Woltmann strich sich verzweifelt durch die dunkelblonden Haare. Er schüttelte immer wieder fassungslos den Kopf. Seit Thies Lükens Tod waren gerade zwei Wochen vergangen, und nun saß Kommissar Tamke Hinrichs schon wieder in ihrem Wohnzimmer und bekam auf die wenigsten seiner vielen Fragen Antworten.

Aber wie auch? Niemand konnte sich einen Reim auf die Geschehnisse machen. Wer hatte einen Grund, erst Thies Lüken zu erschlagen und sich nun erneut ein Opfer zu suchen? Wieder war einer von Maltes langjährigen Freunden brutal getötet worden.

Erschossen. Henning Wartjes war erschossen worden. Unfassbar! Sie hatten sich hier immer sicher gefühlt. Und nun?

Es musste ein Muster geben. Wo war es? Wo die Verbindung?

Daneben brannte die drängende Frage: Hatte der Mörder noch jemanden auf der Liste? Wen? Aber wie sollte man das herausfinden, wenn das Motiv unklar war?

Henning wäre in zehn Tagen 23 geworden. Nun mussten seine Eltern die Beerdigung planen. Seine Leiche war so auf das Seewiefken drapiert worden, dass sie dieselbe Pose einnahm wie das grünbronzene Seeweib.

Ein Jogger hatte Henning gefunden. Malte wusste nicht viel über Ubbo Ubben. Lediglich, dass er regelmäßig lief und darüber hinaus ein bisschen – nun ja – speziell war. An Klatsch und Tratsch beteiligte sich Malte grundsätzlich nicht.

Der Kommissar wollte nichts weiter zu der Todesart sagen, außer dass Henning Schusswunden aufwies. Maltes Vater mutmaßte, dass es sich um ein Gewehr handelte. »Wir haben ja alle Jagdscheine hier.« Kommissar Tamke Hinrichs bestätigte die Theorie aber weder, noch widersprach er ihr. Er bat Hans-Hugo Woltmann jedoch, seine Jagdflinten für die Schmauchspuren- und die Kaliberanalyse zur Verfügung zu stellen. Hinrichs hatte vorhin gesagt, dass Woltmanns derzeit nur als Zeugen galten.

»Wie war nochmal der Name eurer Clique, mit der ihr immer unterwegs seid?«

»Jungbullen«, antwortete Malte mechanisch. »Sie meinen ...?«

»Das ist im Moment die einzige Verbindung, die einigermaßen Sinn ergibt, oder?«

Malte nickte. »Da haben Sie Recht. Aber ich verstehe nicht, warum.«

»Also«, Hinrichs schaute Malte durchdringend an. »Es muss irgendetwas geben, das ihr angestellt habt, was jemanden sehr, sehr wütend macht. Ihr müsst einen mal so richtig aufgemischt haben. Oder abgezockt. Oder ...«, der Kommissar hielt einen Moment inne, »... vielleicht vergewaltigt?«

Malte bekam keine Luft mehr. Das durfte ja wohl nicht wahr sein. Ihm wurde heiß. Dann kalt. Plötzlich saß er auf der Anklagebank?

»Nein«, hauchte er entsetzt. »Das haben wir ganz bestimmt nicht. Sie glauben doch nicht ernsthaft ...« Malte rückte vorne auf die Sesselkante.

Der Kommissar schaute nur. Wartete ab.

Malte war wieder bei Stimme: »Also, ich meine ... Verstehen Sie mich nicht falsch. Klar haben wir uns mal über jemanden lustig gemacht oder kleine Streiche gespielt. Meinetwegen auch mal über die Stränge geschlagen. Aber das, was Sie uns jetzt anhängen wollen, nein, damit haben wir nichts zu tun.«

»Sicher?«

Natürlich waren sie häufiger betrunken gewesen, Malte hatte jedoch nie einen Filmriss gehabt. Solange er dabei war, wäre so etwas niemals vorgekommen. Und bei Thies und Henning war er sich ebenfalls absolut sicher.

Er schaute den Kommissar jetzt fest an: »Sicher!«

»Na schön. Mal schauen, was die anderen sagen. Dann kann ich Ihnen nur raten: Seien Sie vorsichtig, Herr Woltmann. Und wenn Ihnen etwas einfällt, rufen Sie mich sofort an.«

Nach dem Melken hatte Malte sich nur kurz auf sein Bett gelegt. Er starrte an die Zimmerdecke. Seine Gedanken rasten und er versuchte, die vielen losen Fäden miteinander zu verknüpfen.

Die Jungbullen. Natürlich. Das war durchaus eine logische Verbindung. Gab es vielleicht noch andere? Was war das Motiv? Gab es nur ein Motiv? Oder für jeden Mord ein eigenes? Standen die Morde an seinen Freunden überhaupt in einem Zusammenhang? Umgekehrt – konnte es Zufall sein, dass innerhalb so kurzer Zeit Menschen getötet wurden, die in einer engen Beziehung zueinander standen?

Die kleinen Erhebungen der weißen Raufasertapete an der Zimmerdecke verschwammen. Wie in Trance schossen die Fragen durch Maltes Kopf. Er wusste nicht, wie lange er so gelegen, nachgedacht und sich das Hirn zermartert hatte. Vielleicht war er sogar kurz eingenickt. Auf jeden Fall hatte er völlig die Zeitvorstellung verloren.

Aber nun war er hellwach. Setzte sich auf.

Was, wenn die Verbindung gar nicht bei den Jungbullen zu suchen war? Er und seine Kumpels waren alle gewarnt. Jeder würde vorsichtig sein.

Könnte es sein, dass es um das Kleeblatt ging, zu dem Thies, Henning und er gehört hatten? Und Jantje Ortgies. Sie war auch Teil ihrer Clique gewesen. Was hatten sie nicht alles angestellt! Kinderkram, wie sie damals fanden. Aber wer weiß, ob nicht irgendjemand irgendetwas falsch verstanden oder zu ernst genommen hatte. Es nicht ihrer jugendlichen Unbedarftheit zugeschrieben, sondern für bösartiges Verhalten gehalten hatte, das nun gerächt werden müsste.

Dann wären sie die Nächsten auf der Liste des unbekannten Mörders. Er. Und Jantje Ortgies.

Malte klingelte, trat einen Schritt zurück und wartete, bis sich die Tür öffnete. Allerdings ging sie nur einen Spaltbreit auf.

»Moin, Herr Ortgies.«

»Hm«, brummte das griesgrämige Gesicht.

»Ist Jantje da?«

»Was willst du?«

»Ich muss mit ihr sprechen.«

»Das musstest du die letzten Jahre doch auch nicht. Wieso jetzt plötzlich?«

Malte fühlte sich unwohl und gleichzeitig ungerecht behandelt. Er hatte die ganze Zeit über Kontakt zu Jantje gehalten. Vielleicht wusste ihr Vater das nicht, aber selbst während seines Studiums hatten sie regelmäßig telefoniert, gemailt oder geskypt. Jantje war stets daran interessiert gewesen, was Malte gerade machte, plante und erlebt hatte.

Mit ihrem Vater war es schon immer schwierig gewesen, darum hatte er sich auch oft nicht getraut, sie einfach mal so zu besuchen. Und wenn er fragte, hatte es oft nicht gepasst.

»Wer ist denn da, Papa?«

»Niemand.«

Malte ärgerte sich nun doch, dass er sie nicht vorher angerufen hatte. Aber diese Sache wollte er unbedingt selbst mit ihr besprechen und gemeinsam überlegen, was zu tun sei. Das ging nicht am Telefon oder über den Teamspeak.

»Hören Sie, Herr Ortgies. Es ist wirklich ernst.«

»Ach so? Na ja, schon gut, dann komm halt rein«, unterbrach ihn Ortgies unwirsch.

Malte trat ein. Die Luft roch abgestanden. Es war muffig und dunkel. Nach Jantjes Unfall vor zehn Jahren hatte sich Frau Ortgies umgebracht. Seitdem wohnte Jantje mit ihrem Vater allein. Vor dem Fenster hing schief eine billige Holzlamellen-Jalousie. Soweit Malte sehen konnte, hätten in der Deckenleuchte eigentlich zwei Glühbirnen brennen müssen. Unter dem Couchtisch lagen leere Chipstüten und eine umgekippte Bierflasche. So also musste Jantje heute leben!

Malte hörte ein Klicken hinter sich. Er wusste augenblicklich, dass es ein Gewehrverschluss war, auch wenn er den Sinn nicht sofort verstand. Er war mit seinem Vater oft genug auf Fasan- oder Hasenjagd gegangen, manchmal sogar auf Dachse. Im letzten Jahr hatte Malte seinen ersten Hasen geschossen. Dabei hatte er festgestellt, dass er es nicht mochte, ein Tier zu töten. Selbst wenn das für einen gesunden Wildbestand sinnvoll war. Dass jemand Menschen umbrachte, wollte ihm überhaupt nicht in den Kopf.

Erschrocken drehte er sich um und auch Jantje starrte ihren Vater entgeistert an. Dieses Gewehr war also noch in keiner Asservatentasche unterwegs zur Analyse.

»Komm mit«, sagte Ortgies heiser zu Malte. »Und dreh dich wieder um.« Malte gehorchte. Er spürte den kalten Lauf am Hinterkopf.

»Papa, was ist hier los?«

Der naheliegende Gedanke hatte Maltes Hirn gerade erst erreicht. Er war nun selbst in die Falle gelaufen, vor der er Jantje hatte warnen wollen. Und niemand wusste, wo er war. Er war vorhin einfach aufgestanden, hatte sich umgezogen und war losgefahren.

Damals hatten ihre Eltern auch nicht gewusst, wo sie waren.

Zu viert waren sie herumgestreunt und meist auf der alten Wiesenbatterie gelandet. Der alten Verteidigungsanlage hinter dem Deich, die im Ersten und Zweiten Weltkrieg der landesseitigen Verteidigung der Zufahrt zum Jadebusen und somit des Marinehafens Wilhelmshaven diente. Flak-Batterien waren auf dem unterirdischen Bunkersystem installiert gewesen.

Nach dem Krieg waren die Artilleriegeschütze abgebaut und die Kasematten gesprengt worden. Die massiven Anlagen waren allerdings nur teilweise eingestürzt und übten mit ihren Spalten, Eingängen und Höhlen eine magische Anziehungskraft auf die Kinder aus.

Das galt auch für Maltes alte Clique vor zehn Jahren: Jantje, Henning, Thies und er. Das Kleeblatt. Als im Frühjahr die Erlen, Buchen und Eschen blühten, der Gundermann mit seiner lila Blüte den Boden der alten Anlage bedeckte, waren sie die Ersten, die alte Bohlen über das Feld zur engsten Stelle des Ringgrabens schleppten, um zu dem verwunschenen Ort zu balancieren.

Bis zu jenem verdammten Donnerstag, als Jantje abrutschte, unglücklich in eine verborgene Höhle stürzte, sich das Rückgrat brach und seitdem querschnittsgelähmt war. Thies und Henning waren sofort losgerannt, hatten Hilfe geholt. Malte war bei ihr geblieben.

»Er wird mich töten.« Geflüsterte Worte. Er war merkwürdig ruhig und hätte erwartet, im Angesicht eines geladenen, auf sich zielenden Gewehrs völlig auszurasten. In Panik zu verfallen. Oder zumindest hysterisch zu werden. Aber er war ganz ruhig, als würde er etwas Alltägliches tun, Auto fahren, essen oder einen jungen Bullen von der Weide holen. Er war durchtrainiert, nur was sollte man gegen ein auf sich gerichtetes Gewehr machen?

»Was soll das, Papa?« Jantjes Stimme klang streng.

»Ach, Engelchen. Ich fahre mit Malte jetzt weg. Und wenn ich wiederkomme, ist alles gut.«

»Sprich nicht mit mir, als wäre ich ein dummes Kind. Gar nichts ist gut, Papa. Das kann ich nicht zulassen. Und du«, Jantje wandte sich Malte zu, »kannst doch nicht einfach sagen, er würde dich gleich töten. Das geht gar nicht.«

Malte schüttelte traurig den Kopf. »Nein, ich bin hergekommen, um dich zu warnen. Weil ich vermutet habe: erst Thies, dann Henning ...« Er holte Luft: »Aber es geht um uns, Jantje. Nicht um die Jungbullen. Ich dachte, wir beiden könnten die Nächsten sein. Aber nun geht es wohl nur noch um mich.«

Alles stand ihm völlig klar vor Augen. Thies' gebrochenes Rückgrat als Symbol für Jantjes Querschnittslähmung. Henning auf dem Seewiefken, dem Mädchen ohne menschlichen Unterleib, das aus Rache ein ganzes Dorf ausradiert. Der Rächer war Jantjes Vater.

Jantje schüttelte den Kopf. »Es geht nicht um dich, du eitler Arsch. Es geht um mich und wie ihr mich um mein Leben gebracht habt. Hast du wirklich geglaubt, es genügt, mich manchmal anzurufen? Es reicht, mit mir zu skypen? Ihr hättet mich retten können, damals.«

»Wir haben sofort Hilfe geholt. Schneller ging es nicht. Das muss dir doch klar sein. Wenn ich die Zeit zurückdrehen könnte ...«

»Quatsch. Ihr habt's total verbockt.«

Es hatte offensichtlich keinen Sinn. Sie war verbittert, was Malte natürlich verstehen konnte, nach allem, was sie durchgemacht hatte.

»Warum erst jetzt?«, fragte Malte leise.

»Ihr wart noch Kinder«, mischte sich der alte Ortgies wieder ein. »Aber jetzt, jetzt seid ihr Männer. Habt Freundinnen, Jobs, Studium, ein Leben ... und wir ... morgen ist der zehnte Jahrestag seit der endgültigen Diagnose.«

»Und darum wird auch Papa dich nicht erschießen – das werde ich tun!«

Es klingelte.

Jantje sah ihren Vater an und schüttelte den Kopf.

»Kein Wort!«, zischte der in Maltes Richtung.

Es klingelte wieder.

»Hinten raus. Aber schnell.« Ortgies verstärkte den Druck des Gewehrlaufs auf Maltes Hinterkopf.

Er konnte hinterher nicht mehr genau sagen, warum er es getan hatte. Oder wie. In einer blitzschnellen Vorwärtsbewegung duckte sich Malte vom Gewehr weg, riss in der Drehung die Arme hoch und schlug den Lauf zur Seite. Ein Schuss löste sich. Er zertrümmerte einen bunten, mit Blumen verzierten Teller, der an der Wand gehangen hatte und zerbarst, noch bevor er auf dem Fußboden aufkam.

»Aufmachen! Polizei!«, schallte es im selben Moment aus Richtung Haustür.

Malte warf sich neben dem Rollstuhl auf den Boden und entging so dem zweiten Schuss, der aus der doppelläufigen Flinte abgefeuert wurde. Dann rappelte er sich wieder hoch, um sich auf Ortgies zu stürzen und ihm die Waffe zu entreißen.

Mit einem lauten Krachen sprang die Haustür auf. Zwei sich gegenseitig sichernde Polizisten stürmten herein und richteten ihre Heckler&Koch-Dienstpistolen auf die drei Anwesenden.

»Sie haben mich beschattet?« Malte Woltmann konnte es auch eine halbe Stunde später noch nicht fassen, dass Hinrichs ihn verdächtigt und verfolgt hatte.

»Finden Sie das nicht logisch?«, fragte Kommissar Tamke Hinrichs anstelle einer Antwort.

Malte schüttelte den Kopf. »Aber ich habe doch gar kein Motiv.«

Hinrichs zuckte mit der rechten Schulter. »Das sieht man nicht immer auf den ersten Blick.«

Da hatte der Kommissar allerdings recht.

Steckrübensuppe mit geräuchertem Aal

Zutaten (Rezept für 4 Personen):
100 g geschälte Kartoffeln
450 g frische Steckrüben
1 Zwiebel
100 ml Sahne
700 g Aal, geräuchert (2 Stück) – den Aal vom Fischhändler filetieren und sich die Gräten und die Haut mit einpacken lassen.

Fond:
1,5 l Wasser
1 geviertelte Zwiebel
2 Lorbeerblätter
4-5 Wacholderbeeren
Salz

Zubereitung:
Die Haut und Gräten vom Aal sowie die übrigen Zutaten für den Fond in einen Topf geben und etwa eine Stunde leicht köcheln lassen. Dann durch ein Sieb schütten und den Fond auffangen.

Die frischen Steckrüben schälen, in Stücke schneiden und in Salzwasser blanchieren (einmal ins kochende Salzwasser geben, aufkochen und herausnehmen). Die blanchierten Steckrüben mit einer klein geschnittenen Zwiebel, dem Räucherfond und 100 Gramm geschälten Kartoffeln aufsetzen, zum Kochen bringen und gar kochen.

Danach mit dem Mixstab pürieren und passieren (durch ein Sieb streichen). Dann mit Salz, Pfeffer und einer Prise Zucker abschmecken und 100 Milliliter geschlagene Sahne untermixen.

Die Aalfilets in Streifen schneiden und auf aufgewärmte Teller legen. Dann die Suppe dazugeben. Guten Appetit!

Der Autor dankt ...

... Familie Woltmann (Dörthe und Hans-Hugo mit Malte, Heiko und Tomke) vom Ferienhof Woltmann in Förrien für wertvolle land(wirt)schaftliche Tipps und dass sie sich als handelnde Personen zur Verfügung gestellt haben. Du hattest es nicht leicht, lieber Malte!

... Familie Scherf und Chefkoch Michael Podein vom Gasthof Zum Deichgrafen in Förrien für das wunderbare Rezept.

ALEXA STEIN

Gerüchteküche

CAROLINENSIEL

Es roch bestialisch – was den Postboten dazu bewogen hatte, die Polizei zu rufen. Der Gestank, der aus dem Briefschlitz in der Haustür drang, und die unzähligen Fliegen an den Fensterscheiben. Kriminaloberkommissarin Silke Jansen atmete tief durch, ehe sie über die Türschwelle trat. Die Spurensicherung hatte dankenswerterweise die Fenster geöffnet, aber der Verwesungsgeruch hatte sich festgebissen.

Hendrik, Silkes Kollege, kam ihr im Flur entgegen. »Im Wohnzimmer«, sagte er und deutete mit dem Finger hinter sich. »Klassische Situation, wenn du mich fragst. Alleinstehende Frau, nicht mehr ganz jung. Abgelegenes Häuschen, keine neugierigen Nachbarn.«

»Aber auch nicht viel zu holen, und das sieht man schon von außen.«

»Das muss nichts heißen.«

Womit Hendrik leider recht hatte; es wäre nicht der erste Fall, bei dem ein Mensch wegen weniger als 500 Euro sterben musste. »Einbruchspuren?«

Hendrik schüttelte den Kopf. »Allerdings war ein Fenster im Erdgeschoss nur angelehnt.«

Silke balancierte auf Zehenspitzen durch das Chaos im Flur. Die Leiche lag neben dem Sofa. Fliegen saßen auf dem Körper; als Silke näher kam, flogen sie auf.

Hendrik blieb im Türrahmen stehen. »Sie wurde mit einem hölzernen Kerzenständer niedergeschlagen, der vermutlich auf dem Couchtisch stand. Schädelfraktur oberhalb der linken Schläfe«, sagte er.

»Wer immer das war, er oder sie muss einige Zeit hier verbracht haben.« Vorsichtig stieg Silke über die verstreuten Habseligkeiten hinweg, sah sich um, versuchte, irgendetwas Verwertbares zu finden. »Ohne respektlos sein zu wollen, aber das wirkt alles wie Schrott. Wovon hat sie eigentlich gelebt?«

»Sie hat Kochbücher geschrieben.«

»Moin.«

Silke drehte sich um, Andreas von der Spusi trat auf sie zu und hielt ihr ein Buch entgegen.

»Was ist das?«

»Das haben wir in der Küche gefunden, im Backofen. Offensichtlich ein selbst gebasteltes Kochbuch.«

»Im Backofen?«

»Eben, fanden wir auch komisch.«

Es war ein dickes Notizbuch im Din-A4-Format. Ein knappes Drittel der Seiten war beschrieben, fast ebenso viele waren herausgerissen worden. Eine davon lag noch lose darin. Sie zeigte das Foto eines Kuchenstückes. »Sturmsack, Windbeutel mit Füllung, *Puppencafé*, Carolinensiel«, stand darunter, gefolgt von drei Fragezeichen, die durchgestrichen waren. Mit so großem Druck, dass das Papier an einer Stelle eingerissen war. War da jemand wütend gewesen? Silke hielt die Seite Hendrik hin.

Natürlich kannten sie das *Puppencafé*, es lag sehr idyllisch am historischen Hafen von Carolinensiel. Von hier dürften es nicht mehr als fünfzehn Minuten zu Fuß sein. Hendrik hatte sie vor drei Jahren dorthin eingeladen, nachdem sie die Leiche eines kleinen Mädchens aus dem Hafenbecken gefischt hatten. Es war Silkes erste Tote gewesen und der Schnaps, den Hendrik ihr damals aufgenötigt hatte, hatte ihren Magen halbwegs wieder ins Lot gebracht.

Hendrik zuckte mit den Schultern. »Vielleicht wollte Frau Mönke das Rezept haben, aber die wollten es nicht rausrücken?«

Silke klappte das Buch zu. »Gut möglich.«

Hendrik grinste. »Okay, fahr du hin. Ich gucke mich hier noch ein bisschen um.« Wie so oft hatte er problemlos ihre Gedanken erraten.

Im Café setzte Silke sich in den kleinen Garten und genoss die Idylle.

Sie bestellte einen Sturmsack und Tee, und als die Bedienung beides brachte, legte sie die lose Seite auf den Tisch. »Kripo Wittmund, wären Sie so nett, sich das mal anzusehen?«

Sofort verschwand der freundliche Ausdruck aus dem Gesicht der Kellnerin. »Dat is von der Mönke, nich?«

»Wollte sie das Rezept haben?«

»Wollte sie, hat sie aber nicht gekricht.«

»Verzeihung, das soll keine Kränkung sein, nur so schwer kann es bestimmt nicht sein, einen Windbeutel zu machen, oder?«

Die Bedienung verschränkte die Arme und sah Silke grummelig an. »Na, dann versuchen Sie's doch mal.«

Sie war gekränkt, eindeutig. »Ich habe leider keine Ahnung vom Backen«, versuchte Silke die Situation zu retten. »Hatte Frau Mönke Ihnen Geld angeboten für das Rezept?«

Jetzt lachte die Serviererin. »Geld? Nee, die wollte mich erpressen.«

»Womit denn?«

»Das hätte sie selber gerne gewusst. Hat überall rumgeschnüffelt. Hab sie sogar in der Küche erwischt. Musste ihr erst mit einer Anzeige drohen, ehe sie endlich aufgegeben hat.«

Während Silke versuchte, dem Windbeutel Herr zu werden, überlegte sie, wie das wohl bei Rezepten war. Gab es da so etwas wie Urheberrechtsschutz?

Zurück in Wittmund rief sie bei der Lektorin von Gerda Mönke an. Wie sie bereits vermutet hatte, hatte Frau Mönke nicht gerade üppig verdient.

»Frau Mönke hatte länger kein Buch mehr, das vernünftige Auflagen erzielte. Der Verlag wollte sich eigentlich schon von ihr trennen.«

»Eigentlich?«

»Ja, aber dann hatte sie was Interessantes in petto. Zwanzig Geheimrezepte von Spitzenköchen aus Ostfriesland.«

Während Silke telefonierte, kam Hendrik ins Büro, schenkte sich Kaffee ein und setzte sich ihr gegenüber an seinen Platz. Silke drückte auf den Lautsprecherknopf, damit er mithören konnte.

»Wie ist das denn mit dem Urheberrecht bei solchen Rezepten?«

»Die liegen natürlich bei den jeweiligen Köchen. Frau Mönke hatte das aber geregelt. Wir haben von allen ein schriftliches Einverständnis, dass sie auf ihre Rechte verzichten.«

»Das heißt, die haben sie ihr quasi geschenkt?«

»Ja. Warum auch nicht, unser Buch ist schließlich Reklame für die Lokale.«

»Wäre es Reklame für Coca Cola, wenn die ihr Rezept veröffentlichen würden?«

»Das ist ja wohl was anderes.«

»Ist es das? Na ja, vielen Dank jedenfalls für die Info.« Silke legte auf und zippelte gedankenverloren an einem der Bilder, das sich dabei vom Blatt löste. Sie wollte es gerade wieder andrücken, als ihr auffiel, dass darunter etwas geschrieben stand. Vorsichtig hob sie die Ecke an.

»Was ist das denn?« Silke las den kurzen Text und sah zu Hendrik auf. »Vielleicht war das gar nicht so freiwillig. Hier, sieh dir das mal an.«

Sie hielt Hendrik das Buch hin, dann blätterte sie weiter und zog Bild für Bild hoch, fast unter jedem stand etwas.

»Frau Mönke hat einige der Lokale offenbar tatsächlich erpresst. Beim Puppencafé hat sie nichts gefunden, das hat mir die Bedienung erzählt. Deshalb hat sie das Blatt wieder rausgerissen, wie wohl schon andere zuvor.«

Hendrik ging um den Schreibtisch herum und gemeinsam schlugen sie Seite für Seite um. Allerdings handelte es sich bei den Notizen allenfalls um Ordnungswidrigkeiten, der misslichste Fall war die Affäre eines Chefs mit einer Servierkraft. Keines davon ergäbe ein zwingendes Mordmotiv.

Silke stand auf, stellte sich ans Fenster und sah hinunter in den Schlosspark. Der Blick ins Grüne half ihr beim Denken. Drei Jahre war es inzwischen her, dass sie sich von Hannover nach Wittmund hatte versetzen lassen, ohne dass sie es bereut hätte. Dabei war sie eher widerwillig aufs Land gezogen. Aber letztendlich war das Wohin damals zweitrangig gewesen, Hauptsache weg aus Hannover, weg von ihrem Exfreund.

Sie drehte sich zu Hendrik um und überlegte laut: »Es muss neben dem Buch weitere Beweise geben. Belege, Fotos, was auch immer. Mit diesen Notizen allein hätte sie keinen erpressen können.«

»Aber deswegen die Mönke gleich ausknipsen? Wegen solcher Lappalien? Außerdem haben alle die Verzichtserklärung unterschrieben und die Originale liegen beim Verlag.«

Silke strich sich das Haar nach hinten. »Mag sein. Trotzdem, rein auf die Behauptung hin, jemand würde seine Frau mit einer der Angestellten betrügen oder ein zurückgegangenes Essen ein zweites Mal servieren, lässt sich niemand erpressen.«

Hendrik stellte seinen Kaffeebecher zur Seite. »Es wurde kein Handy in der Wohnung gefunden. Sie muss jedoch eines gehabt haben. Zumindest gibt es einen Mobilfunkvertrag. Sie hat allerdings kaum damit telefoniert. Aber vielleicht hat sie Fotos gemacht?«

Silke nickte. »Sehr gut möglich.«

Hendrik lehnte sich zurück, rieb sich den Nacken. »Und relativ unauffällig. Rennt doch heute jeder mit so einem Ding in der Hand durch die Gegend. Ich nehm mir das Haus noch mal vor und du klapperst die Lokale ab? Oder willst du es lieber umgekehrt?«

Silke brauchte nur an den Geruch zu denken, um schon das Würgen zu bekommen. »Nein, danke«, sagte sie schnell und verließ das Büro, ehe Hendrik es sich anders überlegen konnte.

Silke hatte sich den Besitzer einer kleinen Fischerkate als ersten Kandidaten ausgesucht. Der Gastwirt war ein älterer Herr und auf Herren im gesetzteren Alter verstand sie sich gut. Irgendwie hatte sie eine Art, die bei diesen Leuten ankam. Ihr Ex hatte es bei ihrem letzten Streit gehässig »ihr Spießergen« genannt. Lieber ein Spießer als so ein blödes Arschloch, das sich durch alle Betten vögelt, hatte sie ihm daraufhin ins Gesicht geschrien.

Erst hatte er sie nur wütend angestarrt, dann hatte er etwas getan, was sie ihm trotz allem niemals zugetraut hätte. Er hatte ihr eine geknallt, so hart, dass sie für einen Augenblick weggetreten war. Sie hatte ihn nicht angezeigt. Was feige und dumm gewesen war, ausgerechnet sie als Polizistin. Die Scham hatte gesiegt. Heute ärgerte sie sich maßlos darüber.

Leider biss sie bei diesem älteren Herrn auf Granit. Er wüsste nichts von irgendwelchen Anschuldigungen, er hätte unterschrieben, weil er sich nichts dabei gedacht hätte.

Beim nächsten Lokal änderte Silke ihre Taktik. Sie sprach nicht mit dem Besitzer, sondern heftete sich nach Feierabend an die Fersen der Kellnerin, mit der er angeblich eine Affäre hatte. Womit er nicht nur seine Ehe aufs Spiel gesetzt hatte, sondern womöglich auch seine Existenz, denn der Laden gehörte seiner Frau. Das war ihm wohl inzwischen selbst klar geworden, schließlich hatte er die Liaison beendet, erzählte die Bedienung, nachdem Silke versprochen hatte, das Ganze für sich zu behalten.

Und ja, Frau Mönke hätte Fotos auf ihrem Handy gehabt, verwackelt und durchs Fenster aufgenommen, aber die Situation war eindeutig.

»Und die Bilder?«, fragte Silke.

»Die wollte das Miststück für alle Fälle behalten.«

»Obwohl er die Verzichtserklärung unterschrieben hatte?«

»Ja«, antwortete sie, ein wenig zu zaghaft, fand Silke.

»Sie wollte mehr als nur seine Unterschrift? Geld?«

Die Kellnerin nickte.

Die Restaurants und Cafés in der näheren Umgebung hatte Silke damit durch. Gleich am zweiten Morgen machte sie sich auf den Weg Richtung Aurich. Dort an der Landstraße lag ihr nächstes Ziel.

Das Lokal befand sich in einem hübschen reetgedeckten Häuschen, der Vorgarten war liebevoll dekoriert. Laut dem angebrachten Schild öffneten sie erst in einer Stunde. Die Eingangstür war dennoch unverschlossen. Auch drinnen machte es einen heimeligen Eindruck. Man fühlte sich sofort wohl.

»Hallo? Frau Wendeken?«

Die Tür neben der Theke öffnete sich, die Frau, die hindurchkam, trocknete sich die Hände an einem Geschirrtuch ab. Ihr Gesicht war leicht gerötet, die dunkelblonden Haare zu einem Pferdeschwanz gebunden. »Wir öffnen erst in einer Stunde ...«

Silke hielt ihr ihren Ausweis unter die Nase. »Silke Jansen, Kripo Wittmund. Ich hätte noch ein paar Fragen wegen Frau Mönke.«

Annika Wendeken zeigte auf die Tür hinter sich. »Können wir in der Küche reden, bitte? Ich bin mitten in den Vorbereitungen, meine Angestellte kommt erst in einer halben Stunde.« Sie lächelte etwas schüchtern. »In der Woche ist mittags nicht so viel los, aber trotzdem.«

Silke lehnte sich mit dem Rücken gegen das Fenstersims, während Frau Wendeken an einer verchromten Arbeitsplatte fortfuhr, Kartoffeln in Scheiben zu schneiden. Silke holte das Buch heraus, schlug es auf der entsprechenden Seite auf und hielt es der Wirtin hin. Die hörte auf zu schnippeln, biss sich kurz auf die Unterlippe. »Was soll das?«

»Frau Mönke hat Sie erpresst.«

»Wer sagt das?«

»Hatte sie denn Beweise?«

»Beweise wofür?«

Silke sah Frau Wendeken in die Augen, die sofort den Blick senkte. Wieso fragt sie das, es steht doch hier, oder nicht?, dachte Silke. Hatte sie etwas übersehen? »Unregelmäßigkeiten bei der Getränkeabrechnung. Ging es vielleicht gar nicht darum?«

Frau Wendeken lächelte zaghaft. »Ach so, ja klar. Aber das hat sie sich nur ausgedacht.«

»Warum sind Sie dann auf die Erpressung eingegangen?«

Annika Wendeken sah kurz zu Silke, ohne dabei das Schnippeln zu unterbrechen. »Damit sie mich in Ruhe lässt. Außerdem kommt es nicht auf das Rezept an, sondern auf die Zubereitung. Das Wie ist genauso wichtig wie das Was.«

»Was wäre denn gewesen, wenn Sie es ihr nicht überlassen hätten? Hatte sie was gegen Sie in der Hand?«

»Nein. Nein, natürlich nicht. Ich wollte sie nur loswerden. Sie hat hier ständig rumgelungert und den Gästen gegenüber blöde Sprüche abgelassen. Von wegen, sie sollten gut nachrechnen, weil ich es mit der Abrechnung schon mal zu gut meinen würde. Solche Dinge. Die war dabei, mir die Kundschaft zu vergraulen.«

»Sie führen das Lokal allein?«

»Ja.«

»Schon immer?«

»Ja ... nein, seit vier Jahren.«

»Und davor?«

»Ich habe es von meiner Mutter übernommen.«

»Lebt sie noch hier im Haus?«

»Sie ist vor vier Jahren gestorben, ich habe das Haus geerbt und das Lokal weitergeführt. Ist das wichtig?«

Silke zuckte mit den Schultern. Je länger sie mit Frau Wendeken redete, desto mehr glaubte sie ihr, auch wenn sie nicht sagen konnte, warum. Aber weshalb war das Wort »Mutter« unterstrichen? Als sie die Wirtin danach fragte, gab sich diese wiederum unwissend.

»Nun, es ist ein altes Rezept, das macht es für das Buch wertvoller, oder nicht?«

»Wie ist Ihre Mutter eigentlich gestorben?«

»Was spielt das für eine Rolle? Das ist Jahre her, sie war fast achtzig. Bitte, wenn Sie jetzt keine weiteren Fragen zu Frau Mönke haben ... Ich habe wirklich viel zu tun.«

»Natürlich.« Silke wandte sich zur Tür. »Ich finde schon alleine raus.« Als sie noch im Gastraum stand, klingelte ihr Smartphone, es war Hendrik.

»Was das Handy von Frau Mönke betrifft, sieht es so aus, dass der Täter es mitgenommen hat. Es wurde zuletzt im Bereich zwischen Carolinensiel und Wittmund geortet. Zeitlich könnte das zum Todeszeitpunkt in etwa passen. Seitdem herrscht Funkstille.«

»Dann hat er es ausgeschaltet. Mit Glück aber behalten«, sagte Silke.

Hendrik klang skeptisch. »Mit extrem viel Glück, befürchte eher, es wurde da irgendwo entsorgt.«

»Richtung Wittmund und damit auch Richtung Aurich«, überlegte Silke laut. »Bist du im Büro? Kannst du bitte eben was für mich checken?«

Hendrik bejahte und Silke sprach weiter: »Frau Wendekens Mutter ist vor vier Jahren gestorben, würdest du mal gucken, ob es da was gibt?«

Silke setzte sich an einen der Tische mit Blick nach draußen, es würde sicherlich eine Weile dauern.

»Ja, tatsächlich. Frau Wendekens Mutter ist vor vier Jahren tödlich verunglückt. Sie ist die Treppe hinuntergestürzt. Die genauen Umstände konnten nicht geklärt werden.«

»Was heißt die genauen Umstände? War es gar kein Unfall?«

»Die Kollegen aus Aurich konnten kein Fremdverschulden feststellen. Aber es genauso wenig ausschließen. Ihre Tochter lebte im selben Haus. Sie hat die Tote gefunden und die Polizei verständigt. Da war sie bereits ein paar Stunden tot. Das Lokal gehörte damals der Mutter. Die soll es ziemlich runtergewirtschaftet haben.«

»Frau Wendeken scheint sehr an dem Restaurant zu hängen, ich kann mir nicht vorstellen, dass sie tatenlos dabei zugesehen hat, wie die Mutter alles vor die Hunde gehen ließ.«

»Du glaubst, dass …«

»… die Tochter bei dem Treppensturz ein wenig nachgeholfen hat. Die Mönke hat das rausbekommen und Frau Wendeken wegen des Mordes an ihrer Mutter erpresst. Die Unterstreichung, das Handy … vielleicht hat sie ein Gespräch mit Frau Wendeken aufgezeichnet. Jedenfalls passt das alles …« Silke hörte das Klappen einer

Tür hinter sich. Als sie sich umdrehte, war niemand zu sehen.

»Warte einen Moment«, sagte sie in den Hörer und schlich Richtung Küche. Vorsichtig drückte sie die Tür auf und registrierte eine Bewegung neben sich. Die Bratpfanne verfehlte sie nur um Haaresbreite, schlug gegen die Wand und fiel scheppernd zu Boden.

Annika Wendeken taumelte zurück. Bleich und zitternd blieb sie stehen. Sie presste die Hände vor den Mund. Tränen liefen über ihre Wangen. »Ich habe meine Mutter nicht umgebracht!«

Silke legte ihr Smartphone auf die Arbeitsplatte, ohne das Gespräch zu beenden. »Aber Frau Mönke hat es behauptet?«

»Diese falsche Schlange ... sie hat nicht locker gelassen. Jeden Abend war sie da, ich habe das nicht mehr ausgehalten. Ich habe meine Mutter nicht umgebracht, ich schwöre es. Wir hatten kein gutes Verhältnis, aber sie war meine Mutter. Die Mönke war ein böser Mensch. Es war ihr egal. Sie wollte mich ruinieren. Sie hat angefangen herumzuerzählen, dass ... dass die Polizei mich nur hat laufen lassen, weil es keine Beweise gab. Und sie ... hätte angeblich Beweise ... Ich war so durcheinander.« Ihre Stimme erstickte. Sie räusperte sich, ehe sie fortfuhr. »Aber sie hatte gar keine. Es war alles gelogen.«

Silke nickte. Ihre Hände zitterten. Frau Wendeken machte einen Schritt nach vorne und Silke griff zu ihrer Waffe. Die Wirtin blieb stehen und hob die Hände. »Ich wollte das nicht. Sie hat mich so wütend gemacht ...«

Silke nahm das Smartphone vom Tisch, aber Hendrik hatte bereits verstanden.

»Schon unterwegs«, sagte er etwas außer Atem.

Labskaus

Zutaten:
300 g Corned Beef
1 Zwiebel
400 g Kartoffeln
2 Eier
Als Beilage: eine Gewürzgurke, Rote Bete

Zubereitung:
Zwiebel würfeln und in der Pfanne in Öl und Butter leicht bräunen. Das Corned Beef in Würfel schneiden und hinzugeben. In der Pfanne unter Rühren weich werden lassen. Aus geschälten Kartoffeln, Milch, Butter und Salz einen Kartoffelbrei fertigen, in die Pfanne zu dem Corned Beef geben und gut vermischen.

Die Eier zu Spiegeleiern braten und auf das Labskaus legen. Dazu Gewürzgurken und Rote Bete servieren. Nach Belieben kann auch noch Rollmops dazu gereicht werden.

Simon Valta

Inselfriede

WANGEROOGE

Gebannt starrte er auf den Tropfen, der an Gretas Nase hing. Der Tropfen zitterte leicht und wehte bei jedem Atemzug etwas in seine Richtung.

Boris Brettschneider atmete tief durch – das hatte er jetzt zu ertragen. Der Tag war sehr gut gelaufen für ihn. Man muss ein Schwein sein, dachte er und grinste innerlich. Und ein Schwein, das war er. Machte skrupellose Geschäfte, um einen schnellen Euro zu verdienen, und ging dabei über Leichen. Erst vor wenigen Wochen hatte er in Wittmund eine gutgläubige junge Frau mit einem fiesen Vertrag aufs Kreuz gelegt. Daran würde die Ökoschnalle bis ins hohe Alter abzuzahlen haben. »Tja«, selbstgefällig strich er über die teure Rolex-Uhr, die er sich von der Provision hatte leisten können, »wo gehobelt wird, da fallen halt auch ein paar Späne.«

Jetzt war er hinter etwas Größerem her. Ein richtig großer Coup, keine kleinen Fische wie bisher. Vor der ostfriesischen Küste hatte der Zollkreuzer nachts ein Schmugglerschiff aufgebracht. Die Mannschaft konnte das Rauschgift – hochwertiges Kokain – gerade noch über Bord werfen. Es war in Plastiktüten verpackt, und hinter diesen Behältnissen war Boris her. Wenn er sie bekäme, wäre er reich. Die Behörden hatten die Drogenbeutel nicht entdeckt.

So kam es also, dass der Gauner Boris sich auf der beschaulichen Insel Wangerooge herumtrieb.

Dann hatte er zufällig das Gespräch zweier alter Frauen mitbekommen, die mit einem fetten Mops die Zedeliusstraße entlang geschlendert waren. Wortreich hatten sie sich darüber ausgetauscht, dass der Hund am Strand eine Reisetasche ausgebuddelt hatte, in der sich Plastiktüten mit einem weißen Pulver befanden.

So viel Glück musste ein Mensch erst mal haben! Boris hatte seinen ganzen Charme zusammengekratzt und sich die Bekanntschaft der beiden Damen erschlichen.

»Ich heiße Boris Brettschneider«, stellte er sich vor. »Ich weiß hier leider überhaupt nicht Bescheid. Kennen Sie sich aus?« Geheuchelte Hilflosigkeit zog immer.

»Natürlich, junger Mann. Wir sind ja von der Insel«, sagte die eine Alte verschwörerisch und kam ihm dabei gefährlich nahe. Der Tropfen an ihrer Nase zitterte erregt, aber er hielt noch. »Ich bin Greta Janssen und das hier«, sie wies auf die andere Alte, »das ist meine Schwester Dora Jannssen.«

»Guten Tag, meine Damen«, gab er artig zurück. Die familiären Beziehungen der beiden interessierten ihn nun wirklich nicht. »Wenn Sie Schwestern sind, müssen Sie ja beide Jannsen heißen.«

»Aber nein, Herr Brettschreier«, Greta Janssen schüttelte sich fast vor Lachen und boxte ihm schelmisch gegen die Brust. »Schauen Sie uns doch mal an. Wir waren früher schon hübsch und sind deshalb auch beide verheiratet gewesen. Dora sogar dreimal. Wir tragen die Namen unserer verstorbenen Ehemänner und die sind verschieden. Dora heißt Jannssen«, dabei zischte sie den s-Laut so hörbar, dass ein kleiner Nebel entstand und sich auf Boris' Designerbrille niederschlug. »Jannssen mit zwei n und zwei s. Ich heiße Janssen, ein n und zwei s.«

»Und dann«, assistierte Dora ihrer Schwester, »habe ich auch noch eine Enkelin, die heißt Janzen mit z.«

Boris Brettschneider wurde leicht schwindelig angesichts dieser ganzen Janssens, zumal der fette Mops sich für sein Bein zu interessieren schien und seine teure Armani-Hose vollsabberte. Boris gab der Töle heimlich einen kleinen Tritt. Der Köter knurrte ihn böse an.

»Meine Damen«, säuselte Boris süßlich und versuchte etwas Abstand zwischen sich und den knurrenden Hund zu bringen, »wissen Sie nicht ein lauschiges Plätzchen, wo Sie mir bei einer Tasse Tee alles Interessante über Ihre wundervolle Insel erzählen können?«

»*Café Pudding*«, trompetete Dora. »Da können wir gleich einen Happen essen.«

»Genau«, pflichtete ihr Dora bei. »Und guten Friesengeist haben die auch.«

So kam es, dass sich das ungleiche Trio in Begleitung des Mopses Onno in Bewegung setzte.

Sie erreichten den Rundbau an der Wasserkante, erklommen die vielen Stufen und gelangten schließlich leicht keuchend (die größten Atemschwierigkeiten hatten Onno und Boris) zum Eingang des Restaurants. Dora und Greta wurden als alte Bekannte freundlich begrüßt. Der Mops dagegen weigerte sich, das Lokal zu betreten, und blieb mitten in der Tür liegen. Erst als ihm ein Leckerli auf einem kleinen Silbertablett serviert wurde, war er bereit, aufzustehen und der Gruppe zu folgen.

Sie setzten sich an einen Tisch mit fantastischem Blick auf die Nordsee. Der Mops Onno bekam den Stuhl gegenüber von Boris zugewiesen. Fett, wie er war, schaffte er es nicht aus eigener Kraft auf die Stuhlfläche, und Boris musste den erstaunlich schweren Hund hochheben. Am anderen Hosenbein bildete sich dabei eine Schleimspur ab. Immerhin hatte das Viech aufgehört, ihn anzuknurren.

»Wie schön, meine Damen«, flötete Boris, als sie endlich saßen. »Dann darf ich Sie jetzt zu einem Tässchen Tee mit Gebäck einladen, und Sie erzählen mir, was sich auf Wangerooge in der letzten Zeit so alles Aufregendes ereignet hat.«

»Nix«, bestimmte Dora. »Greta hat ein schwaches Herz. Der Arzt hat ihr Tee verboten. Wir nehmen Friesengeist.«

Im Handumdrehen standen drei gut gefüllte Gläser mit dem hochprozentigen Schnaps vor ihnen. Der Ober entzündete den Alkohol und blaue Flämmchen loderten auf. Feierlich begann Dora, in einem Singsang das Friesenlied zu zitieren:

Wie Irrlicht im Moor
flackert's empor,
lösch aus,
trink aus,
genieße leise
auf echte Friesenweise.
Den Friesen zur Ehr,
vom Friesengeist mehr!

Dann wurden die Flammen gelöscht.

»Die Karten?«, fragte der Ober.

»Nein«, sagte Boris.

»Ja, gerne«, antworteten die Damen.

»Kopp in 'n Nacken und weg damit!« kommandierte Dora. Die beiden betagten Schwestern kippten sich den Schnaps in die Kehle und knallten die Gläser auf die Tischplatte. Boris nippte an dem Hochprozentigen; eigentlich wollte er den Alkohol jetzt nicht, aber er konnte nicht anders. Brennend rann die Flüssigkeit hinter seinem Brustbein hinab.

»Ich finde es so nett von Ihnen, dass Sie uns zum Essen einladen, Herr Brotschneider«, rief Greta und kam ihm ziemlich nahe. »Brettschneider«, korrigierte er süffisant. Von einer Einladung zum Essen war auch keine Rede gewesen. »Brettschneider. Oder sagen Sie doch einfach Boris zu mir!«

»Boris!«, rief Dora begeistert. »Das ist Greta, und ich«, sie wies mit einer ausholenden Handbewegung auf sich, »bin Dora.« Ein zackiger Wink zum Kellner, und schon waren die Gläser wieder gefüllt. »Prost, Boris!«

Boris wurde es schwindelig. Er musste jetzt versuchen, das Gespräch auf den gefundenen Koffer mit den Kokainbeuteln zu bringen. Aber die beiden Schwestern waren momentan mit der Speisekarte beschäftigt. »Seezunge ist leider aus«, bedauerte der Ober.

»Schade, mein Leibgericht«, meinte Greta. Es wäre das teuerste Essen gewesen, das die Speisekarte hergab. Schließlich einigten sie sich auf das zweitteuerste Gericht des Lokals. Plus Vorspeise, versteht sich.

»Am Strand zu spazieren, ist bestimmt sehr schön«, sagte Boris beiläufig, als sie die Vorsuppe löffelten. »Da findet man wahrscheinlich manchmal interessante Dinge.«

»Ja.« Dora winkte ihn verschwörerisch heran und kam seinem Gesicht so nahe, dass er ihren Atem spüren konnte. »Das stimmt! Nur dürfen wir nichts verraten!«

»Wir sagen nichts!«, assistierte ihr Greta. »Auch Onno nicht. Kein Wau!« Der Mops wimmerte zustimmend und schnappte nach dem Brot, das Boris in der Hand hielt.

»Aber meine Damen, liebe Greta, liebe Dora«, säuselte Boris und wischte sich angeekelt den Hundesabber von den Fingern, »mir könnt ihr alles anvertrauen. Ich schweige wie ein Grab!« Er winkte dem Ober und orderte eine weitere Runde Friesengeist. Alkohol lockerte bekanntlich die Zungen.

Danach hatte er sie endlich so weit, dass sie ihn in ihr großes Geheimnis einweihen wollten.

»Denk dir nur, Boris«, Dora beugte sich verschwörerisch vor und vor Erregung hatte sich ein neuer Tropfen an ihrer Nasenspitze gebildet. »Denk nur, was passiert ist. Vor zwei Tagen sind wir am Strand spazieren gegangen, ganz weit nach Westen, hinter den Buhnen. Vorbei an der Strecke, wo der letzte Wintersturm das Ufer weggerissen hat. Auf einmal hat Onno etwas in den Dünen aufgestöbert.«

»Da darf er eigentlich gar nicht hin«, warf Greta ein. »Naturschutzgebiet und Küstenschutz.«

»Ich werde nichts verraten«, sagte Boris. Endlich war er auf der richtigen Fährte.

»Onno hat also in den Dünen eine nagelneue Reisetasche aus edelstem Nappaleder gefunden. Sie war völlig durchnässt, aber noch prima erhalten. Eine ziemlich wertvolle Tasche, wunderbar gearbeitet.«

»Und was war drin?«, fieberte Boris.

»Och, überhaupt nichts Besonderes.« Greta stopfte sich die letzten Bissen ihres Essens in den Mund. »Nur Tüten mit weißem Pulver, vielleicht Waschpulver oder so.«

Boris wurde es ganz heiß. Jetzt war er fast am Ziel angelangt. Nur nichts überstürzen. Er orderte schnell noch eine Runde Friesengeist – zur Verdauung – dann beugte er sich vor und flüsterte kaum hörbar: »Und wo ist die Tasche jetzt?«

»Siehst du«, rief Dora und schaute ihre Schwester an. »Ich hab dir ja gleich gesagt, wir hätten sie liegen lassen sollen.«

Greta winkte Boris noch dichter an sich heran. »Wir konnten die Tasche noch nicht abgeben«, murmelte sie. »Das Fundbüro hat in dieser Jahreszeit nur einmal in der Woche geöffnet und dann wäre doch herausgekommen, dass wir mit Onno in den Dünen waren.«

»Die Tasche ist jetzt«, nun beugte sich auch Dora vor, »sicher verwahrt, und zwar im Bahnhof, im Schließfach.«

Boris blickte sich um. Am Tisch gegenüber hatte eine junge Frau Platz genommen. Sie trug eine Sportjacke und

Jeans, ihre Haare waren vom Wind zerzaust. Mit verträumten Augen blickte sie auf die Nordsee. Boris wurde das Gefühl nicht los, dass er sie schon einmal gesehen hatte.

»Greta!«, flüsterte er. »Dora! Ihr könnt Riesenschwierigkeiten bekommen, weil ihr den Fund nicht gleich gemeldet habt. Was machen wir nur?« Theatralisch sah er sich nach einem Einfall suchend im Raum um, bis sein Blick an der Frau des Nachbartisches hängen blieb. »Jetzt weiß ich es. Ihr seid meine Freundinnen und ich werde euch helfen. Ich kaufe euch die Tasche ab.«

»Nein, wie nett.« Dora küsste ihn auf die Wange. »Das würdest du tun? Darauf nehmen wir noch einen.«

Aber Greta stieß nicht mit ihnen an. »Es ist nicht recht«, gab sie zu bedenken. »Die Tasche gehört uns nicht.«

Dora und Boris sahen sie entgeistert an.

»Ich will sie«, log Boris, »ja gar nicht für mich. Ich habe einen alten Freund, der ist ganz krank.«

»Krebs?«, fragte Greta entsetzt.

»Krebs«, bestätigte Boris düster. »Und er liegt im Sterben. Seine große Leidenschaft ist das Sammeln von Reisetaschen und«, er winkte die beiden heran, »er hat Geld. Sehr viel Geld. Für eine Tasche wie die eure würde er alles geben.«

Er orderte eine weitere Runde Friesengeist. Die Geschichte war ja ziemlich abstrus und da konnte reichlich Schnaps nicht schaden. Allerdings musste er langsam aufpassen, die beiden Ladys schienen erstaunlich trinkfest zu sein. Sie waren noch recht gut drauf, besser als die Blumen in den Töpfen hinter ihnen, die seit einer halben Stunde die Köpfe hängen ließen.

»Viel Geld«, sagte er noch einmal und sah in das leere Schnapsglas, um ihren Blicken auszuweichen.

»20.000«, sagte Greta leise.

»Was?«, schrie Boris. Die Alten waren ja wohl völlig übergeschnappt.

»Äh, 25.000«, korrigierte Greta. »Und wir wollen das Geld nicht für uns. Wir spenden es dem Kinderhospiz in Wilhelmshaven.«

»Genial«, sagte Dora, »dann ist uns allen geholfen. Wir sind die Tasche los und das Hospiz kann das Geld gut gebrauchen. Für deinen reichen Freund ist es egal, ob er 30.000 Euro mehr oder weniger hat. Sterben muss er sowieso. So kann er sich noch an der Tasche erfreuen und hat gleichzeitig eine gute Tat vollbracht.«

Um Boris herum drehte sich der Raum. Das Kokain war bestimmt das Hundertfache wert. Er hatte die genannte Summe dabei. Außerdem könnte er den beiden alten Weibern in einer dunklen Ecke der Zedeliusstraße eins über den Kopf ziehen und die Moneten wieder an sich nehmen.

Er zierte sich zum Schein noch etwas, dann wurde der Handel mit einer weiteren Runde Friesengeist besiegelt. Dora kramte den Schlüssel des Schließfaches aus ihrer Handtasche und Boris übergab ihr dreißigtausend Euro.

Der letzte Schnaps war zu viel gewesen. Boris erhob sich und suchte die Toilette auf. Auf dem Gang kam ihm die Frau vom Nebentisch entgegen. Eine Sekunde lang standen sie sich gegenüber und blickten einander stumm in die Augen.

»Ich bin Christina«, sagte sie leise. Doch bevor er antworten konnte, polterte und schwankte Dora durch den Gang und schob ihn vor sich her.

»Das Jungsklo ist auf der Backbordseite«, beschied sie und drängte ihn weiter.

Als Boris an den Tisch zurückkehrte, saß dort neben Dora und Greta ein Hüne von Mann in einer schwarzen Uniform. »Das ist Alfred«, stellte Dora vor. »Unser Inselpolizist.«

»Ich bin Kriminalpolizei, Verkehrspolizei, Helfer in der Not und Seelentröster in einer Person«, lachte dieser und drückte Boris die Hand, dass dem die Knochen knackten. »Setz dich doch zu uns!«

»Sehr gerne«, stammelte Boris nervös, »aber ich muss jetzt wirklich los, wenn ich den Zug und die Fähre noch bekommen will.«

Er hastete nach draußen und eilte zum Bahnhof. Zum Glück folgte Alfred ihm nicht. Er öffnete zitternd das Schließfach. Tatsächlich lag darin die besagte Tasche. Die Inselbahn tutete und setzte sich ächzend in Bewegung. Boris schnappte sich die Tasche und stürmte auf den Bahnsteig. Ganz knapp erwischte er den letzten Wagen und schwang sich auf die offene Plattform. Das Bähnchen zockelte über den Damm in Richtung Hafen. Boris' Atem beruhigte sich. Allmählich nahm ihn die Stimmung der ostfriesischen Insel gefangen, auf der die Uhren anders, langsamer tickten. Fernab jeder Hektik tüdelte die Inselbahn im Schneckentempo über die Salzwiesen. Endlich war der Hafen erreicht. Die Arbeiter machten erst noch einige derbe Späße, bevor sie in aller Ruhe begannen, das Gepäck auf die Fähre zu verladen.

Boris ging an Bord und bestellte sich einen Ostfriesentee. Dann öffnete er die Tasche.

Er blickte zuerst auf ein kariertes Tuch. Hektisch schob er es beiseite. Darunter befand sich eine dunkle Plastikdose. Als er den Deckel aufklappte, konnte er es nicht fassen: Statt der Kokainbeutel lagen nur Zeitungspapierschnipsel in der Dose. Darauf lag ein Zettel: »DANKE, dass du das ergaunerte Geld für einen guten Zweck gespendet hast! Das Rauschgift werden wir morgen den Behörden übergeben. Christine.«

Schlagartig wurde ihm alles klar: Die verträumten Augen der Frau aus dem *Café Pudding* hatte er wirklich gekannt. Sie gehörten jener Lady, die er mit dem getürkten

Vertrag übers Ohr gehauen hatte. Sie musste im Restaurant eine Perücke getragen haben.

Alles war umsonst gewesen. Die beiden Alten hatten ihn gepflegt aufs Kreuz gelegt. Von wegen naiv und senil!

Boris brauchte Luft. Er kletterte die steile Stiege hinauf auf das Oberdeck und sah zu, wie die Insel Wangerooge klein und kleiner wurde. Die Fähre nahm ihren Kurs zunächst in das Seegatt und bog dann in die Carolinensieler Balje ein. Einige Sandbänke guckten schon aus dem Wasser. Auf einer konnte er Seehunde ausmachen, die in der Abendsonne dösten. Wie schön das alles war!

In Boris keimte die Erkenntnis auf, dass sein bisheriges Leben mit Profitsucht, Gaunereien und Betrügereien nicht so toll gewesen war. Vielleicht war es eine gütige Fügung des Schicksals, dass die beiden listigen alten Damen ihn hereingelegt hatten. Es fröstelte ihn, aber er harrte noch eine Zeit lang auf dem Deck aus. Dann stieg er den Niedergang hinunter. Unten herrschte eine drängende Fülle. Es roch nach nasser Kleidung, Kaffee und Bockwürsten. Am Fuß der Treppe stand eine junge Mutter mit einem schwerbehinderten Kind im Rollstuhl.

Da tat Boris etwas, über das er selbst nur staunen konnte. Er hörte sich zu der Frau sagen: »Hallo! Darf ich Ihnen beim Aussteigen helfen?«

Sie nickte dankbar. Und der riesige ostfriesische Bootsmann, der sich gerade einen Weg durch die Menschenmenge zum Bug des Schiffes bahnte, hielt ihn natürlich für den Vater des behinderten Kindes. »Kommt man nach vorne«, sagte er voll Mitgefühl. »Ich mache euch am Bug eine eigene Gangway klar. Da braucht ihr euch nicht an den ganzen Pappnasen vorbeizuquälen!«

So kam es, dass Boris mit der jungen Mutter und dem schwerbehinderten Kind im Rollstuhl unbehelligt über eine eigene Gangway an Land gelangte. Erst als er auf der Mole stand, entdeckte er das Polizeieinsatzkommando, das jeden der anderen Passagiere an der Hauptgangway peinlich kontrollierte.

Seezunge auf Gemüsebett
(Das Leibgericht von Dora und Greta)

Zutaten (4 Portionen):
8 Nordsee-Seezungen (teuer, teuer, teuer ...)
800 g Kartoffeln
500 g Cocktailtomaten
2 Zucchini
1 Paprikaschote
100 g Schafskäse

Zubereitung:
Die Kartoffeln kochen.
Bei den Seezungen mit einer Schere Rückenflosse und Kopf abschneiden. Unter fließendem Wasser abspülen, trocken tupfen. Salz und Pfeffer aus der Mühle dazu. Mit Mehl bestäuben, dann überflüssiges Mehl abklopfen. Backofen auf 80 Grad vorheizen. Die Seezungen portionsweise in einer Pfanne mit Butter bei mittlerer Hitze drei Minuten von jeder Seite anbraten. Im Backofen warmstellen. Das Gemüse klein schneiden, in Olivenöl anbraten. Schafskäse dazugeben und sechs Minuten dünsten.

ANDREAS J. SCHULTE

Das Krabbenalibi

NEUHARLINGERSIEL

Die Mauer hatte sich in der Sonne aufgeheizt und fühlte sich wunderbar warm an. Er lehnte sich dagegen und genoss die Wärme der Steine. Hier war er für einen Augenblick allein – nur er, die Frühlingssonne und die beiden lebensgroßen Fischer aus Bronze. Der eine saß auf der Mauer, schaute zum Ort hin, der andere beugte sich nach vorne, den Blick aufs Hafenbecken und das Meer gerichtet. Mit der Entspannung war es allerdings schlagartig vorbei, als Karl-Otto Ballmer die Augen öffnete und ins Hafenbecken schaute. Er seufzte. Eine junge Mutter mit ihrer Tochter trat an die Mauer und ließ die Kleine darauf balancieren. Er schätzte, dass er noch ungefähr eine, vielleicht zwei Minuten Ruhe hatte.

Ballmer sah sich um. Die spitzgiebeligen Häuser aus roten Ziegeln, die hier in Neuharlingersiel am Hafen standen, waren ein beliebtes Fotomotiv und der ideale Hintergrund für die dort ankernden Fischkutter.

»Sag mal, Karl-Otto, wo bist du denn mit deinen Gedanken?« Seine Frau Barbara kam zufrieden lächelnd über den Platz geschlendert.

Ballmer antwortete mit einer Gegenfrage: »Deinem Gesichtsausdruck nach bist du also in der Boutique fündig geworden?«

»Ob du es glaubst oder nicht, sie hatten die Handtasche, die ich immer schon gesucht habe. Ich konnte sogar noch einen kleinen Rabatt aushandeln, weil es sich um ein Vorjahresmodell handelt.« Triumphierend hielt Barbara die Einkaufstüte hoch, dann sah sie ihren Mann prüfend an.

»Du guckst aber griesgrämig. Himmel, Karl-Otto, freu dich doch mal mit mir. Du benimmst dich den ganzen Tag schon so, als wäre das hier eine Strafe. Du bist jetzt seit sechs Wochen pensioniert, die haben dich nicht strafversetzt. Endlich können wir uns so viel Urlaub gönnen, wie wir wollen. Ich will dir was sagen, das hast du dir nach all den Jahren bei der Kripo redlich verdient.«

Ballmer sah aus dem Augenwinkel, wie die junge Mutter plötzlich wie angewurzelt stehen blieb und ins Wasser starrte. »Komm, Barbara, lass uns gehen. Mit der Hafenidylle ist es hier gleich vorbei.«

Seine Frau schüttelte unwillig den Kopf. »Mit der Hafenidylle ist es gleich vorbei«, ahmte sie seinen Tonfall nach. »Was soll denn das jetzt heißen? Wir sind doch eben erst angekommen. Ah, ich verstehe: Der Herr Gemahl hat mal wieder so eine Vorahnung. Himmel, Schatz, du tust ja gerade so, als würde hier an jeder Ecke eine Leiche herumliegen.«

»An jeder Ecke nicht, nur da unten im Wasser zwischen den beiden Fischkuttern.«

Barbara hatte schon eine Antwort auf den Lippen, aber der schrille, hysterische Schrei der jungen Mutter ließ sie verstummen. Die Frau stammelte unverständliche Satzfetzen und deutete immer wieder zum Wasser hinunter.

»Ich sag ja, mit der Idylle ist Schluss«, brummelte Ballmer.

Barbara Ballmer überlegte gerade, ob sie zum gedeckten Apfelkuchen noch eine zweite Tasse Kaffee bestellen sollte, als ihr Ehemann das Café betrat.

»Na, Schatz, hat jetzt die arme Seele Ruhe?«, lästerte sie, nahm aber mit einem Lächeln dem Ganzen die Spitze. Ihr war auch klar, dass ein Polizeibeamter seine jahrzehntelangen Gewohnheiten nicht einfach ablegen konnte wie einen alten Trenchcoat.

Ballmer nickte zufrieden und bestellte sich bei der herbeigeeilten Kellnerin ebenfalls Apfelkuchen und einen schwarzen Tee.

»Der Tote im Wasser war der Chef des Restaurants *Zur goldenen Krone* gewesen, Jan Terken. Jemand hat ihn mit einem stumpfen Gegenstand niedergeschlagen und anschließend bewusstlos ins Wasser geworfen, sagen die Kollegen hier vor Ort. Sie wissen sogar ziemlich genau, wann.«

»Ach? Hast du nicht die ganzen Jahre darüber gejammert, wie langsam die Obduktionen ablaufen? Das scheint ja in Ostfriesland viel schneller zu gehen.«

Bevor Ballmer antworten konnte, kam seine Bestellung. Hungrig schob er sich ein großes Stück Apfelkuchen in den Mund und kaute genüsslich. Dann antwortete er zwischen zwei Bissen. »Von wegen! Die sind hier auch nicht schneller. Aber der ... mhmm, das ist lecker ... aber der Tote war Segler und hatte so ein neues Outdoor-Smartphone. Sobald das länger mit Wasser in Kontakt kommt, sendet es die GPS-Koordinaten und die Uhrzeit an eine private Rettungsleitstelle. Und das war gestern kurz vor 18 Uhr.«

»Aber dann hätte man ihn doch sofort finden müssen.«

»Hätte man, nur die Koordinaten wiesen verlässlich auf das Hafenbecken in Neuharlingersiel, da sah die Leitstelle keine Notwendigkeit zu handeln. Schließlich kommen hier im Hafen nur selten Segler in Seenot.«

»Tolle Technik!«, war Barbaras einziger Kommentar. Sie gab es ja nicht gerne zu, aber sie musste sich eingestehen, dass sie neugierig geworden war.

»Weißt du noch mehr über den Toten?«

Ballmer hatte offenbar nur auf diese Frage gewartet. »Jan Terken ist hier im Ort groß geworden, hat dann Koch gelernt, arbeitete für ein paar Jahre in Hamburg und München, bevor er vor fünf Jahren nach Neuharlingersiel zurückkehrte und die bescheidene Gastwirtschaft seines Onkels übernahm. Terken hat schließlich in kürzester Zeit aus einer Dorfkneipe ein Spitzenrestaurant gezaubert. Es gab Gäste, die Wochen im Voraus einen Tisch reservierten und sogar aus Hamburg anreisten, um bei ihm zu essen.«

»Ein erfolgreicher Mann also.«

»Erfolg bringt bekanntlich Neider auf den Plan.«

»Komm, du willst doch damit nicht sagen, dass ein anderer Restaurantbesitzer für den Mord verantwortlich ist?«

Ballmer kaute und grinste zufrieden. »Manchmal muss man gar nicht so weit suchen und ... und das, was einem als Erstes einfällt, ist tatsächlich auch die ... die Lösung.«

»Iss erst mal auf und dann kannst du mir erklären, was du genau meinst.«

Ballmer schluckte. »Ich meine, dass Terken und Horst Gärtner, der Besitzer des *Deichgrafen*, letzte Woche einen heftigen Streit hatten. Es soll da um eine Rezeptsammlung gegangen sein, die Terkens Onkel Gärtner bereits vor Jahren zum Kauf angeboten hatte, nur wollte Jan Terken die Sammlung nicht mehr herausgeben.«

»Man erschlägt doch keinen Menschen für ein paar Kochrezepte.«

»Für ein paar Rezepte wohl kaum. Für eine Sammlung, die im Auktionshaus einen sechsstelligen Betrag erzielen könnte, schon«, erwiderte Ballmer und genoss das Erstaunen seiner Frau. »Wie ich von den Kollegen hier vor Ort erfahren habe, hat Horst Gärtner für die Tatzeit ein Alibi. Er war bei der Fischereigenossenschaft und hat dort Krabben eingekauft. Es gibt eine Art Lieferschein, auf der die genaue Uhrzeit verzeichnet ist. Aber wissen Sie was, Frau Ballmer? Heute Abend gehen wir essen, und zwar im Hotelrestaurant *Zum Deichgrafen*.«

Horst Gärtner sah genau so aus, wie sich Barbara einen alten Kapitän zur See immer vorgestellt hatte. Groß gewachsen, ein wettergegerbtes Gesicht mit wasserblauen Augen und ein weißer Backenbart. Gärtner trug ein blaues Sakko zu einer ordentlich gebügelten Stoffhose, was maritim wirkte und den Eindruck des freundlichen Schiffskapitäns noch unterstrich. Sein breites Lächeln erschien aber nur auf den ersten Blick herzlich, beim näheren Hinschauen erkannte Barbara, dass es die Augen gar nicht erreichte.

»Willkommen im *Deichgrafen*, schön, dass Sie heute Abend meine Gäste sind«, dröhnte Gärtner, schüttelte beiden die Hand und wandte sich – ohne auf eine Erwiderung zu warten – den nächsten Gästen zu, die das Restaurant betraten.

»Einstudiert und geschauspielert«, murmelte Ballmer. Ihr Mann hatte die herzliche Fassade Gärtners ebenso durchschaut wie sie. »Hoffen wir mal, dass das Essen wenigstens hält, was die Speisekarte verspricht.«

Barbara wusste nicht sofort, was Karl-Otto damit meinte, aber dann las sie die vollmundigen Beschreibungen der regionalen Spitzenküche, die ihr Mann offenbar schon vorher gelesen hatte.

Barbara entschied sich für ein Fischfilet an Kräuterschaum mit Kartoffeln und einem Frühlingssalat. Ballmer knurrte sich durch die Speisekarte, schnaubte bei der einen oder anderen Formulierung und klappte schließlich entnervt die Karte zu. »Weißt du was? Die meisten Gerichte hier drin klingen mir viel zu abgedreht. Hoffentlich sind das nicht so winzige Modeportiönchen, bei denen man am Ende mehr Hunger hat als vorher. Ich nehme die Bratkartoffeln in der Schmiedepfanne, was immer das sein soll, und das Deichhuhn-Rührei mit frischen Krabben.«

Zehn Minuten nach ihrer Bestellung kamen die Getränke, und sie mussten keine halbe Stunde warten, dann stand ihr Essen auf dem Tisch. Karl-Otto Ballmers Befürchtungen erfüllten sich nicht – die Bratkartoffeln waren goldbraun und dufteten wunderbar. Die Portion hätte auch für zwei gereicht.

Ballmer spießte mit einem zufriedenen Brummeln ein paar Kartoffelscheiben auf und kaute genüsslich. Barbara sog den verführerischen Duft der Sauce von ihrem Teller in die Nase und spießte gerade einen Happen Fisch auf, als ihr Mann erstarrte und mit gerunzelter Stirn das Essen auf seiner Gabel begutachtete.

»Na, sieh mal einer an«, sagte Ballmer halblaut, »das ist ja dümmer, als die Polizei erlaubt.« Ballmer ließ das Besteck sinken. »Schatz, du musst mich für einen Moment entschuldigen.«

»Was denn jetzt? Schmeckt dir das Essen nicht?«

»Doch, schon, aber ich muss draußen mal kurz einen Anruf erledigen.«

»Mitten beim Essen?«

»Ja, jetzt, mitten beim Essen, ich will nur eben den Kollegen Bescheid sagen, wo sie ihren Mörder finden können.«

Am Mittwoch wurde der 53-jährige Restaurantbesitzer Horst Gärtner dem Haftrichter vorgeführt. Gärtner wird vorgeworfen, Jan Terken, Besitzer des Restaurants Zur goldenen Krone, ermordet zu haben. Der 38-jährige Terken war vor einer Woche im Hafen von Neuharlingersiel tot aufgefunden worden. Wie die Polizei und die Staatsanwaltschaft unserem Sender bestätigten, hat Gärtner die Tat weitestgehend gestanden.

Aktuelle Nachrichten alle 30 Minuten auf Ihrem Sender. Hier ist Radio ...«

Ballmer schaltete das kleine Küchenradio in der Ferienwohnung aus, lächelte zufrieden und trank einen großen Schluck aus seinem Teebecher.

Barbara lag im Liegestuhl auf dem Balkon und sagte, ohne die Augen zu öffnen: »Na, das war aber mal eine wirklich schnelle Ermittlung. Entweder wirst du im Alter immer besser, Schatz, oder das war ein glücklicher Zufall.«

»Du hast also alles gehört?«

»Die Tür steht auf und laut genug war es ja. Was mich nun doch interessieren würde, ist, wie du darauf gekommen bist, dass Gärtner der Mörder ist. Das hast du mir noch nicht erzählt.«

Ballmer setzte sich in den zweiten Liegestuhl und nahm einen Schluck Tee, bevor er antwortete: »Du weißt doch: Der Mörder ist immer der Gärtner.«

»Haha, lass das nicht Reinhard Mey hören.«

»Also gut, aber es war wirklich leicht. Zur Tatzeit habe er bei der Fischereigenossenschaft eingekauft, das hat Horst Gärtner als Alibi angegeben. Wie sich herausstellte, muss man die Bestellscheine selber ausfüllen, da hat er eine falsche Zeit eingetragen und sich heimlich weggeschlichen, was bei dem ganzen Betrieb niemand bemerkt hat. Er traf sich mit Terken, schlug ihn nieder und stieß ihn ins Wasser. Gärtner rechnete wohl nicht damit, dass der Körper seines Konkurrenten ins Hafenbecken getrieben würde. Als er dann wieder bei der Genossenschaft ankam, war der Krabbenverkauf abgeschlossen. Na ja, er hatte seinen Bestellschein und er kaufte auch noch Fisch ein. Nur eben keine Krabben, die waren eine gute halbe Stunde nach Anlieferung ausverkauft.«

»Ja, und?«

»In meinem Rührei waren keine Nordseekrabben, das waren Eismeergarnelen. Für seine Küche hat er am Tag, als wir dort essen waren, auf Tiefkühlware zurückgreifen müssen. Frische Krabben gab es ja nicht mehr.«

»Eismeergarnelen? Im Ernst?«

»Ja, und damit war sein Krabbenalibi hinfällig.«

Ballmer sah ihr Lächeln, und zum ersten Mal seit seiner Pensionierung fühlte er sich entspannt, frei und mit sich im Reinen. Ballmer schloss die Augen, genoss die Wärme der Frühlingssonne und den Geruch von Meer, der in der Luft lag. »Weißt du was, Babsi, ich glaube, wir bleiben noch eine Woche, was meinst du?«

Bratkartoffel und Rührei mit Nordseekrabben

Zutaten:
1 kg Kartoffeln (festkochend)
1 klein geschnittene Zwiebel
Butterschmalz zum Braten
200 g ausgelöste Nordseekrabben
etwas Zitronensaft
Salz und Pfeffer
8 mittelgroße Eier
2 EL Sahne
1 EL Butter

Zubereitung:
Kartoffeln gar kochen, pellen, ausdampfen lassen und in Scheiben schneiden. In einer großen Pfanne die Kartoffeln im Butterschmalz 25 bis 30 Minuten braten, bis sie goldbraun sind. Nach ungefähr 10 Minuten die Zwiebeln dazugeben. Die Kartoffeln mit Salz und Pfeffer abschmecken. Wenn die Bratkartoffeln fast fertig sind, die Eier in einer Schüssel mit der Sahne verschlagen und mit Salz und Pfeffer würzen. Die Krabben abbrausen und mit etwas Zitronensaft beträufeln.
In eine zweite Pfanne etwas Butterschmalz geben und das Rührei braten, das Ei sollte saftig bleiben und nicht zu trocken werden. Die Krabben zum Rührei geben und drei bis vier Minuten mitgaren lassen.

ANDREAS J. SCHULTE

Tote Tante

SPIEKEROOG

Kennen Sie die Seiwohl-Werke? Natürlich kennen Sie
die! Bei uns lagen früher Seiwohl-Seifenstücke immer in
der Wäscheschublade. Davon bekamen Unterhosen und
Socken einen zarten Seiwohl-Duft mit auf den Weg. Jahrelang war für mich frische Wäsche mit den Aromen *Tos-
kana* oder *Frühlingsfrisch* verbunden. Warum ich Ihnen
das alles erzähle? Nun, ich will hier nur mal von Anfang
an klarstellen, dass ich nichts gegen die Seifen habe, auch
nichts gegen die altbackenen Werbeslogans wie »Seiwohl
und dir ist wohl« oder »Mit Seiwohl kam die Liebe«.
Oder die Aftershave-, Shampoo- und Duschgel-Serien:
»Ein Mann, eine Aufgabe, ein Aftershave: Südwind.«
   Das alles trägt noch ihren Stempel. Sie wissen natürlich, wen ich meine: Dorthe Maria Wohlpert. Der geizigs-
te, schrecklichste, furchtbarste, herrschsüchtigste Mensch
auf Erden ... und meine einzige Tante.

Tante Dorthe hat es nicht leicht gehabt. Im Krieg geboren,
in den Jahren des Wiederaufbaus groß geworden. Meine
Oma starb früh und Tante Dorthe führte praktisch schon
als junges Mädchen den Haushalt. Dann, ich glaube, es
war 1960, starb plötzlich auch noch ihr Vater, mein Opa,
den ich nie kennengelernt habe. Tante Dorthe stand allein
da: mit der Verantwortung für eine heruntergekommene
Seifenfabrik und einer jüngeren Schwester, meiner Mutter.
   Na ja, ich will Sie nicht mit den Familiendramen
langweilen, aber was daraufhin folgte, hat sozusagen
Wirtschaftsgeschichte geschrieben, Wirtschaftswunder-

geschichte. Tantchen krempelte die Ärmel hoch und als neue Chefin das Werk komplett um. Sie entschloss sich, nicht mehr anderen Kosmetikfirmen zuzuliefern, sondern eigene Seifenkreationen auf den Markt zu bringen. Seife Wohlpert - die Marke Seiwohl - war in den 60er und 70er Jahren der absolute Hit, mindestens so beliebt wie Käseigel, Toast Hawaii und Kalte-Ente-Bowle zusammen.

Leider blieben der Erfolg und der ständige Zwang, sich in der Geschäftswelt behaupten zu müssen, nicht ohne Folgen: Keiner konnte es Tante Dorthe recht machen, immer forderte sie noch bessere Ergebnisse, noch mehr Einsatz, noch mehr Rendite. Kurz: Tante Dorthe wurde unausstehlich, eine von Ehrgeiz zerfressene, steinreiche, am Ende verbitterte alte Jungfer. Sie ...

»Thomas! Himmelherrgott, Junge, wo steckst du denn?«

Da, hören Sie das? Nicht mal für fünf Minuten kann man alleine sein.

»Thooommaaas!«

Boah, schon diese schrille Stimme macht mir Gänsehaut. Da kneift jeder bissige Rottweiler winselnd den Schwanz ein. Der Hotelier kann froh sein, dass ihm nicht die Fensterscheiben springen.

»Ich komm gleich, Tante! Moment noch!«

Lassen Sie mich grade runtergehen; sobald Tantchen am Strand ist, erzähle ich weiter.

»Ah, da bist du ja endlich. Meine Güte, wie oft habe ich dir schon gesagt, dass ich es nicht leiden kann zu warten. Um halb neun gehen wir an den Strand, dann ist es noch nicht so voll. Um halb neun, nicht um fünf Minuten nach halb. Glaubst du, die Seiwohl-Werke wären ein solcher Erfolg geworden, wenn wir in der Fertigung nicht auf jede Minute geachtet hätten? Fünf Minuten können über Erfolg und Misserfolg entscheiden. Deshalb finde ich es verantwortungslos von dir, nicht auf die Zeit zu achten. Was hat nur meine Schwester, Gott hab sie selig, bei deiner Erziehung falsch gemacht? Du bist jetzt über dreißig, da muss man doch die Uhr kennen. So – und nun auf zum Strand, denn um Punkt zwölf werden wir zu Mittag essen.«

»Ja, Tante Dorthe. Entschuldige bitte …«

»Ach, hör auf mit diesem unterwürfigen Gewinsel. Komm schon, hilf mir bei den Treppenstufen, ich will mir nicht die Hüfte brechen. Also los.«

Sie können sich denken, wie gern ich Tantchen zum Strand begleite?

Am Strandkorb angekommen, entschuldige ich mich für einen kurzen Spaziergang am Wasser entlang. Dagegen kann selbst Tante Dorthe nichts einwenden. Seit einer guten Woche verbringen wir nun beide hier auf Spiekeroog unseren Urlaub. Tante Dorthes einziger Luxus sind ihre regelmäßigen Besuche der Insel. Seit 30 Jahren kommt sie mindestens zweimal im Jahr hierher. Sie liebt die Seeluft, die kleinen Fischerhäuser, die weißen Holzsessel unter den Bäumen, die zum Ausruhen einladen, und die Tatsache, dass kein Autofahrer ihren Weg kreuzt. Ein Glück für alle Autofahrer, denke ich, denn Tante Dorthe schlägt nicht nur mir gegenüber ihren Kommandoton an.

Sie kann es sich halt leisten. Tantchen leitet zwar nicht mehr die Tagesgeschäfte der Seiwohl-Werke, dafür gibt es einen bemitleidenswerten Geschäftsführer, den sie regelmäßig herumschubst, aber Seife & Co. haben ihr Millionen eingebracht. Millionen – jawohl! Und ich bin ihr einziger Neffe, ja überhaupt ihr einziger lebender Verwandter und damit der Alleinerbe. Geschickt habe ich in den letzten zwei Jahren den Kontakt gesucht, habe sie hofiert, ihr meine Hilfe angeboten, und schließlich wurde ich mit dieser herrlichen Reise »belohnt«. Gut, die Insel ist schön, ruhig und entspannend. Aber ich will gar nicht entspannen, ich will raus: Paris, London, Miami.

Leider fehlt mir dafür das nötige Geld. Statt mit einer großbusigen, blonden Bikini-Schönheit in einem Whirlpool Schampus zu schlürfen, schlurfe ich im Kielwasser von Tante Dorthe durch die kleinen Geschäfte, die alte Inselkirche und das Inselmuseum. Dabei heißt es Zähne zusammenbeißen und das Ziel nicht aus den Augen verlieren. Ich höre bei jedem einzelnen Schritt den lockenden Ruf des künftigen Jet-Set-Lebens.

Während ich missmutig zwischen Muscheln und Algenresten zurückstampfe, wird mir klar, dass ich keinen weiteren Tag ertrage. Der feste Tagesablauf aus Strandbesuch, Mittagessen, Nachmittagskaffee, Zeitungsstudium, Abendessen, Tagesschau und einem letzten Spaziergang vor dem Schlafengehen zermürbt mich – ein Tag nach Tante Dorthes Stechuhr, null Toleranz gegenüber Abweichungen. Denk an die Millionen, ermahne ich mich. Denk an Igor. An Igor will ich am liebsten gar nicht denken, der ist der zweite Grund für meine Fürsorge. Igor Sobelski, von allen der schöne Igor genannt, hat in Frankfurt einen Nachtclub und einen Pokertisch, und ich habe eine üble Pechsträhne gehabt. Nun stehe ich bei Igor in der Kreide und er kennt wiederum Leute, die können Dinge mit einer Brechstange anstellen, dass einem Angst und Bange wird. Glücklicherweise konnte ich Igor von den Erfolgsaussichten meines Spiekeroog-Urlaubs überzeugen. Ich schätze meine unversehrten Kniescheiben und habe mich deshalb bei ihm richtig ins Zeug gelegt. Er hat schließlich sogar das Gift besorgt, eine kleine Kapsel, einfach in ein am besten warmes Getränk geben. Dann löse sich das Ganze schneller auf, hat er mir erklärt. Das Gift wirke nicht sofort, wäre ja auch zu auffällig, wenn Tantchen noch mit der Tasse in der Hand den Abgang machen würde. Nein, man spüre erst nach zehn Minuten ein Unwohlsein, Atembeschwerden und nach weiteren zehn Minuten wäre es hopplahopp vorbei. Igor war sehr überzeugend.

Das Erbe der Tante einstreichen, Spielschulden plus Bonus fürs Giftbesorgen bei ihm bezahlen und dann ab in Richtung Bikini-Schönheit – so sieht mein Plan aus.

»Ah, Thomas, willst du mich etwa hier ewig im Strandkorb sitzen lassen? Hast du mal auf die Uhr gesehen? Himmel, wo warst du nur?«

Ich erspare mir eine Antwort. Es ist Tante Dorthes letzter Strandbesuch – nur weiß sie es noch nicht.

Das Mittagessen verläuft ohne Zwischenfälle. Zum Nachmittagskaffee bin ich rechtzeitig zurück. Aber natürlich ist sie schon da und sitzt an ihrem Stammplatz am großen Fenster. Pünktlichkeit heißt für sie, fünf Minuten früher da zu sein.

Ein Koch aus der Küche stellt dem Kellner ein Tablett mit einer hohen Tasse auf die Theke. »Die Tante. Am Fenstertisch. Fehlt noch die Sahne.«

Na, wenn das keine glückliche Fügung ist? Der Kellner nickt, aber muss noch schnell eine Rechnung abkassieren. Ich schaue mich um. Niemand nimmt Notiz von mir. Blitzschnell hole ich die Kapsel heraus und ab damit in die Tasse. Danach gehe ich in den Flur. Besser, ich lasse Tantchen erst mal trinken, und es ist von Vorteil, wenn ich von draußen reinkomme, dann sieht man mich auch nicht in der Nähe der Küche.

Als ich fünf Minuten später durch den Haupteingang trete, schnaubt Tante Dorthe nur erbost. »Junge, du bringst mich noch ins Grab mit deinem Schlendrian.«

Ins Grab schon, Tantchen, aber sicher nicht wegen meiner Unpünktlichkeit, denke ich zufrieden.

»Jetzt ist alles fast kalt, also trink aus, ich möchte nochmal an die frische Luft.«

Ich trinke brav, die heiße Schokolade schmeckt nicht schlecht, zumal der Schuss Rum dem Ganzen den ordentlichen Pfiff gibt. Eine halbe Stunde, dann ist es vorbei. Besser, ich bin nicht in der Nähe, wenn es passiert.

»Ich muss noch mal ins Zimmer, ein paar Mails beantworten, Tante Dorthe.«

»Gut, tu das, wir sehen uns zum Abendessen.«

Ich nicke zum Abschied. Mails kann ich ja wirklich mal checken. Als ich mich aufs Bett setze, spüre ich ein Grummeln im Magen. Himmel, der Rum, mir wird ganz heiß. Vielleicht lege ich mich einfach mal hin, Zeit genug habe ich ja. Das Ausziehen der Schuhe fällt mir schwer, ich schnappe nach Luft. Gut, dass ich endlich liege. Gut zu wissen, dass Tante Dorthe endlich Geschichte ist. Gut, dass ich …

»Junger Mann, ich möchte bitte los, würden Sie mir die Getränke auf die Zimmerrechnung setzen?«

»Sehr gern, Frau Wohlpert. Waren Sie wieder zufrieden?«

»Ja, mein Milchkaffee war diesmal richtig und meinem Neffen hat es wohl auch geschmeckt. Wie haben Sie die heiße Schokolade mit Rum und Sahne genannt?«

»Mit Kaffee ist es ein *Pharisäer*, mit heißer Schokolade eine *Tote Tante*.«

»Tote Tante? Also wirklich, an euren Humor hier auf der Insel werde ich mich nie gewöhnen.«

Tote Tante

Zutaten:
125-200 ml Milch
1-2 TL Kakaopulver (je nach Milchmenge)
1-2 TL Zucker
4 EL Rum
1-2 EL Schlagsahne
Schokoladenraspel

Zubereitung:
Die Milch erhitzen, den Kakao mit dem Zucker vermischen und in die heiße Milch einrühren. In eine ausreichend große Tasse zuerst den Rum hineingeben (manche schwören darauf, den Rum zuerst leicht zu erwärmen). Anschließend die Tasse mit Kakao auffüllen und zum Abschluss die Sahne auf den heißen Kakao geben. Wer mag, kann das Ganze noch mit Schokoladenraspeln verzieren.

GITTA EDELMANN

Löwenzahn

BENSERSIEL

Ich nannte sie die Löwenzahns, unsere neuen Nachbarn
hier am hinteren Rand von Bensersiel. Besonders sie glich
einem echten Löwenzahn mit ihrem kurzen goldgelben
Haar und den grünen Gewändern, die den Eindruck einer
fröhlichen Wildpflanze unterstrichen. Er war wesentlich
älter. Ein freundlicher, ruhiger Mann, dessen weiße flusige
Haare vom Kopf abstanden wie die Flugschirmchen der
Pusteblumen.

Das Haus hatte durch die Krankheit der alten Frau Faster
fast ein Jahr lang leer gestanden, und der früher einmal tipp-
topp gepflegte Garten hatte sich in dieser Zeit - sehr zum
Ärger meines Mannes - in eine wilde Wiese verwandelt.
Nun lebte Frau Faster im Altenstift in Esens und hatte das
Haus verkauft. Schweren Herzens. Aber wat mutt, dat mutt.

Eigentlich gefielen mir das hohe Gras und die vielen
Wildblumen, die mich an Sommerferien bei meiner Oma
erinnerten, doch das hätte ich Gunther gegenüber nie
zugeben dürfen. Ein einziges Mal hatte ich gedankenlos
erwähnt, dass ich die sattgelb leuchtenden Blüten des Löwenzahns so freundlich und aufheiternd fand. Das hatte
zu einem drei Tage dauernden Vortrag zum Thema Unkraut - nur unterbrochen von lebenswichtigen Tätigkei-
ten wie Essen, Schlafen und Rasenmähen - durch meinen
ordnungsliebenden Gatten geführt. Ich hatte versucht,
meine Ohren auf Durchzug zu schalten, aber wenn ich
abends von der Arbeit müde nach Hause kam, störte
mich der giftige Dauerton trotzdem.

Nun also waren nebenan die Löwenzahns eingezogen,
und während Gunther auf einen englischen Rasen und ei-

nen Nachbarn hoffte, der gemeinsam mit ihm dem gelegentlich verirrten Maulwurf den Garaus machen würde, hoffte ich auf entspannte, freundlich-distanzierte Grüße am Gartenzaun.

Wir wurden beide enttäuscht.

Nicht dass die Löwenzahns, die übrigens schlicht und ergreifend Schmitt mit Doppel-t hießen, oder Irmi und Leo, wie sie sich sofort vorstellten, nicht nett gewesen wären. Aber sie waren so anders. Sie waren das, was meine Schwester amüsiert »Ökos« nannte. Sie liebten das Meer und das Watt und alles, was darinnen kreuchte und fleuchte, trugen Bio-Baumwolle und Naturseide und fuhren zum Einkaufen mit dem Fahrrad zum Naturkostladen in Esens.

»Hoffentlich geht der Mann bald mal ans Unkraut!«, kommentierte Gunther daher schon wenige Tage nach ihrem Einzug gereizt und zog seinen perfekt gebundenen Krawattenknoten fest.

»Hab doch ein bisschen Geduld«, versuchte ich ihn zu beruhigen, »sicher haben die erst mal im Haus genug zu tun. Und meinst du nicht, du bist etwas zu förmlich angezogen für einen einfachen Nachbarschaftsbesuch?«

Gunther lächelte überlegen. »Meinst du nicht, du bist etwas zu – freizügig?«

War ich nicht. Mein Shirt hatte einen Rollkragen und war alles andere als gewagt, und mein Rock bedeckte noch das halbe Knie. Ich trug nur keinen BH. Ich hasse diese Dinger, und wo nicht viel ist, muss man auch nicht viel stützen. Wozu also? Gunther sah das ganz anders. BH-los gehörte für ihn in die Kategorie unordentlich.

Während ich letztlich doch zähneknirschend zurück ins Schlafzimmer ging, um mich »anständig« anzuziehen, versuchte ich mich zu erinnern, ob Gunther immer schon so gewesen war. Hatte er sich verändert oder ich? Hatte meine neue Stelle vielleicht damit zu tun, dass ich es einfach nicht mehr wichtig finden konnte, ob meine Schuhe nach dem Ausziehen ordentlich nebeneinanderstanden oder ob die Gewürze in der Küche alphabetisch geordnet waren? Das Leben war so zerbrechlich.

Unser Abend bei den Löwenzahns war fantastisch – oder eine Katastrophe, je nachdem, ob Gunther oder ich darüber berichteten. Leo hatte einen Salat zubereitet, in dem ich überrascht auch Gänseblümchen und Löwenzahnblätter entdeckte. Er schmeckte herrlich.

Natürlich stocherte Gunther nur darin herum, ich konnte das Wort »Unkraut« förmlich auf seiner Stirn sehen. Leo hatte einen wunderbaren Bio-Rotwein eingeschenkt und unterhielt mich mit Eindrücken von seinen Indien-Reisen abseits der Touristenströme.

Zum Nachtisch gab es – Überraschung – eine kleine Ossitorte! Mit einem Biskuit aus Vollkornmehl, Biosahne und Agar-Agar statt Gelatine, wie Leo mir erklärte. Die Rosinen schmeckten jedoch, wie es sich gehörte, nach Branntwein, und ich hätte am liebsten nicht nur die Kuchengabel, sondern auch noch den Teller abgeleckt.

Im Augenwinkel sah ich, dass Irmi müde mit den Augen blinzelte, während Gunther, der nie so etwas Dekadentes wie Torte aß, auf sie einredete. Sie trug keinen BH, und ich hoffte nur, dass nicht dieser Aspekt des Themas Ordnung Gesprächshintergrund war. Auszuschließen war es nicht, denn gelegentlich wanderte Gunthers Blick auf Irmis wohlgerundete Brüste unter der weichen Baumwollbluse.

Alles in allem verlief der Abend aber recht entspannt, und ich war erleichtert, dass Irmi und Leo weder ungebührliche Kinder hatten, die Gunthers Zaun beschädigen konnten, noch eheliche Spannungen in der Luft lagen, die nachbarschaftliche Vermittlungsdienste beanspruchen würden, wenn wir unsere Ruhe genießen wollten. Solche früher bereits erfahrenen Ärgernisse konnten wir also ad acta legen.

Nun ja, dafür gab es ein neues Konfliktfeld. Besser gesagt, einen Konfliktgarten. Leo dachte überhaupt nicht daran, aus seiner Wildblumenwiese einen englischen Rasen zu machen. Wenn Gunther ihn mehr oder weniger sanft drängte, lächelte Leo nur und sprach von Bienenweide oder der nützlichen harntreibenden Wirkung des Löwenzahns, von Ausgleichsflächen zu ertragsmaximierten Monokulturen, Wechselwirkungen und Artenvielfalt oder heilsamen Kräutertees.

Gunther schäumte.

Während ich aus meinem Küchenfenster bewundernd den zarten weißen Schirmchen der Löwenzahnsamen hinterherschaute, die wie kleine Wölkchen über unseren saftig grünen, kurzgeschorenen Rasen wehten, kriegte Gunther fast einen Herzinfarkt.

»Da hört doch alles auf!«, schrie er. »Denen geb ich jetzt Bescheid! Dieser Scheiß-Löwenzahn ist so was von hartnäckig, wenn der mal Fuß fasst, was denken die sich eigentlich, den hier rüber zu lassen!«

Empört stampfte er zum Nachbarhaus und klingelte Sturm, bis Irmi ihn hineinließ.

Schade, ich bekam immer mehr das Gefühl, dass unsere Ehe einen kritischen Punkt erreicht hatte. Gunthers Ordnungsliebe fing an, mich zu erdrücken, und manchmal verglich ich ihn unwillkürlich mit Leo ...

Nein, ich war nicht in Leo verliebt, oder nur ein ganz kleines bisschen. Er und seine Liebe zur Natur waren einfach ein wunderbarer Gegenpol zu meinen Chemikalien und Reagenzgläsern. Mit ihm zu sprechen war wie ein sanfter Regen an einem heißen Sommertag. Und wenn er gelegentlich eine kleine Ossitorte oder gar eine Ostfriesische Rhabarbertorte buk, brachte er mir ein Stückchen herüber.

Gunther sah das anders, sobald ich mit Leo sprach. Er schäumte. Diesmal vor Eifersucht.

Ich weiß nicht, wie oft er zu den Löwenzahns rüberging, um ihnen die Meinung zu sagen. Ich bin nicht sehr mutig und hinderte ihn nicht. Schon gar nicht, nachdem ich einmal gewagt hatte, ihn zu kritisieren, und dafür nicht nur mit einer Ohrfeige, sondern auch mit einem Schlag in die Magengrube bedacht worden war. Er hatte sich natürlich sofort entschuldigt und so etwas war nie wieder passiert, aber ich vergaß diesen verzweifelten Moment der Hilflosigkeit nicht.

Meistens traf er nur Irmi an, die ihn diplomatisch ins Haus bat und ihm so freundlich zuzuhören schien, dass Gunther einigermaßen beruhigt zurückkam.

Herbst und Winter vergingen ereignislos, es gab zwei schwere Stürme und viel Schnee und keine Gartenprobleme. Ich hatte mich im Labor eingewöhnt und übernahm für dringende Fälle gerne Überstunden, um zu Hause möglichst wenig mit Gunther zusammenzutreffen. Im Frühjahr würde ich ihn um die Scheidung bitten. Ja, ganz bestimmt, sagte ich mir. Und meine Chefin Annabel, mit der ich inzwischen befreundet war, versuchte diese Entscheidung zu unterstützen.

»Den musst du los werden – der macht dich doch krank!«, sagte sie immer wieder. Ich nickte.

Der Frühling kam, der erste Löwenzahn hob sein gelbes Köpfchen aus der Nachbarwiese. Gunther schäumte und stieß Drohungen aus. Und ging hinüber zu Irmi, um sich zu beklagen.

In dieser Verfassung konnte ich nicht mit ihm sprechen. Auch wenn Annabel mir Mut machte – ich konnte nicht. Stattdessen durchzuckten mich wilde Gedanken an Verkehrsunfälle, an ein Supermodel oder an anonyme Briefe, die Gunther dazu bringen könnten, Bensersiel und mich zu verlassen, und – ich gestehe – einmal sogar an einen Auftragskiller, der das Problem auf seine Weise lösen würde. Träume.

Zur Zeit der ersten Pusteblumen war das Zusammenleben mit Gunther und seiner Löwenzahnphobie so schwer geworden, dass ich mit Begeisterung zusagte, als Annabel mich zu einer Tagung nach Berlin mitnehmen wollte. Ich genoss die Großstadt, genoss die Freiheit, genoss das Fachsimpeln mit Kolleginnen und Kollegen. Mein Handy schaltete ich ab.

Die Woche war viel zu schnell vorbei.

Glücklicherweise kam ich aus Berlin schon mittags nach Hause und hatte noch ein paar Stunden für mich, bevor Gunther von der Arbeit kommen würde. Ich schlüpfte in meine bequeme alte Jeans und Flip-Flops und ging hinüber, um Irmi den Berliner Teddybären zu geben, den ich ihr für ihre Sammlung mitgebracht hatte. Niemand öffnete.

Seltsam, sonst war zumindest Irmi um diese Zeit immer da. Na ja, ich konnte den Bären ja einfach auf die Terrasse setzen, Irmi oder Leo würden sich sicher melden, wenn sie zurück waren.

Die Terrassentür war nur angelehnt. Auch das war seltsam.

Und dann roch ich ihn – den unverkennbaren Geruch nach Tod.

Ich fand Irmi und Leo auf dem Sofa, wo sie abends immer zusammensaßen und gemütlich den Tag besprachen. Und obwohl eine angebrochene Flasche von Leos Bio-Rotwein und ein Glas auf dem Tisch standen, sahen die beiden nicht aus, als wäre ihnen in den letzten Minuten ihres Lebens gemütlich gewesen. Irmis Glas lag neben ihr auf dem Boden, ein Rotweinfleck auf dem hellen Teppich. Ein Regisseur hätte es nicht malerischer hinlegen können. Sie hätte bei ihrem üblichen Weißwein bleiben sollen, fuhr mir durch den Kopf.

Ich lief nach Hause und telefonierte mit der Polizei. Dann rief ich Annabel an.

»Die Löwenzahns sind tot«, sagte ich. »Ich habe sie gerade gefunden. Sieht nach Vergiftung aus. Du kriegst sicher gleich Bescheid.«

»Nee, eher nicht«, sagte Annabel. »Bin erst morgen wieder im Dienst. Aber ich komme natürlich.«

Ich holte mir in der Küche ein Glas Wasser und starrte hinaus in den Garten. Irmi und Leo. Tot. Gift im Bio-Rotwein? Welche Ironie!

In Gedanken ging ich die Bekannten der beiden durch und versuchte mich zu erinnern, was sie einmal über Irmis Exfreund erzählt hatten. Hatte er sie nicht eine Weile gestalkt, bevor sie nach Bensersiel gezogen waren? Sonst fiel mir niemand ein, der den netten Löwenzahns etwas Böses gewollt haben könnte. Na ja, die Kriminaltechniker würden schon was finden, was der Polizei weiterhalf.

Genau in diesem Moment kam mir ein außergewöhnlicher Gedanke. Was, wenn man am Tatort Spuren von Gunther fände? Wenn er in Verdacht geriete? Würde man ihn verhaften? Wäre es dann nicht leichter, ihn zu verlassen?

Ich zog die Spülhandschuhe an, ging ins Badezimmer und nahm sein Zahnputzglas vom Bord. Es war ein schlichtes Wasserglas, wie wir noch ein Dutzend im Küchenschrank stehen hatten. Nur – an diesem mussten sich Fingerabdrücke und Speichelspuren von Gunther befinden. Ich ersetzte es durch ein sauberes und eilte hinüber in Irmis und Leos Küche, wo ich das Glas neben das Spülbecken stellte. Ordentlich, wie Gunther es immer tat. Ob das reichte? Ich rannte zurück in Gunthers Bad und fand tatsächlich im Duschabfluss ein paar angetrocknete Haare von ihm. So penibel er auch war – die Dusche zu putzen war meine Aufgabe, auch in seinem Badezimmer. Sorgfältig transferierte ich die Haare in den glücklicherweise baugleichen Abfluss von Irmis und Leos Dusche.

Kaum war ich zurück im Garten, hielt Annabels Mini vor meiner Tür. Kurz darauf kam die Kripo aus Wittmund.

»Nichts angerührt?«

Ich schüttelte den Kopf und Kommissar Weißer nickte zufrieden.

Annabel nahm mich in die Arme, bevor sie das Haus der Löwenzahns betrat. Dann folgte sie den Kollegen der Spurensicherung.

Mir war schlecht.

Später saß ich mit dem Kommissar, den ich von unserer letzten Weihnachtsfeier her ein bisschen kannte, in meiner Küche. Wir tranken Kaffee und ich versuchte ihm ganz diskret unterzujubeln, dass ich von niemandem wusste, der Irmi und Leo nicht gemocht hätte – außer vielleicht Gunther, wenn es um den Garten ging und um den Löwenzahn. Ich lachte nervös, weil mir das Lügen nicht liegt. Weißer legte beruhigend seine Hand auf meine.

»Keine Angst«, sagte er. »Ihr Mann steht nicht unter Verdacht.«

Das würde sich hoffentlich ändern.

»Geht's?«, fragte Annabel, als sie aus dem Haus kam. Ich atmete tief durch und nickte.

»Ich muss nur gerade an all das Unkrautvernichtungszeugs von Gunther denken. Meinst du, man könnte annehmen ...«

»Mach dir keine Sorgen, wir schauen mal nach, du glaubst doch sicher nicht, dass dein Mann ...«

Ich schüttelte den Kopf und brach in Tränen aus.

»Weißt du was? Du kommst jetzt mit zu mir, und wenn dein Mann nach Hause kommt, kann er dich bei mir abholen. Allein lass ich dich nicht.«

Ich blieb die ganze Nacht bei Annabel. Als sie Gunther am Telefon informierte, machte er keine Anstalten, mich abzuholen. Das passte. Krankheiten jeglicher Art waren ihm ein Graus. Und irgendwie war der Zustand einer Frau, die die ermordeten Nachbarn aufgefunden hatte, für ihn wohl so was Ähnliches wie eine Krankheit. Mir war es recht.

Am nächsten Morgen begrüßten mich die Kollegen im Kriminallabor besonders herzlich und ich war froh, dass ich nicht Annabels Vorschlag gefolgt war, auszuschlafen und einen Tag freizunehmen. Es gab genug zu tun. Natürlich gab man mir nichts, was mit dem Fall Schmitt zu tun hatte, aber es gab noch genügend andere dringende toxikologische Untersuchungen.

Gunther sah ich in den nächsten Tagen kaum, beide arbeiteten wir viel und ich quartierte mich im Gästezimmer ein, weil ich nicht im Dunkeln schlafen konnte und Gunther selbst mein schummriges Nachttischlämpchen zu grell war. Außerdem, aber das konnte ich ja niemandem sagen, hielt ich so mein sich ab und zu aufbäumendes schlechtes Gewissen besser unter Kontrolle.

Cyanide. Cyanide hatten die Löwenzahns umgebracht. Eine Blausäureverbindung aus einem Unkrautvernichtungsmittel namens Exkrautis. Das ich leider nicht in Gunthers Gartenschuppen fand und daher schnell heimlich besorgen, anbrechen und hinter dem Sack mit dem Rasendünger verstecken musste – natürlich ohne meine Fingerabdrücke zu hinterlassen –, bevor die Polizei unseren Schuppen durchsuchte.

Gunther wurde verhaftet.

Mir ging es auf einmal sehr gut.

Ich hörte, dass man Irmis Exfreund, den Stalker, ebenfalls verhört hatte, doch seine neue Freundin gab ihm ein Alibi. Nett von ihr, denn auch wenn ich ihn für den einzig möglichen Schuldigen hielt, konnte ich nicht gebrauchen, dass der Verdacht gegen Gunther geschwächt würde.

Andererseits ...

Ich schlief die nächste Nacht fast gar nicht. Über der zweiten Tasse schwarzen Kaffee am Morgen siegte meine Ehrlichkeit. Ich konnte nicht wirklich einen Mörder frei laufen lassen und alles Gunther in die Schuhe schieben. Wenn ich nur die Haare im Abfluss nicht arrangiert hätte! Das mit dem Glas hätte man irgendwie als zufällig und harmlos werten können. Aber wie sollte ich jetzt aus der Geschichte wieder rauskommen? Ich würde meine Stelle verlieren.

Als ich schweren Herzens das Labor betrat, klingelte das Telefon. Sylvie, Annabels Sekretärin. »Die Krämer will dich sprechen, du sollst sofort in ihr Büro kommen«, sagte sie.

Hatte Annabel am Ende schon entdeckt ...? Ich würde ihr alles gestehen. Wenn mich überhaupt jemand verstehen würde, dann sie, auch wenn sie dann nicht mehr viel für mich tun könnte.

Mein Herz pochte laut, als ich vor der Tür stand. Dr. Annabel Krämer. Ich las das Schild mindestens zehn Mal, bis ich klopfen konnte.

Annabels Gesicht war sehr ernst. »Die letzten Ergebnisse«, sagte sie und deutete auf ein Blatt Papier auf ihrem Schreibtisch. »DNA ist jetzt auch fertig.«

»Annabel, ich muss dir was sagen ...«, setzte ich an.

Annabel schüttelte den Kopf. »Lass mich ausreden.«

Ich atmete tief durch und nickte.

»Zuerst mal – ich werde dir helfen.« Sie wusste also Bescheid.

Ich nickte wieder. Annabel nahm das Blatt in die Hand, warf einen kurzen Blick darauf und sah mich an. »In der Küche wurde ein Glas gefunden, aus dem dein Mann Wasser getrunken hat. Außerdem waren seine Haare im Duschabfluss. Auch Schamhaare. Er war also im Haus und hat dort geduscht. Das hat er der Polizei nicht gesagt. Deshalb hat Weißer ihn etwas genauer unter die Lupe genommen. Ein Geständnis gibt es zwar noch nicht, aber ...«

»Annabel, ich ...«

»Warte. Wir sind jetzt trotzdem sicher, dass dein Mann der Täter ist.«

Ich schüttelte heftig den Kopf.

»Doch, Liebes, das ist ganz eindeutig. Es gab weitere Fingerabdrücke von ihm im Schlafzimmer, und das Sperma, das wir bei der Obduktion von Irmi Schmitt gefunden haben, ist von ihm.«

Ich starrte sie an. Sie nickte bedeutungsvoll.

»Außerdem wurde in dem Sack mit eurem Rasendünger die Spritze entdeckt, mit dem das Gift durch den Korken in den Rotwein gespritzt wurde. Mit einem Teilabdruck deines Mannes. Es tut mir leid.«

Ich war fassungslos. Schlafzimmer? Sperma? Und was für eine Spritze?

Wir schwiegen.

Dann fing ich laut an zu lachen.

Ostfriesische Rhabarbertorte mit Baiser

Zutaten:
3 Eier
200 g Zucker
200 g Margarine
200 g Mehl
1 Backpulver
1 Vanillezucker
500 g Rhabarber

Zutaten Baiser:
2 Eiweiß
100 g Zucker

Zubereitung:
Für den Boden alle Zutaten verrühren und in eine gefette-
te Springform geben. Den Rhabarber in Stücke schneiden
und auf den Teig geben.
Das Eiweiß steif schlagen und den Zucker langsam dar-
unterstreuen und auf dem Rhabarber verteilen.
Bei 170 Grad 45 Minuten backen.

Manfred C. Schmidt

Updrögt Bohnen – Nun nimm doch noch

ESENS

Harry schnauft. Nur mühsam hält er Schritt, nein, eigentlich hält er überhaupt nicht mehr mit. Bei jeder Stufe zieht er das Bein nach und holt tief Luft.

»Nun komm schon!« Rita treibt ihn an, als hätten sie es eilig. Sie hetzt ihn immer, das gehört zu ihrem Plan. Mit Genugtuung sieht sie die Schweißperlen auf seiner Stirn, hört das Pfeifen der Lungen und erahnt das hochfrequente Pumpen des Herzens, das mit den drei Bypässen bereits einmal schlappgemacht hat. So dicht davor war sie gewesen, so dicht davor. Er war zäher gewesen, als sie gedacht hatte.

Rita quengelt.

»Ja doch!« Harry pustet.

»Dort ist noch ein Plätzchen!« Rita zeigt auf einen freien Tisch auf der Terrasse und fügt hinzu: »Mit Inselblick, perfekt!« Sie schaut zu Harry. Plätzchen, welche Verniedlichung; er bräuchte mindestens die Sitzfläche zweier Stühle. Die Reste von einem Erdbeereis kleben auf dem Tisch. Rita wischt sie mit einer Serviette weg.

»Perfekt, perfekt, dass ich nicht lache. Was ist, wenn ich pissen muss?« Er mosert wieder herum, nichts ist ihm recht. Und die Ausdrucksweise! Dass er wegen seiner Entwässerungstabletten öfter zum Toilettengang gezwungen ist, müsste er doch nicht so vulgär ausdrücken. Typisch. Ein leises »Blöde Kuh!« hat er auch noch nachgeschoben, meint sie gehört zu haben. Als wenn sie daran schuld wäre, dass er diese gesundheitlichen Probleme hat. Alles selbst angefressen, mein Lieber, denkt Rita, wobei der Ausdruck »mein Lieber« nicht wirklich ernst gemeint ist. Schon lange nicht mehr! Hoffentlich bekommen die Tischnachbarn das nicht mit. Rita schämt sich.

»Hierher? Ohne Schatten?« Harry ist herangekommen und mault. Natürlich!

Nichts kann ich ihm recht machen, diesem alten Suffkopp, denkt sie. »Es ist ja sonst nichts mehr frei, oder möchtest du auf die andere Hafenseite laufen?«

Dort würde er nie ankommen, das weiß sie.

Das weiß auch Harry, also erspart er sich die Antwort. Er hat nicht nur Übergewicht, er hat auch Rücken, er hat Herz und Zucker, und er hat Blutdruck, Leber und Galle, wie er selber immer sagt.

Auf der Halbglatze sieht sie unzählige Schweißtröpfchen funkeln. Irgendwann müsste er doch platzen – und daran arbeitet sie nun schon seit dreieinhalb Jahren.

Harry zieht mühsam die Sitzbank heran. In den Korbsessel hätte er nicht hineingepasst.

Am Nachbartisch erklärt die Kellnerin den Touristen die Reihenfolge der Ostfriesischen Inseln: »Welcher Seemann liegt bei Nelli im Bett?« Eigentlich will sie mit der Ergänzung »Wangerooge, Spiekeroog, Langeoog, Baltrum, Norderney, Juist, Borkum« fortfahren, doch Harry fährt lauthals dazwischen: »Keiner liegt mit Nelli im Bett, weil sie so hässlich und eine dumme Nuss ist!«

Konsterniert schweigt die Bedienung. Rita senkt beschämt den Blick.

Die sächsischen Urlauber retten die Situation. Sie gehen darüber hinweg und bestellen eine weitere Runde Friesengeist.

»Die Rumflockentorte, Harry. Die hab ich schon mal für dich bestellt. Und ein Bier mit Friesengeist.« Rita nippt am Mineralwasser und zählt die Kalorien, die Harry heute bereits zu sich genommen hat. Um die zu verbrennen, müsste er mindestens einen Marathon laufen.

Wie Irrlicht im Moor
flackert's empor,
lösch aus,
trink aus,
genieße leise
auf echte Friesenweise.
Den Friesen zur Ehr,
vom Friesengeist mehr!

Bei jeder Runde, die die Sachsen vom flambierten Schnaps bestellen, sagt die Bedienung artig ihr Sprüchlein auf und löscht die Flamme, indem sie eine kleine Kupferpfanne auf die Gläser legt. Die Gäste kippen den warmen Kornbrand in einem Zug hinunter.

»Prost!«, sagt Rita, als Harry sein Glas hebt.

»Een för't Maag.« Harry rülpst, aber natürlich nicht vornehm zurückhaltend.

Für die Verdauung hätte auch der erste Friesengeist gereicht, denkt sie und sagt: »Meinen Kuchen kannst du auch noch haben. Ich mag nicht mehr.« Sie lächelt an Harry vorbei dem großen Blonden in seinem Rücken zu, der ihr wiederholt zuzwinkert. An Harrys Revers entdeckt sie etwas Sahne. Sofort zückt sie ein Papiertaschentuch und wischt den Fleck weg.

»Bei mir macht sie den Spruch nicht«, plärrt er.

»Wie?«, fragt Rita nach.

»Na, die dumme Pute, die hier bedient.«

»Was macht die nicht?« Rita hat gar nicht richtig zugehört.

»Na, den Friesengeistspruch. Den hat die nur bei den blöden Badegästen gemacht. Die Fettqualle. Guck mal, was die für einen dicken Arsch hat. Sollte mal lieber ein bisschen schneller laufen«, dröhnt er.

Guck dich selber an, denkt Rita und blinzelt wieder zum Nachbartisch. Ihr Mann schmatzt unterdessen geräuschvoll vor sich hin und schlingt die Reste eilig hinunter.

»Noch ein Eis zum Nachtisch, der Herr?« Die Kellnerin legt ungefragt die Eiskarte neben die Teller.

Bevor er »nö« sagen kann, meint Rita, sie wolle doch mal einen Blick hineinwerfen.

»Wie wär's mit einem Vanilleeis? Mit *Ostfriesischer Bohntjesopp*? Das ist doch etwas für dich.« Sie redet Harry zu und bestellt eine große Portion. Mit vor dem Bauch gefalteten Händen sitzt Harry dösend am Tisch und schnauft. Er kann eigentlich schon lange nicht mehr, aber dieser ostfriesischen Bohnensuppe – oder, wie seine Oma immer sagte, *Sinenbohntjesopp*, mit Rosinen, süßem Kluntje und aromatisiertem Branntwein – kann er nicht widerstehen.

Das Eis wird serviert. Harry haut rein wie im Akkord. In seinem rechten Mundwinkel klebt Sahnespucke. Rita wird hibbelig. Das kann sie nicht sehen. Unästhetisch findet sie das. Aber sie traut sich nicht, ihrem Mann den Mund abzuputzen. Ist auch nicht nötig, denn er wischt alles mit dem Ärmel fort.

»Zwischen Leber und Milz passt immer noch ein Pils«, scherzt Rita und macht die Bestellung klar.

Es bleibt natürlich nicht bei einem Pils – Harry schluckt und Rita bestellt und bestellt.

Ein wenig Angst hat sie schon, weil sie erlebt hat, wie gewalttätig er wird, wenn er zu viel getrunken hat. Wenn er zugleich auch noch vollgefressen ist und sich nicht mehr richtig bewegen kann, besteht allerdings nicht so eine große Gefahr.

Das erste Mal, als ihm die Hand ausrutschte, kam er anderntags reumütig und weinend zu ihr, entschuldigte sich tausendfach und schwor hoch und heilig, so etwas würde nicht wieder vorkommen. Sie glaubte ihm und verzieh.

Tatsächlich war alles gut, der reinste Honeymoon, bis es erneut passierte und sogar noch schlimmer wurde.

»Pass auf!«, schreit Rita, als sie auf dem Rückweg nach Esens durch Großholum fahren, wo vom Parkplatz des Restaurants *Bauernstuben* urplötzlich ein Mercedes vor ihnen auf die Straße biegt.

»Arschloch!«, brüllt Harry und Rita denkt, dass er eigentlich zu schnell gefahren ist und sich selber beschimpfen müsste. Selbstkritik beherrscht er nicht. Immer sind andere schuld, und wenn niemand sonst da ist, dann ist Rita diejenige.

»Igitt!« Ein dicker Brummer platscht gegen die Windschutzscheibe. Ein grüngelber Placken klebt in Ritas Augenhöhe. Mit einem Reinigungstuch versucht sie, ihn durch das heruntergefahrene Seitenfenster zu erreichen.

»Lass den Quatsch!«, raunzt Harry. »Du mit deinem Putzfimmel!« Er stellt den Scheibenwischer an, verteilt die Fliegenüberreste milchig über die gesamte Frontscheibe und spült mit Wasser nach. Rita wird schlecht.

Seit seiner Arbeitsunfähigkeit ist das Schlimmste für ihn, dass er in seiner Firma niemanden mehr zum Herumkommandieren hat, also hält er sich an Rita. Sie mussten ihr Haus verkaufen und leben nun in einer heruntergekommenen alten Sozialwohnung, vierter Stock, ohne Fahrstuhl. Dass er oben ankommt, grenzt an ein kleines Wunder, das allerdings wegen seiner Pausen auch ziemlich lange dauert; er keucht wie eine asthmatische Dampflok.

Harry wuchtet sich mühsam in den Sessel. »Hol mal 'n Bier!«

Rita bringt gleich den Schnaps mit, denn sie weiß, wenn er einmal anfängt, beginnt das Ziehen in seiner Leber, das schnell noch mehr fordert. In der Küche schneidet sie die fette Mettwurst und den Gouda in mundgerechte Stücke, die sie ihm auf einem Teller serviert. »Willst du

mich mästen?«, mault er, greift dann aber wie selbstverständlich zu. Genau! Genau das will ich, denkt Rita und
reicht ihm die Fernbedienung, auf die er nonverbal deutet. Harry liebt Kochshows.

»Hier, guck mal.« Er ruft sie zu sich. Mitten auf dem Weg
zur Küche macht sie auf den Hacken kehrt. »Wir haben
doch noch *Updrögt Bohnen,* oder?«

»Ja, haben wir. Die sind noch aufgefädelt«, entgeg-
net Rita, »und hängen an der Seite des Schlafzimmer-
schranks.«

»Im dritten Programm kocht gerade dieser Sterneko-
ch, wie heißt der nochmal?«

»Rosin...?«

»Nee, der andere.«

»Keine Ahnung«, sagt Rita desinteressiert.

»Schmälzer, ja, Schmälzer heißt der; nee, Hässler oder
so. Der macht regionale ostfriesische Küche: *Updrögt
Bohnen.*«

Aha, denkt Rita, dann will er also morgen dieses Gericht. Wahrscheinlich muss sie jetzt wieder eine halbe Stunde vor dem Fernseher sitzen und die Zutaten notieren.

»Notier doch mal die Zutaten. Da, schreib auf«, ruft
Harry, und Rita notiert die Einzelheiten, die der Fern-
sehkoch aufzählt: »Man nehme: 500 Gramm Bohnen,
getrocknet, 500 Gramm Kartoffeln, 500 Gramm Speck,
durchwachsen, getrocknet, vier Pinkel-, ersatzweise
Mettwürstchen, Salz und Pfeffer, bei Bedarf Essig.«

Harry steht auf.

»Wat is?«

»Ich muss mal dahin, wo selbst der Kaiser zu Fuß hin-
geht!« Harry schleppt sich ächzend zum Bad. Dabei furzt
er laut und sagt: »Wenn's Arscherl brummt, ist 's Herzerl
g'sund.« Diese Weisheit hat er sich aus dem letzten Bayern-
urlaub aufgehoben.

Von wegen Herzerl gsund, schnauft Rita. In der Küche schmiert sie schnell ein paar Stullen dick mit Griebenschmalz und stellt einige Flaschen Bier bereit. Sie ist sich sicher, lange wird es nicht mehr dauern, dann zerbeutelt es ihn.

Sie behält recht, als Harry sagt: »Wir können das Gericht doch morgen kochen.« Das gemeinsame Kochen sieht stets so aus, dass er das Rezept vorliest und sie durch die Küche hetzt, um die Anweisungen umzusetzen.

Bevor es aber am Folgetag so weit ist, steht der Arztbesuch an: Blutuntersuchung. Egal, wie das Ergebnis aussieht, Harry hat immer Bestwerte, wenn das Gespräch darauf kommt; das kennt Rita schon. Natürlich ist die Arzthelferin eine blöde Kuh, weil sie Harrys Rollvenen im Speckmantel seiner Armbeuge nicht trifft und erneut ansetzen muss.

Aus der Praxis kommend zwängt er sich hinter das Lenkrad und kurvt zum Schlachter. »Hast du alles?«, empfängt er Rita, als sie aus dem Geschäft zurückkehrt. Sie nickt und er fährt los.

»Was ist, geht's dir nicht gut?« Rita bemerkt Schweiß auf Harrys Stirn.

»Ach, nichts, nur ein wenig flau im Magen. Schwindel. Krieg keine Luft«, keucht Harry, als er den Wagen vor ihrem Wohnblock abstellt.

Während sie die Einkaufstaschen trägt, steht er noch immer am Auto und hält sich mit beiden Händen am Dach fest.

»Geht's denn?«, fragt sie scheinbar besorgt und denkt, dass es Zeit wird, dass er den Löffel abgibt.

»Ja, ja.« Harry geht noch schleppender als sonst auf die Haustür zu, die Rita aufhält. Sie lässt ihn passieren. Bereits vor der ersten Stufe bleibt er stehen.

»Nun los«, drängt sie. Er trabt an, langsam natürlich, ganz langsam.

»Mein Herz«, stöhnt er. »Das bollert so. Und der Brustkorb ... alles so eng ... keine Luft ... zieht in den Arm.« Dennoch läuft er in Zeitlupe weiter, während Rita ihn anschiebt.

»Na los jetzt«, treibt sie.

Sie stehen nun fast in der dritten Etage, auf der letzten Stufe. Harry stoppt. Rita drückt von hinten. Er kommt nicht weiter. Er streckt sich aus seiner gebückten Haltung. Er lässt das Geländer los. Harry verliert das Gleichgewicht. Schreiend, mit großer Anstrengung schiebt Rita. Sie pustet, sie stöhnt, aber sie schafft es schließlich doch, diesen Koloss wieder in die richtige Richtung zu drücken. Kaum auszudenken, wenn Harry gepurzelt wäre. Vielleicht hätte er sich das Genick auf dem harten Boden gebrochen. Noch wahrscheinlicher hätte er auch Rita mit sich gerissen und unter sich begraben. Das wäre zweifellos ihr Tod gewesen. Sie hätte sich fatalerweise sozusagen durch sein Mästen selbst erledigt. Glück gehabt, denkt sie nur.

Harry stöhnt weiter. Die Hand liegt immer noch auf der Herzseite seines Körpers. Mit letzter Kraft schleppt er sich in die Wohnung und wuchtet sich aufs Sofa.

»Wie ist es?«, fragt Rita.

»Es geht schon«, quetscht Harry heraus.

»Willste was essen?«

»Nee«, hustet er nur und schließt die Augen. »Glas Wasser!«

Rita stellt das Glas auf den Tisch und setzt sich in den Sessel. Sie blickt an die Decke und vernimmt sein leises Röcheln und urplötzliches Aufstöhnen. Es scheint, als hätte sie ihn endlich so weit. Ungeduldig klopft sie mit den Fingern auf die Lehne. Sie hasst es, untätig dazusitzen. Sie muss irgendetwas tun, muss sich ablenken.

Durch den Durchbruch zur Küche sieht sie zum Fenster. Der gestrige Regen hat ihre Putzmühe zunichtegemacht. Die Rückstände der Tropfen verteilen sich auf der gesamten Scheibe. Im oberen Eck entdeckt sie einen großen weißen Möwenschiss, der sich länglich nach unten über das Glas zieht.

Schon holt Rita den kleinen Eimer aus dem Bad, rückt einen Stuhl zurecht und klettert auf die Küchenzeile. Die alten Fenster öffnen sich nach außen. »Hoffentlich ist mein Arm lang genug«, denkt sie. Sie wundert sich, dass ihr Mann noch keinen Kommentar zu ihren Kletterkünsten loslässt.

»Alles klar, Harry?«, fragt Rita eher gewohnheitsmäßig als interessiert und visiert den Dreck am Glas mit festem Blick an. Das müsste doch zu schaffen sein. Von Harry kommt keine Antwort, nur ein gediegenes Röcheln. Typisch, denkt Rita. Es war schon immer so, dass er das ignoriert, was ihr selber sehr wichtig ist – eine saubere Fensterscheibe zum Beispiel. Wenn sie nicht für Ordnung sorgen würde, sähe es hier aus wie in einem Schweinestall. Rita rutscht auf den Knien vorwärts. In der rechten Hand hält sie den Lappen, den sie zuvor ins Putzwasser getaucht und danach ausgewrungen hat.

Ihr Arm ist zu kurz. Vorsichtig geht sie in die Hocke und richtet sich leicht auf. Mit dem rechten Fuß tastet sie sich langsam auf die schräge äußere Klinkerfensterbank. Ihre linke Hand umfasst die obere Kante des Fensterflügels, der instabil hin und her wackelt. Nun steckt sie den Kopf hinaus. Nur noch ein kleines Stück, ganz wenig. Harry könnte ihr jetzt schön helfen und sie festhalten. Er hätte das richtige Kontergewicht, denkt Rita.

Fast hat sie ihr Ziel erreicht, als die Fensterangeln leicht nachgeben. In Zeitlupe lösen sich die Schrauben aus dem morschen Holzrahmen. Mit ihrem Körpergewicht hängt Rita bereits über dem Schwerpunkt nach außen. Alleine kann sie nicht zurück. Sie versucht, sich ganz ruhig zu verhalten. Jede Bewegung könnte das Fenster aus der Verankerung reißen.

»Harry, hilf mir! Harry! Komm schnell!«

Doch Harry reagiert nicht. Nicht einmal sein Röcheln ist zu hören. Harry kann nicht mehr reagieren.

»Harryyyyyyy!«, schreit Rita noch einmal, als sich die letzte Schraube löst.

Updrögt Bohnen

Zutaten:
500 g Kartoffeln
500 g getrocknete Bohnen
500 g durchwachsener Speck, getrocknet
4 Pinkelwürstchen, ersatzweise Mettwürstchen*
Salz und Pfeffer, evtl. Essig.

*Pinkel, ostfriesische Kohlwürste, sind nur zur Grünkohlzeit und im übrigen Deutschland gar nicht zu bekommen. Als Ersatz kann man dann Mettwürstchen nehmen.

Vorbereitung:
Das Nationalgericht der Ostfriesen benötigt reife, weichschalige Bohnen, die zuvor getrocknet werden müssen. Dazu werden sie von ihren Fäden befreit und auf das Bohntjeband gefädelt. In der Küche oder an anderen geeigneten Orten hängen sie dann mehrere Wochen. Wenn sie trocken sind, bewahrt man sie in Leinenbeuteln auf.

Zubereitung:
Die trockenen Bohnen gründlich waschen und in etwa zwei Zentimeter lange Stücke schneiden. Eine Nacht lang einweichen. Am nächsten Tag in frischem Wasser etwa 30 Minuten kochen. In einem Durchschlag oder Sieb nochmals gründlich abspülen. Zusammen mit dem Speck und Wasser aufsetzen und etwa zwei Stunden langsam köcheln. Am Schluss Kartoffeln und Würste zugeben, gar kochen lassen, mit Pfeffer und Salz abschmecken, bei Bedarf auch mit Essig. Nach Wunsch durchstampfen oder auch nicht. Bier und Korn sind traditionelle Begleitgetränke.

SABINE PRILOP

Der Banker und seine Frau

LANGEOOG

Das Telefon klingelte. Hanspeter Langer unterbrach die Arbeit an dem Vorgang, dem er sich gerade widmete. Überrascht nahm er die Nummer auf dem Display zur Kenntnis, hob den Hörer ab, meldete sich und lauschte.

»Vorstandssekretariat, Kerstin Müller am Apparat. Herr Koch erwartet Sie in seinem Büro. Um elf Uhr, Anmeldung bei mir.«

Pünktlich war Langer zur Stelle. Mit einem unguten Gefühl in der Magengegend stand er vor dem Schreibtisch der Vorstandssekretärin. »Einen Moment bitte.« Sie ließ ihn nicht aus den Augen und sagte in die Gegensprechanlage: »Herr Langer, für Sie.«

»Soll hereinkommen«, tönte es aus dem Lautsprecher. Langer spürte seinen Herzschlag bis zum Hals. Zögernd ging er die wenigen Schritte bis zur Bürotür seines Chefs, drückte die Klinke herunter und trat ein.

»Setzen Sie sich!«, forderte Herwart Koch ihn auf und zeigte mit dem Kopf auf den Stuhl vor seinem Schreibtisch. »Frau Müller, Kaffee bitte«, rief er in die Gegensprechanlage. »Sie trinken doch Kaffee?«

Langer hätte gern nein gesagt. Auch ohne Koffein stieg seine Anspannung. Aber er nickte, während er sich vorsichtig auf die Kante des Stuhls setzte. Unter dem Nackenhaar spürte er, wie er zu schwitzen begann.

Koch, Vorstandsvorsitzender des mächtigen Bankhauses, kam rasch zur Sache. »Sie haben Ihre Aufgaben bei uns gut erfüllt – 37 Jahre lang, wie ich sehe.« Er blätterte in einer Akte, schaute auf und Langer durch die Brille mit dem tiefschwarzen Gestell scharf an. »Sie wissen, dass unser Haus gezwungen ist, das Personal zu reduzieren?«

Langer spürte, dass er etwas sagen musste, doch es fiel ihm einfach nichts ein. Koch wartete einen Moment und fuhr dann fort: »Oftmals sind Entscheidungen des Vorstands für die Betroffenen schwer nachzuvollziehen. Dennoch bitte ich Sie um Verständnis dafür, dass wir Ihnen einen Auflösungsvertrag anbieten.«

»Sie sagten doch gerade, ich hätte meine Aufgaben gut erfüllt«, presste Langer hervor.

»Das meine ich auch so! Deshalb soll das Ganze Ihr Schaden nicht sein«, sagte Koch. Es klang väterlich, obwohl er etliche Jahre jünger war als sein Gegenüber. Wieder taxierte er seinen Angestellten und schob ihm ein Papier über den Tisch zu. Auflösungsvertrag, stand in großen Lettern darauf. »Lesen Sie!«, forderte Koch Langer auf und winkte gleichzeitig seine Sekretärin heran, die mit einem Tablett in der Hand eintrat.

Während Frau Müller die Kaffeetassen vor den Männern absetzte, Milchkännchen und Zuckerdose dazustellte und Kaffeelöffel auf die Untertassen legte, gelangte Langer lesend bei der Höhe der Abfindung an. Er rechnete blitzschnell nach. Das Geld würde für ein kleines Haus reichen und für ein Leben bis zur Rente, wenn auch ein nicht üppiges. Großzügig, ja. Dennoch stieg eine Wut in ihm auf, die er kaum beschwichtigen konnte. Er war 55 Jahre alt, und jetzt wurde er aussortiert wie ein alter Schuh.

Zurück in seinem Büro, lief er einige Male durch den Raum, die Fäuste geballt. Dann ließ er sich auf seinen Schreibtischstuhl fallen und entsperrte mit seinem Passwort den PC. Eine weitere eigentlich geheime Zahlenkombination gewährte ihm Zugang zum Zentralcomputer der Bank.

Hanspeter Langer saß gemeinsam mit seiner Ehefrau im Bett und frühstückte. Sie verbrachten ihre Zeit in ihrem Haus auf Langeoog, einem Neubau im Herzen der Insel.

»Haben wir es nicht wunderschön?«, fragte Langer und zeigte mit dem Brötchen in der Hand aus dem Fenster, von dem aus man in den gepflegten kleinen Garten blicken konnte.

»Ich würde lieber aufs Meer schauen können«, murrte seine Frau. »Hier merkt man gar nicht, dass man auf einer Insel wohnt. Außerdem, so ein Reihenhaus ist auch nicht das Gelbe vom Ei.« Sie schob das Frühstückstablett von sich weg, setzte sich kerzengerade hin und legte ihrem Mann die Hand zärtlich auf den Hinterkopf, auf dem nur noch spärlich Haare wuchsen. »Triff dich bitte mit deinem Ex-Chef! Wenn er uns dieses Haus spendieren konnte und Geld, das für unseren Lebensunterhalt reicht, dann kann er uns auch ein Haus mit Meerblick besorgen!«

Langer blieb der Bissen im Hals stecken. Er hustete. »Aber Mona«, sagte er, als er wieder sprechen konnte, »wie stellst du dir das vor? Herr Koch war mehr als großzügig und hat noch richtig was draufgelegt, damit wir uns das Häuschen auf der Insel leisten konnten! Ich kann ihn doch jetzt nicht einfach so anbetteln!«

»Anbetteln? Du sorgst schließlich durch dein Schweigen dafür, dass sein tolles Bankhaus nicht den Bach runtergeht! Ein Tipp von dir an die Presse, und dann war's das!«

»Das wäre Erpressung!«, wandte Langer entrüstet ein. »Ich werde doch nicht zum Verbrecher!«

»Wer ist denn hier der Verbrecher?« Mona schlug die Arme unter und presste die Lippen zusammen. »Ich möchte einen Bungalow mit Meerblick. Geh hin und sprich mit ihm!«

Schweren Herzens rief Langer bei seinem ehemaligen Chef an. Der sagte ein Treffen zu und ließ sich mit seinem

Privatflugzeug nach Langeoog fliegen. Sie trafen sich am langen Naturstrand der Insel. Der Himmel war bedeckt, Möwen kreisten und ein leichter Wind kräuselte die Wellen.

»Was gibt es denn?«, fragte Koch knapp.

»Ich bin zufrieden, wie es ist. Aber meine Frau ...«

Koch schaute über das Meer. »Was will sie denn, Ihre Frau?«

»Einen Bungalow mit Meerblick will sie.«

»Sie soll ihn bekommen«, sagte Herwart Koch.

Es war ein wundervolles Haus, in das Hanspeter und Mona Langer wenig später einzogen. Das Massivhaus mit Krüppelwalmdach lag inmitten einer großen Rasenfläche direkt am Jachthafen. Vom ersten Stock aus hatte man entweder den Blick auf den Hafen und die Nordsee oder auf das ostfriesische Festland. Die Möbel stammten von den teuersten Herstellern, die Küche glänzte im feinsten Weiß und verfügte über die ausgefeilteste Technik.

Von der Terrasse aus betrachtete Langer eines Abends den Untergang der Sonne. Wie ein rot glühender Ball versank sie im Meer. »Schau doch nur, Mona, ist es hier nicht wie in einem Imagefilm für Langeoog? Nur in echt!« Hanspeter leerte sein Champagnerglas, schob es beiseite und griff nach einer Flasche Hefeweizen.

»Ganz nett, ja.« Mona schaute von einem Modemagazin auf und sah sich um. »Mir gefällt nicht, dass unsere Nachbarn zum größten Teil Touristen sind. Urlauber, die bis in die Nacht hinein herumkrakeelen. Und erst die Kinder! Dieses Geschrei immerzu.«

»Aber Mona, die Menschen haben Urlaub und freuen sich darüber! Wenn Kinder nicht einmal da laut und fröhlich sein dürften, wann dann? Also wirklich, ich bitte dich!«

Mona seufzte. »Wenn wir wenigstens etwas davon hätten, dass wir diesen Krach aushalten müssen. Etwas Positives, meine ich.« Sie betrachtete ihre lackierten Fingernägel. »Wenn uns die Häuser ringsum gehören würden, dann könnten wir die Miete dafür kassieren.«

Hanspeter spreizte hastig die Beine. Das Hefeweizen hatte über den Glasrand geschäumt. Nun tropfte es zumindest auf die glänzenden Granitsteine und nicht auf seine Hose. »Miete? Wir haben doch genug Geld!«

»Aber meine, nein, unsere Ansprüche steigen! Wer in einem Haus wohnt wie wir, muss ausgefallene Speisen essen, nur das Feinste, und meine Garderobe passt auch überhaupt nicht mehr zu meinem Lebensstil.« Sie rückte näher an Hanspeter heran. Der Teakholzstuhl knarrte unter ihrem Gewicht. Mona hatte kräftig zugenommen. »Außerdem ist mir alles zu eng geworden. Ich langweile mich, deshalb nehme ich zu. Wenn ich eine Beschäftigung hätte, zum Beispiel Ferienhäuser vermieten würde, hätte ich bald wieder eine Superfigur. Das willst du doch auch, mein Liebster, nicht wahr?«, schmeichelte sie.

»Och, weißt du …«

»Doch, du willst deine schlanke Mona zurückhaben, das weiß ich. Geh zu Herrn Dingsbums Koch …«

»Herwart«, verbesserte Hanspeter tonlos und starrte Mona an. »Der Mann heißt Herwart Koch.«

»Von mir aus. Geh zu ihm und sag ihm, dass er uns die Siedlung hier kaufen soll! Ich will alle Häuser haben!«

Hanspeter sprang auf. Dabei warf er sein Glas um, und das schöne Weizenbier ergoss sich über den Tisch und floss auf die Terrassensteine. »Nein!«, rief er, »das kannst du nicht verlangen! Herr Koch hat uns dieses herrliche Haus gekauft, er bezahlt uns unseren Lebensunterhalt – mehr kann er nicht für uns tun!«

»Doch, kann er«, sagte Mona energisch, »die Existenz seiner feinen Bank hängt davon ab, dass du seine Machenschaften verschweigst. Er ist abhängig von dir! Und er hat die Kohle, uns zu kaufen, was wir haben wollen. Nun ruf schon an!«

Am nächsten Tag sah Hanspeter Langer seinen ehemaligen Chef von Weitem auf sich zukommen. Koch hatte die Schuhe ausgezogen und die Hosenbeine aufgekrempelt. Wind zog auf, der immer heftiger wurde. Am Himmel jagten die Wolken dahin und verdeckten die Sonne. Möwen schrien heiser, ließen sich in der Luft treiben, stießen aufs Meer hinab und schaukelten mit den höher werdenden Wellen auf und ab. Beklommen wartete Langer ab, bis der Vorstandsvorsitzende ihn erreicht hatte.

»Was gibt es denn?«, fragte Koch knapp, genau wie bei ihrem ersten Treffen.
    »Ich bin zufrieden, so wie es ist. Aber meine Frau ...«
    Koch blickte ihn direkt an. »Was will sie denn noch, Ihre Frau?«
    »Die ganze Feriensiedlung will sie.«
    »Sie soll sie bekommen«, sagte Herwart Koch, nachdem er eine Weile nachgedacht hatte.
    Langer sah Koch nach, als er davonging, barfuß, die Schuhe in der Hand. Das Hemd war ihm aus der Hose gerutscht, es blähte sich im Wind. Erst jetzt bemerkte Langer, dass Kochs Haare ergraut waren.

Mona ging in ihrer neuen Aufgabe völlig auf. Sie ließ teure Kataloge drucken. Die Ferienhäuser wurden aufwendig modernisiert. Um die Handwerker zu bezahlen, nahm sie einen Kredit bei der Bank auf, für die ihr Mann gearbeitet hatte. Nach der ersten Saison konnte sie das Geld bereits zurückzahlen. Ihre Domizile vermietete sie nach der Renovierung zu horrenden Preisen. Das lockte Publikum nach Langeoog, das bisher sein Geld ausschließlich in die Luxusferienorte getragen hatte. Monas Feriensiedlung wurde in der Welt der Reichen bekannt.

Hanspeter war der ganze Rummel um seine Frau nicht recht. Die Reichen, die nun die Insel bevölkerten, konnte er in den meisten Fällen nicht leiden. Eigentlich wünschte er sich die Familien mit ihren Kindern zurück, die Langeoog mit ihrer Fröhlichkeit verzaubert hatten. Aber er liebte seine Frau. So unterstützte er sie, wo er nur konnte. Er kümmerte sich um die finanziellen Angelegenheiten und die Steuern. Damit hatte er wenigstens eine Aufgabe, die seiner Arbeit in der Bank ähnlich war. Wenn er ehrlich war, vermisste er seine Arbeit nämlich.

Eines Abends, als er von seinem Arbeitszimmer aus dem ersten Stock, von wo aus er einen wunderbaren Blick über den Hafen bis hinaus auf die Nordsee hatte, die Treppe herunter ins Wohnzimmer stieg, traf er im Hausflur auf eine wütende Mona.

»Diese Insulaner«, schimpfte sie wütend, »die grüßen mich nicht einmal mehr! Diese Neidhammel! Ich nehme denen doch nichts weg!«

»Dein Ferienhauskonzept hat hier schon einiges durcheinandergebracht«, wendete Hanspeter sanft ein. »Ich habe gehört, dass sogar Stammgäste wegbleiben, seit auf der Insel jede Nacht lautstark Partys gefeiert werden. Der ganze Müll am Strand und die unfreundliche Art, die manche deiner Gäste an den Tag legen – also ich kann den Ärger der Einheimischen verstehen.«

»Papperlapapp! Die Wirtsleute verdienen sich eine goldene Nase, weil ich zahlungskräftige Leute hierher geholt habe!«

»Es gibt eben nicht nur Wirtsleute auf Langeoog!«

»Willst du damit sagen, dass ich etwas falsch mache?«, giftete Mona.

»Um Himmels willen, nein. Ich versuche nur zu erklären, warum der eine oder andere hier nicht gut auf dich zu sprechen ist«, sagte Hanspeter und hob beschwichtigend die Hände.

»Der eine oder andere? Alle! Aber ich werde es ihnen zeigen!«

»Du wirst was?« Hanspeter kannte diesen Ton, und sofort ahnte er nichts Gutes.

Mona hob das Kinn und stellte ihre Gucci-Handtasche energisch auf der Kommode ab. »Ich will die Insel für mich haben!«

Hanspeter lachte verzweifelt auf. »Du kannst Langeoog nicht haben. Wie stellst du dir das vor? Die Insel gehört zu Niedersachsen, zu Deutschland – die ist nicht verkäuflich! Und selbst wenn: So viel Geld haben wir nicht!«

»Wir nicht! Aber Dingsbums Koch und seine Bank!« Mona sah ihn mit blitzenden Augen an. »Für Geld kann man alles kaufen. Ich will die Insel haben, hörst du! Ruf an!«

»Nein, das werde ich nicht tun! Diesmal nicht. Koch hat dir diese Feriensiedlung besorgt, der Himmel weiß, wie er das angestellt hat. Mehr kann er nicht, auch ein einflussreicher Mann wie er kommt einmal an seine Grenzen! Außerdem, wie unverschämt wäre das denn? Nein, Mona, das kannst du nicht von mir verlangen!«

»Dann verlasse ich dich!«

»Das meinst du nicht im Ernst! Mona! Wir haben doch nur uns! Wir müssen zusammenhalten!« Hanspeter spürte, wie der Boden unter seinen Füßen zu schwanken begann. Ihm wurde schwindelig, er strauchelte, für einen Moment verlor er die Besinnung. Als er zu sich kam, kniete Mona neben ihm. »Gut, ich bleibe bei dir. Aber du rufst Koch an!«

Auf dem Weg zum Strand, zum nächsten Treffen mit dem Vorstandschef der sehr bedeutenden Bank, die einmal fast sein Zuhause gewesen war, schmerzte Hanspeter der

Kopf, der Magen und das Herz, alles gleichzeitig. Er zog die Jacke fest zusammen und die Mütze tiefer über die Ohren. Es stürmte. Das Meer schäumte und heulte und peitschte an den Strand. Der Himmel war finster, beinahe schwarz. Gischt spritzte den einsamen Wanderer nass, der husten musste und kaum vorankam. Beim Vorwärtsstapfen sah er nach unten auf den feinkörnigen Sand. Seine Fußabdrücke wurden sofort vom Sturm verweht, der dazu furchtbar röhrte wie ein übergroßer Hirsch. So etwas hatte Langer nie zuvor gehört.

Wie aus dem Boden gewachsen, stand plötzlich Herwart Koch vor ihm. Er trug eine Regenjacke. Sein Gesicht schaute bleich unter der Kapuze hervor, deren Bänder er sich unter dem Kinn zusammengebunden hatte. Langer sah, dass Koch abgemagert war, als er beide Hände hob und die vom Wasser verschmutzte Brille abnahm. Mit kurzsichtigen Augen blinzelte er Langer an. »Was gibt es denn?«, schrie Koch gegen den Wind.

Langer brüllte zurück, und er schämte sich für seinen Ton: »Ich bin zufrieden, so wie es ist. Aber meine Frau …«

Koch schaute über das Meer. »Was will sie denn noch, Ihre Frau?«

»Die ganze Insel will sie.«

»Sie soll sie bekommen«, sagte Herwart Koch, wandte sich um und kämpfte sich mühsam durch den Sand. Das Meer bäumte sich auf, der Sturm tobte, und in der Ferne erkannte Langer riesige Wellen, die bedrohlich näherkamen.

»Was wollen die vielen Menschen auf unserem Grundstück?« Hanspeter blickte auf Mona, Panik in der Stimme.

Seine Frau stand mit verschränkten Armen da. »Sie sind aufgebracht! Sie haben mitbekommen, dass ich bald Eigentümerin der Insel sein werde!«

»Ich habe dich gewarnt!«

»Hast du nicht!«

»Hättest du denn auf mich gehört?«

Mona antwortete nicht. Entschlossen trat sie nach vorn und öffnete die Terrassentür.

»Bist du wahnsinnig? Sie werden unser Haus stürmen!« Hanspeter verzog sich in den rückwärtigen Teil des Wohnzimmers. Instinktiv sah er sich nach einer Waffe um, mit der er die Eindringlinge würde abhalten können. Vielleicht die chinesische Vase aus der Ming-Dynastie? Das Ding konnte er sowieso nicht leiden.

Monas Stimme drang an sein Ohr: »Ich werde mit ihnen reden! Bleib du im Haus.«

Bevor Hanspeter etwas sagen konnte, trat Mona hinaus auf die Terrasse. Sie hob beide Arme in die Höhe – und tatsächlich wurde es still. Die aufgebrachte Menge hing sogar an ihren Lippen, nachdem Mona zu sprechen begonnen hatte. Leider verstand ihr Mann die Worte nicht, er hatte sich sicherheitshalber in die Küche zurückgezogen. Ein Held war er noch nie gewesen, weshalb sollte er sich ausgerechnet jetzt heldenhaft benehmen?

»Und?«, fragte er atemlos, als Mona ihn wenig später gefunden hatte.

»Warum keuchst du so? Du hast dich doch nur verkrochen!«

»Erzähl schon«, drängte Hanspeter sie, auch um davon abzulenken, dass ihm seine Feigheit unangenehm war.

Mona schaute ihn triumphierend an. »Ich werde darauf verzichten, die ganze Insel zu besitzen! Sag das deinem Bankmenschen! Dafür will ich bei der Bürgermeisterwahl antreten. Und glaub mir, ich habe beste Chancen zu gewinnen.«

Hanspeter riss die Augen auf und zeigte mit dem Finger Richtung Garten. »Vor einer Viertelstunde sah es noch so aus, als wollten dich die Bürger von Langeoog lynchen!«

»Das war nur wegen der Insel. Sie wollten nicht, dass ich Eigentümerin werde. Außerdem habe ich ihnen Geld versprochen, wenn ich gewählt werde. Viel Geld. So viel, dass alle veralteten Unterkünfte modernisiert werden können. Zudem habe ich zugesagt, jedem Einwohner zu ermöglichen, hier fortan sehr auskömmlich leben zu können.«

»Wovon willst du das in drei Teufels Namen bezahlen?«, fragte Hanspeter, und im selben Augenblick fiel ihm die Antwort auf diese Frage ein.

»Das kannst du nicht von mir verlangen«, stammelte er, »und von Herwart Koch auch nicht.«

»Nicht sofort, beruhige dich«, erklärte Mona und zog die Augenbrauen in die Höhe. »Zuerst will ich gewählt werden. Dann, mein Lieber, wenn du der Mann von der Frau Bürgermeisterin bist, wirst du telefonieren!«

Mona investierte in den Wahlkampf Zeit, Geld und Überzeugungskraft. Sie rief die Wähler zu Versammlungen zusammen, und alle kamen. Sie bewirtete die Menschen und verteilte Werbematerial, auf der Langeoogs schöne Zukunft wortreich beschrieben wurde. Sie schaffte es, dass man ihr die glänzenden Beziehungen zu dem legendären Bankhaus abnahm und ihren Willen für bare Münze, viel Geld für Langeoog auszugeben. Auch der Name des Vorstandsvorsitzenden des Bankhauses, den Mona nannte, als handele es sich bei ihm um einen engen Freund, verschaffte ihr Achtung. Der Kreis der Unterstützer wuchs, viele packten für Mona tatkräftig im Wahlkampf mit an. Mit über 70 Prozent der abgegebenen Stimmen wurde Mona Langer schließlich zur Bürgermeisterin von Langeoog gewählt und ließ alle anderen Kandidaten weit hinter sich zurück.

Mona, mit diesem Erfolg rechnend, hatte vorgesorgt. Mit einer weißen Pferdekutsche ließ sie sich zur Wahlparty fahren. Mit Hanspeter an ihrer Seite rollte sie vorbei an jubelnden Menschen mit rotblauen Fähnchen in der Hand, den Farben des Wappens von Langeoog. »Scholle Finkenwerder Art für alle« hatte sie für sämtliche Wahlkampfunterstützer ausgelobt.

Kurz bevor sie das von Mona gemietete Restaurant und *Café Kajüte am Hafen* erreichten, rannte ein Mann auf die Straße und neben der Kutsche her. Es war ein Journalist der Ostfriesenzeitung. »Alles vorbei!«, rief der Störenfried, »alles vorbei!« Er ruderte wie wild mit den Armen. Der Kutscher hatte Mühe, seine Apfelschimmel zu bändigen.

Neugierig kamen immer mehr Menschen angelaufen und wollten wissen, was der gestikulierende und schreiende Zeitungsmann zu sagen hatte. »Alles vorbei«, brüllte der gerade zum wiederholten Male.

»Was denn? Was ist vorbei?«, rief einer aus der Menge am Straßenrand.

»Der Geldsegen für Langeoog! Die Bank ist pleite! Alles vorbei!«

»Das kann gar nicht sein!«, schrie ihn Mona an, »morgen telefoniert mein Mann mit dem Vorstandsvorsitzenden. Ihr werdet sehen, es ist alles in Ordnung!« In ihrem Gesicht las Hanspeter Verzweiflung. »Reg dich nicht auf, alles wird sich klären«, versuchte er seine Frau zu beruhigen.

Vergeblich. Mona stellte sich aufrecht hin und schickte sich an, der Menge noch etwas zuzurufen. In diesem Moment trat der Schreiende vor die Pferde, um sie aufzuhalten. Beide Tiere scheuten und stiegen auf. Die Kutsche geriet ins Schlingern, Mona schwankte, strauchelte, fiel kopfüber aus dem Wagen, auf die Straße – Hanspeter stürzte verzweifelt hinzu, um sie festzuhalten, stolperte, stieß sich den Kopf – »Aua! Mona!«

»Aber Hanspeter, was ist denn los?«

Der Angesprochene öffnete die Augen. Sein Hinterkopf schmerzte, er konnte fühlen, wie sich eine Beule bildete. »Mona?«

»Wer sonst? Du hast gerade im Schlaf vor Schmerz geschrien – zeig mal her.« Sie beugte sich über ihn.

»Im Schlaf?«, stammelte Hanspeter.

»Ja! Geweckt hast du mich dadurch!« Mona untersuchte die Stelle am Hinterkopf. »Wie kann man sich nur im Traum so schlimm am Bettrahmen stoßen?«

»Ein Albtraum«, sagte Hanspeter tonlos. »Ein furchtbarer Albtraum.«

»Ein Albtraum also, und du rufst meinen Namen! Das wird ja immer schöner!«

Hanspeter richtete sich stöhnend auf, indem er sich mit den Ellenbogen abstützte. »Der Traum war wie ein schauerliches Märchen! Wie das vom Fischer und seiner Frau!«

»Was für eine Frau? Heißt die etwa auch Mona? Weißt du, eigentlich müsste ich jetzt beleidigt sein!«

»Musst du nicht, wirklich, es ist nur … die Frau im Märchen wird immer gieriger, und ich habe geträumt …« Er blickte Mona an und verstummte. Wie sollte er ihr das erklären? Zumal die Bilder des Traumes sich in seiner Erinnerung bereits nebelig aufzulösen begannen.

Mona winkte ab. »Lass nur. Du fantasierst, wahrscheinlich hat das der Stoß an deinen Kopf angerichtet. Das wird schon wieder. Was ist das eigentlich für eine komische CD, die da auf deinem Nachttisch liegt?«

Scholle Finkenwerder Art

Die Scholle Finkenwerder Art, auch Finkenwerder Scholle genannt, ist eine traditionelle Zubereitung für den Plattfisch. Namensgebend für das Gericht war der Hamburger Ortsteil Finkenwerder.

Zutaten:
4 küchenfertige Schollen ohne Kopf
1 Zitrone
Mehl
Butterschmalz
Salz und Pfeffer
150 g Frühstücksspeck
2 Zwiebeln
1 Bund Dill

Zubereitung:
Schwanz und Seitengräten abschneiden. Die Schollen waschen, trocken tupfen, anschließend mit Zitronensaft beträufeln und 15 Minuten ziehen lassen. Speck in Würfel schneiden, die Zwiebeln in Ringe. Den Dill fein schneiden. Speckwürfel in einer Pfanne auslassen, herausnehmen, aufheben. Im Speckfett die Zwiebelringe hellbraun braten, zu den Speckwürfeln geben. Schollen trocken tupfen, mit Salz und Pfeffer würzen. Anschließend in Mehl wenden und nacheinander im Speckfett und etwas Butterschmalz drei bis vier Minuten auf jeder Seite bei mittlerer Hitze braten. Warm stellen.
Speck und Zwiebeln in der Pfanne wieder erhitzen und kurz vor dem Servieren über die Schollen geben. Den gehackten Dill darüberstreuen. Als Beilage passt gut ein herzhafter Kartoffelsalat.

Heike Gellert

Abseitig

ALTFUNNIXSIEL

»Jeder ist seines Glückes Schmied.«

Dies ist die Geschichte eines Mannes in den besten Jahren. Jeder ist für sein Glück selbst verantwortlich. Georg entwickelte seine geniale Geschäftsidee zunächst allein. Wie der Zufall es wollte, halfen ihm später andere. Doch Georg Bremer, seines Zeichens Hartz-IV-Empfänger, Hobby-Koch und Vegetarier, hatte nur noch kurze Zeit zu leben.

»*Sie* wollen eine Prüfung als Testesser ablegen?« Die Dame im Sekretariat traute ihren Augen nicht und betonte das Sie mit drei Fragezeichen. Der Mann, der vor ihr stand, hatte bessere Geschmacksnerven als alle 4.500 Testesser zusammen bewiesen, die das Institut für Lebensmitteltechnologie angestellt hatte. Er war ihr bekannt. Er war eine Persönlichkeit des öffentlichen Lebens – eine Koryphäe auf diesem seinem Gebiet. Und ein arroganter, unverlässlicher Typ, dachte sie.

Was Georg Bremer nicht wusste, war, dass sie ihn verwechselte. Er hatte lediglich im Internet gelesen, mit Testessen sei Geld zu verdienen. Mit etwas Glück könne man bei Instituten für Lebensmitteltechnologie einen solchen Job finden. Allerdings müsse dort vorher ein Test gemacht werden, bei dem festgestellt würde, ob der Geschmacks- und der Geruchssinn genügend ausgeprägt seien. Denn gerade diese Fähigkeiten sollten besonders gut ausgebildet sein. Außerdem sei es vonnöten, dass ein Testesser beschreiben könne, was genau er schmeckte und roch. Nur vergleichsweise wenige Bewerber hätten deshalb eine

Chance. Georg wusste, dass er in der Regel lediglich eine Aufwandsentschädigung erhalten würde.

Er hatte sich mit einem anderen Namen vorgestellt und angemeldet, die Sekretärin hatte das wohl respektiert und dies in der Rubrik Pseudonym abgeheftet.

Georg sah bei diesem Job die Chance, sich seinen Neigungen und Fähigkeiten entsprechend zu beschäftigen. Es war ihm schlichtweg langweilig zu Hause – allein, ohne Familie – erst 45 Jahre alt …

Er wurde in dem Institut hofiert und gelobt, augenzwinkernd behandelt – oder machte man sich lustig über ihn? –, doch er bestand die Aufnahmeprüfung.

Drei Wochen lang testete er Lebensmittel, um herauszufinden, ob die Zugabe von Läuseblut in Soja-Produkten herauszuschmecken war oder nicht. Er hatte eine Trefferquote von 100 Prozent. Sein Zusatzverdienst von 200 Euro erschien einem hoch angesehenen Institutsmitarbeiter aber dann doch zu gering. Ob er sich nicht in »abseitige« Gefilde begeben habe. Georg Bremer verstand diese Aussage nicht, ignorierte sie und empfand sowieso seit ein paar Tagen Langeweile bei diesem Job. Fühlte sich isoliert von der Menschheit draußen.

Als er in der Lokalzeitung las, dass die Stadtverwaltung mit der Einrichtung einer neuen Marketingstelle einen Gastronomieführer namens *Gute Küchen gehen abseitige Wege* herausgeben wollte, bewarb er sich dort. Einsam gelegene Restaurants sollten auf ihre Zuverlässigkeit zu jeder Zeit getestet werden. Zu seiner Verwunderung wurde er mit Kusshand eingestellt.

Die Restaurants und Lokale kochten seiner Meinung nach sehr bieder; es schmeckte ihm auch nicht. Doch tat er dies nicht kund. Es war nicht seine Art, jemanden öffentlich anzuprangern.

Er erweiterte seinen Radius mit der Bewerbung bei einem länderübergreifenden Gastronomieführer. Die angeforderten Unterlagen plus Foto reichte er in einem schlichten Umschlag ein. Er erhielt auch dort eine Zusage. Die Bezahlung für die Beschäftigung war grandios. Nur, hätte man nicht zunächst seine Befähigung überprüfen sollen? Oder war man hier eher nachlässig? So viel Glück hatte Georg in seinem bisherigen Leben nicht zu verzeichnen gehabt.

In einem Restaurant wurde er sehr oberflächlich bedient und gab das an den Küchenchef weiter. Denn Georg mochte so etwas prinzipiell nicht. »Wenn ich in einer der Erde abgewandten, unbelebten, abgeschiedenen Seite des Mondes, also abseitig der Ansicht der Erde ein Restaurant besuchen müsste, würde ich zumindest eine bevorzugte Behandlung wünschen, verstehen Sie?«

Wenn es schon nicht schmeckt, hätte er beinahe gesagt.

Der Küchenchef nickte mehrfach freundlich, gelobte Besserung und versprach, mit seinem Personal zu sprechen. Selbstverständlich. Gerne. Unverzüglich.

Georg Bremer wunderte sich also gar nicht, dass er, ohne eine Rechnung bezahlen zu müssen, verabschiedet wurde. Und zwar lächelnd durch die Haupteingangstür, nicht etwa durch den Hinterausgang. Er verstand dies nur zu gut.

Eines Tages wurde Georg per Mail zu einem ausgefallenen, etwas abgelegen Landrestaurant namens *de Kutscherkroog* geschickt. Der Ort hieß Altfunnixsiel, obwohl von einem Siel weit und breit nichts zu sehen war. Ein schöner Name, den würde er so schnell nicht vergessen. Diesen Teil der Nordseeküste – inmitten des Wittmund-Jever-Carolinensiel-Dreiecks – kannte er noch nicht. Saftige grüne Weiden und Windmühlen begleiteten seinen Blick auf der Fahrt über die Bundesstraße 461. Himmlisch fand er die Fahrradwege. Hier könnte sich eine Familie sicherlich von Hektik und Stress erholen. Für ihn war das ja nicht geschaffen worden. Georg empfand keinen Stress.

Das Restaurant war keineswegs übertrieben extravagant eingerichtet, im Gegenteil. Das gefiel ihm auf Anhieb. Doch Gäste konnte er nicht ausmachen. Georg fand das normal, nachdem er auf die Uhr geschaut hatte. Fünf nach fünf. Wer steht schon außerhalb der Öffnungszeiten vor der Tür? Auf der Homepage hatte er zuvor gelesen: *Wir bieten Ihnen eine große Auswahl an deftigen bäuerlichen Gerichten, ostfriesischen Spezialitäten, vegetarischen Speisen und selbstverständlich auch eine Kinderkarte.*

Ob dieser familiengeführte Betrieb wohl meine Lieblingsspeise hinbekommt?, dachte er. Würde es merkwürdig klingen, wenn er eine Bohnensuppe bestellen würde? Er nahm erst einmal seinen Platz am Fenster ein.

Wir haben gute Kritiken! So stand es auf einem rot eingerahmten Aushang an der Wand. Eine Auflistung von Gastronomie-Kritiken lag der Speisekarte bei. Das gelobte Gericht und der lobende Kritiker waren abgebildet. Georg Bremer erschrak, denn ihm blickte sein Konterfei entgegen. Das fand er unkorrekt, denn sicherlich war er noch nie hier gewesen. Der Kritiker hieß Gregor Bomger. Georg Bremer wurde schlagartig klar, weshalb er in der Vergangenheit, angefangen in dem Institut für Lebensmitteltechnologie, dermaßen bevorzugt behandelt worden war. Die Namen klangen ja auch ähnlich. Warum hatte ihn nur niemand angesprochen?

Die Kellnerin und ein Kellner tuschelten ein wenig miteinander, dann schwiegen sie. Doch schauten sie ihn irgendwie böse an. Nein, das war nicht der richtige Ausdruck. Erschrocken passte eher, oder abwartend? Georg entschied spontan: Entweder ging er jetzt Schritt für Schritt auf eine Blamage zu, oder sein Joker, diese verblüffende Ähnlichkeit mit einem der berühmtesten Gastrokritiker, half ihm.

In der Zwischenzeit füllte sich das Restaurant, und es wurde ein wenig hektisch. Die Kellnerin fragte ihn nach seiner Bestellung.

»Ich hätte gerne eine *Ostfriesische bunte Bohnensuppe*!« Sie notierte, fragte ihn nach einem Getränk und ging in Richtung Küche. Georg erinnerte sich daran, dass er tatsächlich ausgebildet und hierher bestellt worden war. Er aß also mit Genuss, lobte, fixierte Kritikpunkte. Positive Kritikpunkte. Die Bohnensuppe schmeckte einmalig. Es war ein Gewürz darin, das er nicht sofort einzuordnen wusste. Er tat seinen Job – wie ihm aufgetragen. Im Nachhinein, er musste seine Rechnung wiederum nicht bezahlen, verlangte er das Rezept. Atypisch war, dass es im Restaurant ausgedruckt zur Verfügung stand. Die Kellnerin reichte ihm ein grünes Blatt mit allen Angaben zur Bohnensuppe.

Er verließ das Restaurant mit einem guten Gewissen und guter Laune. Was Georg allerdings nicht wusste, war, dass der andere Gastrotester, dieser Gregor Bomger, das Restaurant einmal durch eine völlig haltlose Kritik in arge Schwierigkeit gebracht hatte. Danach war es eine Zeit lang ziemlich leer gewesen.

Man hatte hier keine gute Meinung von ihm. Nicht von Georg. Von Gregor.

Georg hatte anschließend keinen weiteren Auftrag hereinbekommen. Er war also nun Privatmann und nahm sich eine Unterkunft in Altfunnixsiel. Am späten Abend ging er in ein anderes Lokal. Es war sehr gut besucht und fast jeder Platz besetzt. Er verlangte rohe rote Nierenbohnen. Das war ihm spontan eingefallen; als Vegetarier aß er viel Rohgemüse. Lächelnd stellte er fest, dass er heute den Bohnentag zu haben schien. Ob ihn die Bedienung wieder mit dem anderen verwechseln würde? Er testete das mit seinem Befehlston. Blieb sie höflich? Ja – sie blieb höflich. Im Küchenbereich indes war die Hölle los. Georg hörte es bis zum Tisch:

»Entweder möchte er wissen, ob wir wissen, dass rohe rote Bohnen nicht essbar sind, oder aber er verlangt, dass wir ihm servieren, was er will.« Es herrschte ein kurzes Rätselraten. Dann servierte man ihm das Gewünschte. Georg Bremer kostete und fand den Geschmack gar nicht so unangenehm. Als Vegetarier probierte er eben hier und da Neues aus. Die Küchenmannschaft stand geduckt in der Tür und schaute kopfschüttelnd in den Restaurantbereich.

Ein Mann mit einem schwarzen Koffer in der linken Hand eilte herbei, um mit der rechten Georgs Puls zu fühlen. Zum Glück hatte sich in dem gut besuchten Lokal ein Gast befunden, der medizinische Kenntnisse besaß.

Das Restaurant lag gottverlassen am Ende der Welt. Dennoch ging alles schnell: ein Martinshorn, eine Trage, eine Ärztin im weißen Kittel, eine Nadel im linken Handrücken, zwei Rufe »Herr Bomger«, Totenstille um ihn herum. Er hörte wie aus weiter Ferne den Satz: »Der Phasingehalt liegt bei 60.000 HAE; beten wir, dass er überlebt ...«

Georg konnte nicht mehr sprechen. Er dachte lediglich: Ich heiße nicht Bomger.

Kurz nach seinem Abtransport erhielt das Restaurant die Postzustellung. Ja, auf dem Dorf gab es manchmal am Abend Post. Der Brief mit schwarzem Rand wurde vom Inhaber sofort geöffnet. Absender der Trauerpost war einer der bekanntesten GUIDES im deutschsprachigen Raum. Der Inhaber rief völlig verstört seinen besten Freund, den Küchenchef. Beide starrten auf den Namen im Trauerbrief und die sich darunter befindlichen außergewöhnlichen Zeilen:

... ist Gregor Bomger nach einer von Dritten zubereiteten Pilzmahlzeit auf einer einsamen Wandertour in einer entlegenen Berghütte durch Herzversagen von uns gegangen. Wir verlieren nicht nur einen guten Freund, sondern einen der besten Gastrotester ...

Ostfriesische bunte Bohnensuppe

Zutaten:
200 g getrocknete Bohnen
2 Liter Wasser
150 g getrockneter, fetter Speck
2 Stangen Porree
600 g Suppenknochen
1 Prise Salz
700 g Kartoffeln
1 große Zwiebel
1 Bund frische Petersilie
3 Mettwürste
ein Hauch Bohnenkraut

Zubereitung:
Die Bohnen über mehrere Stunden, am besten über Nacht, in einem großen Topf einweichen. Den Suppenknochen, den zuvor gewürfelten Speck, die gehackte Zwiebel, den Porree in feinste Streifen und die Möhren in feine Stifte geschnitten sowie das Salz hinzugeben und auf kleiner Flamme zwei Stunden kochen lassen. Die in Würfel geschnittenen Kartoffeln zwanzig Minuten mitkochen, zehn benötigen die Mettwürste. Erst danach wird die frische Petersilie mitsamt dem Bohnenkraut hinzugegeben.

BARBARA SALADIN

Der Schlaf eines Engels

BALTRUM

Viele Menschen denken, es wäre wahnsinnig praktisch, eine reiche Erbtante zu haben. Das glaubte ich eigentlich auch immer. Sieglinde, die Schwester meiner verblichenen Großmutter, ist alt, sehr begütert und kinderlos. Da meine Mutter bereits verstorben ist und sie, wie ich, ein Einzelkind war, hat Sieglinde auf der Welt nur noch eine einzige Verwandte: mich.

So weit, so gut. Aber Sieglinde ist leider eine eigenwillige alte Schachtel und jetzt, wo sie langsam gebrechlich wird, ohne ihren Rollator keine drei Meter mehr gehen kann und auch das Hirn rapide abbaut, wird sie eigentümlicher als je zuvor.

Sie hat nur noch einige Monate zu leben. Das weiß ich von ihrem Hausarzt, der mein Verlobter ist. Alles wäre also gut gewesen, wenn nicht diese Branka wäre, oder wie die heißt, die Sieglinde pflegt, ihr Porzellangeschirr abstaubt und ihren Hintern abwischt. Senioren-Pflegerin, ha! Die schleimt sich doch nur ein und tut so verständnisvoll, hört sich stundenlang Sieglindes wirre Geschichten an und lächelt milde dazu, weil sie auf das Geld aus ist, nichts anderes.

Wem das Erbe hingegen rechtmäßig zusteht, das bin ich. Blut ist immerhin Blut und sollte dicker sein als Wasser.

Bevor Sieglinde einen Termin mit ihrem Anwalt vereinbaren kann, um diese Branka in ihrem Testament einzusetzen, muss ich deshalb handeln. Darum mache ich Nägel mit Köpfen, packe meine Großtante ins Auto und fahre mit ihr an die Küste. Hier war sie früher immer so gern! Das ist doch einfach: Ein wunderschöner gemeinsamer Ausflug – der Alltag als Greisin ist ja schließlich eintönig genug – ein rührendes Plädoyer für die Verwandtschaft, verständnisvolles Lächeln, und schon ist Branka aus Sieglindes Kopf raus.

Klappt aber irgendwie nicht.

Ich manövriere Sieglinde mit dem Rollstuhl auf die Fähre nach Baltrum, sitze mit ihr auf dem Deck und philosophiere über die Möwen, die Fischkutter und die Sonne am Nordseehimmel. Ich schiebe sie durch die Straßen Baltrums bis hinter die Strandmauer, höre ihr zu und lächle milde.

Aber ich werde das Gefühl nicht los, dass sie misstrauisch ist. Argwöhnisch beäugt sie mich, die Alte, als spürte sie meine wahre Absicht. Dabei brauche ich nur ihr Versprechen, dass sie kein Testament aufsetzt, das Branka berücksichtigt und die Familie – mich! – leer ausgehen lässt. Das ist schon alles. Ist das denn zu viel verlangt?

Baltrum ist im September voll mit Senioren. Sieglinde in ihrem Rollstuhl und mit ihrem dünnen weißen, im Wind flatternden Haar fällt also gar nicht auf.

Auch gut.

Ich hole uns auf ihren Wunsch zwei Matjesbrötchen, die wir gemeinsam verspeisen. Ich wische ihr sogar mit der Serviette einen Saucenklecks vom Mundwinkel und gebe vor, den Fisch zu mögen, obwohl es mir davon förmlich den Mund zusammenzieht.

Doch alles hilft nichts. Sieglinde bleibt argwöhnisch, das spüre ich. Sie mustert mich verstohlen, als mein Liebster anruft und mich nach dem Stand der Dinge fragt. Ich hoffe, dass sie wirklich so schwerhörig ist, wie er ihr attestiert hat, trotzdem flüstere ich.

»Hast du sie schon rumgekriegt?«, will er wissen.

»Noch nicht ganz«, beschwichtige ich. Ich wusste ja, dass sie eine harte Nuss ist. Schließlich sagt man immer, alte Leute seien leicht manipulierbar; wieso klappt das bei ihr nicht?

»Ich krieg sie rum, ganz bestimmt«, sage ich, bevor ich einen Kuss durchs Handy hauche.

Ich krieg sie rum oder ich bring sie um, vervollständige ich den Satz. Aber nur in Gedanken. Das spreche ich natürlich nicht aus, allein wegen der Beweislage später. Nur denken tu ich's schon eine ganze Weile.

Eigentlich wäre es schön hier auf Baltrum. Aber Sieglinde nervt. Begreift sie denn wirklich nicht, dass ich mir von ihr Sicherheit wünsche, ein klares Bekenntnis zur Familie? Nur weil ich mich in den letzten dreißig Jahren nie um sie gekümmert habe, ist es ja nicht automatisch so, dass ich kein Anrecht auf das mir zustehende Erbe hätte! Tut sie nur so, oder ist sie einfach schon zu dement, um das zu begreifen?

Die Zeit drängt. Doch ich komme nicht weiter, sondern bloß auf der Strandpromenade hin und her – ich schiebe Sieglinde durch den Wind, und sie strahlt dabei wie ein Honigkuchenpferd.

Ich starte meinen x-ten Versuch: »Du, weißt du, meine Eigentumswohnung ... da würde mir schon ein ganz klitzekleiner fünfstelliger Betrag ...«

»Schau mal, diese Enten, Tine, wie sind die doch schön!« Rücksichtslos unterbricht sie mich und zeigt mit ihrem tattrigen Finger auf die Buhnen, um die sich die Nordsee kräuselt und wo sich schwarz-weiße und braune Enten niedergelassen haben.

»... ein fünfstelliger Betrag, nur ein kleiner, würde mir schon ...«

»Das sind Eiderenten! Hast du gewusst, dass man aus den Daunen der Enten Bettdecken und Kissen fabriziert?«

Was interessieren mich diese Enten! Doch ich lächle. Sie ist wirklich eine verdammt harte Nuss.

Aber ich werde sie knacken.

Die letzte Fähre nach Neßmersiel tutet und sucht sich ihren Weg zwischen den Pricken durchs Wattfahrwasser. Das weiße Schiff glänzt auf dem Blau der Nordsee. Da fährt es. Ohne uns. Sieglinde ist härter als erwartet. Darum habe ich, mit zuckersüßem Lächeln, zwei Einzelzimmer in einem der besten Hotels der Insel reserviert. Kurzfristig, etwas außerhalb der Hochsaison war das zum Glück kein Problem.

Nun habe ich eine Nacht Zeit für Plan B. Und dieser klappt. Todsicher.

Morgen kann ich dann ausschlafen, mir den Bauch am üppigen Frühstücksbuffet vollschlagen und der Bedienung, so sie denn überhaupt nachfragen wird, von Sieglindes Angewohnheit erzählen, lange im Bett zu bleiben. »Sie schläft wie ein Engel. Ein Segen ist es, wenn man das im Alter kann«, werde ich sagen und völlig unbesorgt aussehen, da ich ja nicht wissen kann, dass sie nicht nur schläft wie ein Engel, sondern zu diesem Zeitpunkt längst einer ist.

Wenn ich mir dann doch allmählich Sorgen machen und nachsehen gehen und mit schreckgeweiteten Augen an der Rezeption auftauchen werde, wird es zu spät sein. Der einzige Arzt auf der Insel wird nur noch ihren Tod feststellen können. Der Herr hat sie zu sich gerufen. Amen.

Matjesbrötchen. Sieglinde will schon wieder ein Matjesbrötchen. Ich hätte auch einige Dutzend Euro springen lassen für ein nobles Abendessen – das Geld wird ja in Kürze wieder bei mir reingeschwemmt werden – aber nein, Frau Dickkopf will Matjesbrötchen. Also lasse ich sie auf einer Bank sitzen, gehe zu diesem Fischimbiss, der sich in einem runden Haus in der Mitte des Ortes befindet und irgendwie eher nach afrikanischem Dorf als nach ostfriesischer Insel aussieht, und kaufe zwei Matjesbrötchen. Glitschiger Fisch – roh! – und Zwiebelringe, die für einen Eins-a-Mundgeruch sorgen. Wie kann man nur.

Auf dem Rückweg ziehe ich mich schnell auf die öffentliche Toilette bei der Kurverwaltung zurück. Jetzt wird's ernst. Das Fläschchen, das ich die ganze Zeit über in der Hosentasche erfühlen konnte, ist schnell geöffnet. Die Flüssigkeit ist geschmacksneutral. 20 Tropfen auf den Fisch werden reichen. Meine Arbeitsstelle als Chemielaborantin bringt manchmal eben auch Vorteile mit sich – zumindest was ein spezielles Know-how und den Zugang zu gewissen Substanzen betrifft.

Hastig wickle ich Sieglindes präpariertes Matjesbrötchen wieder ins Papier. Wenig später packt sie es aus und verspeist es mit Genuss.

Bald wird sie müde, und ich bringe sie aufs Zimmer im Hotel. Sie wird selig schlafen und gar nicht merken, wenn ihr Herz aufhören wird zu schlagen. Gute Nacht, Sieglinde. Morgen bin ich reich.

Der Lachs schmeckt vorzüglich. Auch der Meerrettichschaum, der hier am Frühstücksbuffet dazu angeboten wird, verwöhnt den Gaumen. Ich habe mein sorgloses Gesicht aufgesetzt. Alles läuft gut.

»Sie ist wohl noch im Bett. Sie hat den Schlaf eines Engels«, sage ich, als die Augen der Bedienung die entsprechende Frage gestellt haben.

»Ja, ja, wer lange schlafen kann, ist ein glücklicher Mensch«, sagt die Blonde und lächelt freundlich.

Ich nicke.

»Es ist schön, dass Ihre Großnichte sich die Zeit nimmt, mit Ihnen zu verreisen!«

Jetzt bin ich es, die freundlich lächelt.

Ich nehme mir auch Zeit, füge ich im Stillen hinzu. Schließlich ist es ein dickes Ding, das ich zu verdauen habe. Und damit meine ich nicht den Lachs, sondern die Erkenntnis, dass ich mich nicht getäuscht habe.

Sonst hätte ich die Matjesbrötchen gestern Abend ja nicht unbemerkt auszutauschen brauchen. Ein kurzer Blick heute früh in ihr Zimmer und auf den leblosen Körper im Bett hat bestätigt, dass mein Bauchgefühl stimmte. Vorsicht ist eben nicht nur die Mutter der Porzellankiste, sondern eine gesunde Portion Argwohn manchmal sogar ein Lebensretter. Schade um Tine. Aber sie ist selber schuld. Jetzt muss ich halt doch Branka in meinem Testament berücksichtigen.

Matjesbrötchen

Zutaten:
4 Matjesfilets
4 Brötchen
8 Salatblätter
1 Zwiebel, in Ringe geschnitten
Einige Gurkenscheiben
100 g Mayonnaise
50 g Joghurt
Butter, Zitronensaft, Salz, Pfeffer

Zubereitung:
Mayonnaise und Joghurt zu Sauce vermischen, mit Zitronensaft, Salz und Pfeffer würzen.
Brötchen halbieren, mit Butter und Sauce bestreichen, mit Matjes, Salat, Zwiebelringen und Gurkenscheiben belegen.

Mörderjagd

NESSMERSIEL

Ein Mann liegt dort am Nordseestrand,
das Messer neben ihm im Sand.
Blut an seiner Wange klebt,
kein Zweifel, dass er nicht mehr lebt.
Und das in Neßmersiel am Hafen,
wer soll hier nun noch ruhig schlafen?
Stimmen werden laut und lauter:
»Das war ein Mörder, kein Klabauter!«
Rasch ruft man den Kommissar,
weil man sich ziemlich einig war,
dass nur jener kluge Mann
an dieser Stelle helfen kann.
Er betrachtet nun den Toten,
beginnt die Sache auszuloten.
Den Spuren nach am Meeressaum
ist dort lang jemand abgehaun.
Weit kann der Mörder ja nicht sein,
dem Tritt nach hat er nur ein Bein.
Der Mann ist polizeibekannt,
nur ist er immer fortgerannt.
Trotz des großen Handicaps
läuft er ständig einfach weg.
»Nicht mit mir, mein alter Freund!
Dieser Traum ist ausgeträumt.
Ich sperr dich ein für viele Jahre!«
Der Kommissar rauft sich die Haare.
Und er trifft auch den Entschluss,
dass rasch gehandelt werden muss.
Er stürmt den Spuren hinterher,

gleich hinterm Priel führn sie ins Meer.
Bis zu einem Segelboot,
der Skipper hisst gerad die Schoot.
Er will fliehen, wenn die Flut
einsetzt und der Wind ist gut.
Doch hat er nicht bedacht,
was der Kommissar jetzt macht:
Er sprintet durch das tiefe Watt,
wat für ne Kondition der hat!
Die Knarre gezückt.
Das Entern geglückt!
Der Skipper kann es gar nicht fassen,
hebt die Hände – und muss passen.
Doch in des Polizisten Nase
weht nun der Duft von Falscher Hase
und dazu aus der Kombüse
mischt sich Geruch von Bratgemüse.
Bevor der Mörder überführt,
ist er dadurch irritiert.
»Frikadelle und dabei
Blumenkohl, dazu ein Ei.
Kartoffeln braucht man, aber große.
Darüber kipp ich braune Sauce.
Ach, komm her, ich lad dich ein!«
Da sagt der Kommissar nicht nein.
Vergessen ist die Mörderjagd,
als er nach einem Nachschlag fragt.
Sie speisen fröhlich Frikadellen,
das Schiff tanzt auf den Nordseewellen.
Es schmeckt dem Kommissar gar sehr,
der Mord reizt nun gar nicht mehr.
Es gibt an Bord so leckre Sachen,
was soll der Kommissar denn machen?

Frikadellen nach Oma Erika

Zutaten:
500 g Hackfleisch vom Rind
1 Ei
1 hohle Hand Paniermehl
Salz
Pfeffer
Prise Knoblauch
1 TL Senf

Zubereitung:
Das Hackfleisch mit den Zutaten vermengen und zu einer Masse verarbeiten. Abschmecken.
Dann Hackbällchen formen, anbraten und bei kleiner Hitze schmoren lassen. Gerne mit etwas Brühe köcheln. Dazu schmecken Kartoffeln und Blumenkohl. Aus dem Bratenfond die Sauce herstellen.

HORST DIETER LOGA

Masculin Cooking

NORDERNEY

Der schrille Schrei war trotz des pfeifenden Windes deutlich zu hören. Er schallte von der Aussichtsplattform auf den Dünen von Norderney herüber. Es war der Schrei eines Mannes. Irgendetwas Schreckliches musste dort geschehen sein, das war uns sofort klar.

Stumm sahen wir uns an, zögerten nicht und rannten, so schnell es unser Alter zuließ, über die elendig langen Stufen zum höchsten Punkt. Völlig außer Atem, dem Kreislaufzusammenbruch nahe, standen wir vor der gruseligen Szenerie: Halb auf dem Geländer zum Meer hin lag in verdrehter Haltung ein Mann, und mein geschulter Tatortverstand sagte mir augenblicklich: Der ist tot!

Und ein weiterer Blick sagte mir: Ich kenne ihn.

Ich kann mich wirklich nicht mehr genau daran erinnern, wer von uns vier Männern gesetzteren Alters auf die glorreiche Idee gekommen war, eine Männer-Kochgruppe ins Leben zu rufen. *Masculin Cooking* war somit seit nunmehr fünf Jahren unser regelmäßig wiederkehrendes Kochevent, das mal bei dem einen, mal bei dem anderen stattfand.

Unsere Frauen zogen es vor, zu den jeweiligen Terminen nicht anwesend zu sein. Aus gutem Grund, denn unsere Gesprächsthemen – aktuelle Politik, Fußball und weibliche Anziehungskraft –, gepaart mit deftigen Schoten über die Aktualitäten und Ungereimtheiten dieser Welt, konnten noch in keinem Zeitalter Frauen begeistern. Böse Zungen behaupten standfest, das Kochen sei bei uns sowieso nur Nebensache, und man solle die Kochgruppe in *Masculin drinking* umbenennen.

Das stimmt nur zum Teil. Klar, je länger der Abend wurde, desto mehr Alkohol floss: hier ein Aperitif, da ein Fläschchen Bier zum Kochen. Dann zu jedem Gang ein ausgewählter Wein, ein Digestif. Da läppert sich was zusammen. Nichtsdestoweniger achteten wir penibel auf hervorragende Rezepte, die immer der Gastgeber aussuchen durfte, und auf perfekte Zubereitung.

Irgendwann machte Manfred an einem dieser Abende zu fortgeschrittener Stunde einen verhängnisvollen Vorschlag: Lasst uns doch mal gemeinsam etwas unternehmen und woanders kochen als ständig zu Hause! Er habe in der Zeitung einen Artikel gelesen, auf Norderney solle ein großes Kochevent für Hobbyköche stattfinden: *Fisch auf den Tisch hieß das Motto.*

»Muss wohl der Reklamegag eines aufstrebenden Vier-Sterne-Hotels sein«, lachte Manfred. »Kostenloses Wohnen, attraktive Preise, daraus lässt sich doch ein pralles kulinarisches Männerwochenende machen! Wäre das nicht etwas für uns? Wir könnten an dem Kochevent teilnehmen und zusätzlich noch ein paar Stunden auf der Insel relaxen oder mit dem Rad herumfahren. Na, was sagt ihr? Gewinnen werden wir sowieso!« Er wollte sich gar nicht wieder einkriegen vor Lachen.

Nun gut, die Resonanz hielt sich bei Bernd, Heinz und mir zunächst in Grenzen, weil man sich ja erst mal bewerben musste. Nach eingehender Diskussion und einigem Aquavit stand unser Entschluss fest: Wir machen mit!

Unsere Frauen dachten tatsächlich an einen Scherz, als wir von unserem Unternehmen berichteten. Ihr Kommentar – »je oller, je doller« – erreichte uns allerdings nicht wirklich. Im Gegenteil, er bestärkte uns in unserer Absicht, dieses Vorhaben umzusetzen. Ihre Befürchtung – »nehmen daran auch Frauen teil?« – gab letztendlich den

Ausschlag für unsere Kandidatur, denn natürlich nahmen auch Frauen teil!

Keiner von uns glaubte ernsthaft, dass wir ausgewählt werden würden, zu dürftig erschienen uns unsere Rezepte, mit denen wir uns bewerben mussten. Aber wir gehörten zu den Auserkorenen, weiß der Teufel, warum! Die ironischen Bemerkungen verstummten sofort. Mit einem Mal war unsere Stimmung auf dem Siedepunkt.

Am wichtigsten war zunächst unser Fischrezept. Es musste nämlich vorher eingereicht werden, damit alle Ingredienzien rechtzeitig zum Kochevent bereitgestellt werden konnten. Gefordert wurden Vorspeise, Hauptgang und Nachtisch, das volle Programm also.

Pressemäßig wurde alles so richtig ausgeschlachtet: Interviews, Zeitungsartikel, selbst der Friesische Rundfunk aus Sande berichtete ausführlich über alle Teilnehmer. Da wir alle in Sande-Neustadtgödens ansässig waren, sprach sich unser Vorhaben schnell herum. Nur das Rezept wurde natürlich nicht verraten.

Wir verbrachten Stunden in der Küche, probierten hier und da was aus, suchten neue Zubereitungen, versuchten stimmige Gänge vorzubereiten. Dann war es endlich so weit.

Selbst unsere Frauen hatten jeglichen Widerstand aufgegeben und standen hinter uns, zumal der Friesische Rundfunk auch sie über unsere Kochkünste ausgefragt hatte. So viel positiven Zuspruch hatten wir schon lange nicht mehr erfahren.

Erwartungsfroh fuhren wir mit unserem gesamten Messerwerkzeug im Gepäck über Leer nach Norddeich, überquerten die Gleise und waren in Nullkommanichts auf der Fähre nach Norderney. Wider sämtliche Befürchtungen zeigte sich sogar der Himmel von seiner allerbesten Seite. Zu dieser Jahreszeit in der Nachsaison war das Schiff nicht so voll, wie ich erwartet hatte. Trotzdem tummelten sich noch viele Tagesausflügler an Bord und wahrscheinlich auch Kochkonkurrenten.

Wir nahmen auf dem Oberdeck Platz, genossen die Sonne und sahen den Möwen zu, die in Scharen das Heck der Fähre umflogen. Ein schriller Schrei zerriss die idyllische Szene. Er kam vom Unterdeck.

»Ist jemand umgebracht worden?«, fragte Manfred ironisch lächelnd. Er beugte sich über das Geländer und blickte nach unten.

»Können Sie das nicht lesen?«, brüllte ein Mann von der Treppe her. »Möwen füttern verboten! Steht das vielleicht umsonst hier? Oder kommen Sie aus Bayern?«

Das Gekreische der Möwen nahm an Lautstärke zu. Neben dem Mann, der die Möwen gefüttert hatte, stand ein kleiner, etwas schmächtig wirkender Herr im Ostfriesennerz und mit Helmut-Schmidt-Mütze. Er fasste sich zögernd an den Kopf.

»Dem habense auf den Kopf geschissen!«, amüsierte sich Manfred. Einige Fahrgäste konnten sich ein unterdrücktes Lachen nicht verkneifen. Der Mann war tatsächlich von einer vollen Ladung erwischt worden und machte jetzt einen recht geknickten Eindruck. Unsicher, was er tun sollte, schlich er in den Innenraum zur Toilette. Die Show war vorbei.

Manfred setzte sich, zog aus seinem Rucksack vier kleine Schluckflaschen und zelebrierte: »Zum Wohl, Männer! Auf ein erlebnisreiches Wochenende!«

Langsam legte das Schiff ab, passierte die Seehundbänke, um nach knapp einer Stunde im Hafen von Norderney anzukommen. Beim Ausstieg fiel Manfred der kleine Herr auf, der zusammen mit einigen anderen Männern vor uns die Fähre verließ. Er sah jetzt wieder gesäubert aus.

Keiner von uns hätte zu diesem Zeitpunkt geglaubt, einem zukünftigen Mörder begegnet zu sein. Ich nenne ihn von jetzt ab der Einfachheit halber so. Wir sahen ihn erst wieder, als jede Kochgruppe ihren Arbeitsplatz zugewiesen bekommen hatte und sich einrichten konnte. Es war früher Samstagnachmittag, der Wind hatte aufgefrischt, aber noch war das Wetter angenehm. Für den Sonntag hatte Manfred eine Radtour zur *Weißen Düne* vorbereitet. Das Restaurant im Holzbaustil war für seine hervorragende Küche weithin bekannt. Hier wollten wir uns ausgiebig bekochen lassen und den Sonntag genießen, egal welchen Platz wir beim Kochwettstreit belegen sollten.

Alle zehn Hobbykochgruppen aus den unterschiedlichsten Regionen Frieslands waren eingetroffen. Geschäftig sortierten sie ihre Kochwerkzeuge, bereiteten Töpfe, Pfannen, Teller, Bestecke und so weiter vor. Der Mörder und seine Gruppe, zu dem auch der Möwenfütterer gehörte, hatten ihren Platz nicht weit von unserem Tisch entfernt.

»Locker bleiben, Jungs«, flüsterte Heinz in Anbetracht der geballten Kochexperten, die beflissen ihren Vorbereitungen nachgingen, »der Sieger wird am Ende gekürt, nicht am Anfang!« Er zwinkerte uns grinsend zu.

Der Sponsor hatte sich mächtig ins Zeug gelegt. Hinter jeder Gruppe befand sich ein nagelneuer Küchenherd mit allem Drum und Dran. Nicht so ein altes Ding, das wir bei uns zu Hause stehen hatten. Bernd wurde verdonnert, sich in die Bedienungsanleitung einzulesen.

Ein Herr kam mit gewichtiger Miene auf uns zu und stellte ein Pappschild mit der Nummer 6 neben die Teller. Nachdem er alle Tische bedient hatte, hielt der wichtige Herr eine wichtige Rede mit wichtigen Ablaufhinweisen für den heutigen Abend. Aber auch die Hauptpreise für die Sieger wurden vorgestellt: Von Feinschmeckerreisen (mit Partnern), Wochenendtouren nach Helgoland bis zu ansehnlichen Geldpreisen war alles dabei. Das konnte sich schon sehen lassen! Um 18 Uhr sollte es losgehen.

Bis dahin hatten wir noch vier Stunden. Zeit zum Ausruhen und zum Durchsprechen unseres Fischmenüs.

Als wir gegen halb sechs den gut gefüllten Veranstaltungssaal betraten, zu unserem Kochplatz gingen und die Schürzen anlegten, flüsterte Manfred: »Hat jemand mein Tranchiermesser gesehen, Männer? Ich habe es doch vorhin hier hingelegt.«

Keiner von uns kümmerte sich darum, Manfreds Vergesslichkeit war ausreichend bekannt.

Unser Menü hatten wir sorgsam zusammengestellt und kannten alle Varianten: Zur Vorspeise gab es Schillerlockensalat, den ich zubereitete, als Hauptgang Fischnocken im Gemüsebeet, dafür waren Bernd und Heinz zuständig, als Nachtisch Old English Trifle, das war Manfreds Metier.

Alle Teams um uns herum begannen ebenfalls mit dem Kochen. Eine Stunde Zeit wurde uns gegeben, dann sollte jede Gruppe von zwei Prüfern bewertet werden. Ich hatte für die anderen Teilnehmer kein Auge, bemerkte aber anhand der lauten Stimmen, dass im Team des Mörders keine Harmonie herrschte.

Ein lauter Knall ließ uns nach einer Weile von unserer Arbeit aufschrecken. Der Mörder hatte, wohl in maßloser Wut, eine gefüllte Schüssel mit weiß der Teufel was auf den Boden geworfen und stampfte zornig von dannen.

Alle Teilnehmer unterbrachen abrupt ihre Arbeit und wussten einen Augenblick nicht, wie sie reagieren sollten. Einen Moment herrschte Totenstille. Einige Bedienstete des Hotels bemühten sich, die Scherben schnell zu entfernen, sodass ganz langsam wieder ein murmelnder Geräuschpegel entstand.

Manfred ließ sich zu der Bemerkung hinreißen: »Tja, Kochen ist eben nichts für schwache Nerven!«

Keiner lachte.

Die letzten fünf Minuten wurden eingeläutet. Wir waren gut in der Zeit und konnten uns auf das Anrichten konzentrieren.

Um es kurz zu machen, wir belegten einen würdigen siebten Platz und waren damit sehr zufrieden. Den Geldpreis in bar, den wir erhielten, versoffen wir noch am selben Abend. Auch gestaltete sich der Abend an der Theke des Hotels so, wie wir ihn uns vorgestellt hatten, lustig und süffig. Den Wettbewerb gewann eine Gruppe aus der Krummhörn, die des Mörders belegte den 2. Platz. Zur Siegerehrung erschien er als Einziger nicht.

Der Sonntag begann stürmisch. Die Wolken jagten über den Strand, den wir vom Frühstückstisch aus gut sehen konnten. Uns ging es nicht gut. Jeder klagte über irgendein Wehwehchen oder hielt sich den Schädel. Gesprochen wurde wenig. Strafe musste sein!

»Ein bisschen frische Luft tut uns bestimmt gut«, murmelte Heinz, den es wohl am heftigsten erwischt hatte.

Außerdem stand die Radtour zur *Weißen Düne* für heute noch auf dem Programm. Wir wollten erst um sechs zurück nach Norddeich fahren.

Unser Zustand besserte sich nur geringfügig, aber immerhin, er besserte sich, als wir mit unseren ausgeliehenen Rädern und mit frischem Westwind im Rücken am Naturschutzgebiet vorbei zum Leuchtturm von Norderney fuhren, dort etwa zehn Minuten diskutierten, ob wir ihn besteigen sollten oder nicht, uns aber aus gesundheitlichen Gründen dagegen entschieden.

Das Menü in der *Weißen Düne* brachte uns dann vollends wieder auf die Beine, so gut war es. Wir verweigerten allesamt die Einnahme alkoholischer Getränke, machten nach dem Essen noch einen kurzen Abstecher an den nahen Strand, genossen die salzige Luft und die stürmische Brise und begaben uns rechtzeitig wieder auf

den Rückweg mit unseren Rädern, diesmal bei Gegen-
wind.

So kam es zu dem verhängnisvollen Treffen mit dem
Mörder auf der Aussichtsdüne, etwa auf halber Strecke
zum Hotel. Die Düne war schon aus der Ferne gut zu
erkennen. Zwei Wege mit langgezogenen Treppen führten auf eine steinerne Aussichtsplattform, die von einem
Holzgeländer umgeben war. Natürlich wollten wir uns
die Aussicht über die Insel nicht entgehen lassen.

In diesem Augenblick hörten wir den Schrei.

Es war der Möwenfütterer, der dort in verdrehter Haltung sein Leben ausgehaucht hatte. Nicht weit davon entfernt hockte der Mörder in sich zusammengesunken auf
einer Bank und starrte auf den Boden.

Bernd, der im Krankenhaus beschäftigt war und über
die entsprechende Ausbildung verfügte, reagierte als Erster: Er lief zu dem Möwenfütterer und versuchte alles, um
ihn ins Leben zurückzurufen. Vergeblich.

»Da ist nichts mehr zu machen«, murmelte er eher für
sich als für uns. »Er muss auf das Geländer gefallen sein
und sich das Genick gebrochen haben.« Er zog das Handy aus der Windjacke, um Hilfe zu holen.

»Ja, genau!« Der Mörder war aufgestanden. »Dieser
Mistkerl! Er hat es nicht anders verdient!«

Ich ging auf ihn zu, wollte ihn beruhigen, aber er schob
meine Hand grob beiseite. »Wir hatten eine Auseinander-
setzung. Schon gestern während des Kochens«, schimpfte
der Mörder, der uns als Teilnehmer des Kochevents wie-
dererkannt hatte. »Jahrelang habe ich unter ihm gelitten und nichts gesagt, immer geschwiegen. Schon in der
Schule hat er mich ständig als Clown verspottet. Gewehrt
habe ich mich nicht, weil ich dabei sein wollte. Heute bin
ich der Kochclown! Klein gemacht hat er mich, ich könne gar nicht kochen, sei nur für die niederen Arbeiten zu
gebrauchen, Zwiebeln hacken oder Kartoffeln schälen.

Zum Bierholen sei ich gerade gut genug.« Der Mörder schnaubte vor Wut.

»Und dann seine absurde Vorstellung von der neuen Art zu kochen: Menü im Bauhausstil, ein Gesamtkunstwerk! Welch ein Schwachsinn! Rechteckige Kartoffeln, Möhren als Würfel, einzeln gestapelt, quadratisch, praktisch, gut!« Er hielt kurz inne. »Aber nun hat er den Bogen überspannt! Ob ich schon bemerkt hätte, dass sich meine Frau für ihn interessiere, hat er mich während des Wettbewerbs gefragt, wohl um mich zu reizen. Er habe nie verstanden, dass sie einen wie mich genommen hat. Später auf dem Zimmer wollte ich ihn verprügeln. Er lachte über mich und gestand, bereits eine längere Zeit ein Verhältnis mit meiner Frau zu haben.« Der Mörder schwieg zitternd.

Aus der Ferne hörte man die Sirene eines Krankenwagens.

»Für heute hatten wir einen Spaziergang geplant, um uns auszusprechen. Aber er fing wieder von meiner Frau an. Er sei schon lange auf sie scharf gewesen, und jetzt endlich habe sie sich entschlossen … Da bin ich ausgerastet, habe ihm einfach einen Stoß gegen die Brust gegeben. Er ist wohl gestolpert, gestürzt und mit dem Kopf auf den Pfosten geschlagen. Ich … ich wollte das nicht!« Der Mörder schaute uns an. »Ihr müsst mir glauben«, flüsterte er vertraulich, »bitte, ihr müsst mir glauben!«

Keiner wusste etwas Sinnvolles zu sagen. Über uns flogen kreischende Möwen im stürmischen Wind. Die Szene war gespenstisch.

Der Mörder wandte sich von uns ab, ging langsam zu der Bank, auf der er gesessen hatte, nahm seinen Rucksack und warf ihn sich auf den Rücken. Etwas Metallisches fiel klappernd auf die Steine.

»Da ist ja mein Tranchiermesser!«, rief Manfred völlig erstaunt.

Der Mörder starrte uns erschrocken an. »Es ... es ist nicht so, wie ihr denkt«, stotterte er.

Die Zeit schien stehen zu bleiben. Wir hörten nur den Wind, das Kreischen der Möwen und die Sirene, deren Heulen immer näher kam.

Fischnocken im Gemüsebeet

Zutaten:
300 g Kabeljaufilet
3 EL Butter
1 Zwiebel
1 Ei
3 Bund Suppengrün
1 grüne Paprikaschote
125 g Sauerrahm
1 TL Dillspitzen
1 Messerspitze Citroback
Salz, Pfeffer
3-4 Spritzer Worcestersauce
2 cm Ingwer
100 g eiskalte Sahne
Semmelbrösel
Zitronensaft
3 EL Fischfond aus dem Glas

Zubereitung:
Kabeljaufilet waschen und im Mixer pürieren. Die Zwiebel in kleine Würfel schneiden, mit einem Esslöffel Butter glasig dünsten und abkühlen lassen. Das Ei mit den kalten Zwiebelwürfeln unter den Fisch rühren.

Das Suppengrün putzen, waschen und in ganz feine Streifen schneiden. Die Paprikaschote putzen, vierteln, zwei Minuten blanchieren, eiskalt abschrecken, häuten, pürieren, durch ein Sieb streichen. Den Sauerrahm, die Paprikacreme, den Dill und das Citroback verrühren und mit Salz, Pfeffer und Worcestersauce pikant abschmecken.

Den Ingwer schälen und fein reiben. Die Sahne unter das Fischpüree rühren, so viel Semmelbrösel dazugeben, dass eine halbfeste Masse entsteht. Die Fischmasse mit Salz,

Pfeffer, Zitronensaft, Ingwer und Worcestersauce gut würzen, danach zehn Minuten kalt stellen.

Zwei Esslöffel Butter in einer großen Pfanne leicht erhitzen, das fein geschnittene Gemüse leicht mit Salz und Pfeffer würzen und in der Pfanne verteilen. Mit zwei Teelöffeln kleine Nocken aus dem Fischpüree formen und auf das Gemüse setzen. Danach drei Esslöffel Fischfond dazugeben und alles zehn bis zwölf Minuten dünsten.

Das Gericht anrichten und mit der Paprikacrème servieren.

Anne Griesser

Der große Fischzug

NORDEN - NORDDEICH

1

»Seeluft ist gut gegen Reizhusten.«

Wir telefonieren jetzt schon zehn Minuten. K. lässt nicht locker. Er weiß genau, womit er mich ködern kann. Bei uns im Südwesten sind die Pollen dieses Jahr besonders aggressiv.

»Norden? Norddeich? Klingt nicht gut. Zu weit. Zu kalt.«

»Quatsch, Boss. Ist eine todsichere Sache.«

Ich hasse es, wenn sie mich *Boss* nennen. Sie tun es, weil ich der Einzige in unserer Runde mit Realschulabschluss bin.

»Warum machst du es dann nicht selber?«

»Bin auf Bewährung, Paulchen. Muss mich ruhig verhalten.«

Paulchen ist eindeutig noch schlimmer als *Boss*. Ich zeige dem Handy die Zähne. K. steht für Kontaktmann. Oder für Kollege. Oder für Klugscheißer.

»Ich hab kein Auto.«

»Dann klau dir eins.«

»Warum bist du so scharf auf den Job?«

»Der Pleitegeier, Paulchen. Ich will 20 Prozent für den Tipp.«

»20 Prozent?«

»So viel zahlen sie in der Versicherungsbranche.«

»Dann geh doch zur Versicherung, Arschloch.«

»Prima, Boss. Wann kommt ihr?«

Ich bin drauf und dran, das Handy an die Wand zu pfeffern. Aber der letzte Tankstellenüberfall ist schon wieder eine ganze Weile her und hat nicht viel eingebracht. Und ehrlich gesagt, mir ist irgendwie langweilig.

»Übermorgen«, knurre ich zwischen den Zähnen hervor. »Und keinen Tag früher!«

2

Der Motor spuckt und quengelt wie eine angefahrene Katze.

»Hättest du nichts Nobleres klauen können?« Ewald sieht aus wie John Belushi in den *Blues Brothers*. Inklusive Sonnenbrille. Er spielt mit seiner Knarre herum und hat miese Laune. »Einen Benz oder wenigstens einen Geländewagen?«

»Steck den Schießprügel weg, du Vollpfosten. Er könnte losgehen. Hast du *Pulp Fiction* nicht gesehen?«

Ich hätte die Sache alleine durchziehen sollen.

Der Türke stiert aus dem Fenster. Er ist auch nicht der Hellste. Kommt aus Lörrach, ein waschechter Alemanne, trägt aber einen osmanischen Schnauzbart.

»Ist es noch weit?«

Wir sind gerade mal kurz hinter Karlsruhe.

»Und die Reise lohnt sich wirklich, Boss?«

»Nenn mich nicht Boss, Blödmann.«

Ist verdammt weit weg, dieses Norden. Irgendwo in Ostfriesland. Ich hab kein gutes Gefühl bei der Sache. Aber das geht Ewald und den Türken nichts an.

»Klar. Das wird ein ganz großer Fischzug. Leerstehende Villa, Schmuck und jede Menge Zaster im Tresor. Die Alarmanlage ist defekt.«

»Woher weißt du das alles?« Ewald steckt voller Misstrauen und wittert überall Fallen. Seine Nerven sind nicht die besten.

»Die Hütte gehört einer Tante unseres Kontaktmannes.«

»Warum macht er es dann nicht selber?«

Verdammt gute Frage.

»Gibt es auch sicher keinen Wachhund? Weil ... Also, einen Hund abknallen, da mach ich nicht mit.« Der Türke ist tierlieb und hat ein weiches Herz.

»Die Alte steht mehr auf Katzen.«

Ein finales Röcheln entweicht dem Motor. Unser Opel Astra, Baujahr 1986, bleibt kurz hinter Bruchsal liegen.

»Ruf den ADAC an«, schlägt Ewald vor.

Womit habe ich solche Kumpels verdient?

3

Ein Lkw nimmt uns bis Heidelberg mit, ein anderer bis Pfungstadt, wo wir erst mal festhängen. Den Astra hatten wir am Rand der A5 stehen lassen.

In Pfungstadt klauen wir schließlich einen silbermetallic lackierten Golf. Auf dem Rücksitz steht ein Käfig mit einem Goldhamster drin. Der Türke ist selig. Eine Zeitlang halten alle den Mund.

Mit zwei Tagen Verspätung erreichen wir Norden.

4

»Scheiß Wind.«

Wir stehen in Norddeich und starren aufs Meer. Schicke Jachten dümpeln auf der einen Seite des Fähranlegers und ein paar dicke Boote mit Netzen im seichten Wasser auf der anderen Seite des Hafens. »Krabbenkutter«, erklärt uns ein Einheimischer. Er sagt noch mehr, aber das verstehen wir nicht.

»Hier stinkt es nach Fisch.«

Ewald ist ein Idiot. Hat keinen Blick für Schönheit und Idylle. Mir gefällt der Ort. Ich mag das Geschrei der Möwen.

»Was jetzt?«

Der Türke wirkt ein bisschen verloren mit den Händen in den Hosentaschen. Er will zurück zu seinem Hamster. Es ist noch lange nicht dunkel genug für unsere Mission und unsere Mägen knurren.

Ich zucke mit den Achseln. K. hat auf unsere letzte SMS nicht reagiert. Er hat uns den genauen Zeitpunkt und ein paar Anweisungen durchgegeben. Vor Ort will er mit der Sache nichts mehr zu tun haben, sagt er. Zu gefährlich für ihn.

»Drehn wir das Ding und verschwinden wieder.«

»Ich hab Hunger.«

»Kauf dir ne BiFi.«

»Lieber ein Käsesandwich.« Der Türke ist Vegetarier.

Stadteinwärts finden wir ein nettes Lokal. Es heißt *Dieckster Fischhuus* und hat eine einladende Terrasse. Ewald bestellt ein Wiener Schnitzel, der Türke einen Salat. Ich bin der Einzige, der sich für ein Backfischbrötchen entscheidet. Etwas Einheimisches eben. Es schmeckt prima und ich mag den Geruch. Zum ersten Mal habe ich ein gutes Gefühl bei der ganzen Sache. Meine Pollenallergie ist wie weggeblasen.

Als wir satt sind, fragen wir einen alten Mann mit roter Wollmütze nach dem Weg zur Villa Greifenstein. Ich muss ihn die ganze Zeit anstarren. Er sieht genauso aus, wie ich mir einen Krabbenfischer vorstelle. Er spricht nicht. Zumindest nicht mit uns.

Der Türke wiederholt seine Frage, aber der Alte blickt nur ratlos drein.

Ich übernehme das Fragen. »Cha'sch uns villicht verroote, wie mir zu dem Hüsli vu derri Griifeschtii chumme?«

Mein Hochdeutsch ist auch nicht wirklich perfekt.

Der alte Krabbenfischer zuckt resigniert die Schultern. Er antwortet auf Platt, was außer mir keiner versteht.

»Was sagt er?« Ich sehe, wie Ewald in der Tasche an seiner Knarre herumnestelt. Er sollte wirklich mal was gegen seine Nervenschwäche tun. Ich übersetze die Wegbeschreibung, so gut ich kann, ins Alemannische und wir brausen los.

»Merci vielmols!« Der Türke bleibt immer höflich. Auch in Krisensituationen.

5

In der Villa ist alles dunkel. Aber sie liegt mitten in der Stadt, auf dem Marktplatz. Das hat K. uns nicht verraten.

Ewald rastet aus und zieht seinen Schießprügel. »Ich knall ihn ab.«

Ob er damit unseren Kontaktmann meint, den alten Krabbenfischer oder sonst wen, bleibt unklar.

Meine Laune ist jetzt nicht mehr die beste. Es ist kalt, windig und sehr spät. Wir pirschen uns von hinten heran. Das Haus ist niedrig und besteht fast nur aus Fenstern. Wir steigen ein paar Stufen hoch auf eine Art Veranda. Ewald sichert die Hintertür, der Türke soll an der Straße Schmiere stehen. Ich nehme mir mit dem Schneidbrenner eines der Fenster vor, das von der Straße abgewandt ist.

Irgendwie habe ich mir die Villa viel entlegener vorgestellt. Stattdessen befindet sie sich in unmittelbarer Nähe zur Ludgeri Kirche mit dem Glockenturm, dem Teemuseum und sämtlichen touristischen Attraktionen wie den *Dree Süsters* und dem historischen Rathaus.

Ein Hund bellt. Verflucht! Dann geht das Kläffen in ein zufriedenes Winseln über. Der Türke ist also doch zu etwas nütze. Als ich den Schneidbrenner endlich ansetzen will, steht er neben mir, mit einer Promenadenmischung auf dem Arm.

»Ähm ... Boss ...«

»Du sollst mich nicht ...«

»Ich mein ja nur! Du hast uns gar nicht gesagt, dass wir in die Touristeninformation einbrechen.«

Was ...? Ist er jetzt ganz ...? Bullshit. Die rote Wollmütze hat uns genauso wenig verstanden wie wir sie. Und wohin schickt man Touristen im Zweifelsfall? – Bingo.

Der Hund springt vom Arm des Türken und zerrt kläffend an meinem Hosenbein. In einem Haus am Marktplatz gehen die Lichter an.

6

»Scheiße, scheiße, scheiße.«

Ewald ist nicht gerade ein Sprachvirtuose. Er zappelt auf dem Beifahrersitz herum wie ein Hampelmann. Angeschnallt ist er auch nicht. Der Türke sitzt hinten und bleibt erstaunlich ruhig. Er streichelt seinen Goldhamster.

Die Reifen quietschen, als ich mit dem Golf einen Blitzstart hinlege. Geordneter Rückzug, erst die Straße lang, die wir gekommen sind, dann irgendwann links ab und danach verlieren wir die Orientierung.

»Schneller, Boss, schneller.«

Ewald ist panisch, obwohl gar niemand hinter uns her ist. Wir haben keine Spuren zurückgelassen.

»Nenn mich nicht Boss!«

Ein lauter Schlag lässt mich zusammenfahren und in die Eisen steigen. Ewalds Kopf knallt gegen die Windschutzscheibe. Seine Knarre landet auf meinem Schoß.

»Was war das?«

Blöde Frage. Irgendwas ist uns vors Auto geknallt.

»Scheiße.« Manchmal ist auch mein Wortschatz begrenzt.

Ich steige mit dem Türken aus, Ewald massiert sich seinen Nacken. Unter den Vorderreifen liegt etwas, am Licht kleben Federn und Blut.

Der Türke heult auf.

»Verflucht, ihr habt einen Bussard überfahren!«

So habe ich ihn noch nie erlebt. Er trommelt mit den Fäusten auf die Motorhaube, rauft sich die Haare, lässt Tränen und Rotz freien Lauf. »Ihr Verbrecher! Ihr Gauner! Ihr Mörder!« Dann lässt er uns stehen, klettert über den Deich und wandert hinaus ins Watt.

»Wir müssen weg hier!«

Ausnahmsweise bin ich mit Ewald einer Meinung. Wir rufen den Türken, doch er kommt nicht zurück. Nach einer halben Ewigkeit sind wir heiser, aber wenigstens wissen wir jetzt, dass keiner hinter uns her ist. Als wir gerade ohne ihn weiterfahren wollen, taucht der Türke wieder auf. Zu unserer Erleichterung heult er nicht mehr. Er hat ein Bündel bei sich, irgendetwas, das er in seine schwere Lederjacke eingepackt hat und vom Körper weghält.

»Da waren so ein paar Irre, die haben mit Steinen nach ihm geworfen! Und seine Mutter war nirgends zu sehen. Ich musste es retten!«

Himmel, ein Seehundbaby!

»Das darf man doch nicht einfach so mitnehmen!« Das weiß ja sogar ich.

»Nein, natürlich nicht.« Der Türke wird verlegen. »Aber ... diese Idioten haben eine Knarre! Sonst hätte ich sie ja vertreiben können! Ich hatte im Watt keinen Empfang, um bei der Seehundstation anzurufen. Und die Polizei will ich jetzt auch nicht wirklich ...«

Na, Gott sei Dank. Ein bisschen Restgrips existiert wohl doch in seinem Quadratschädel. Jetzt ist er wieder fast am Heulen: »Kapiert ihr denn nicht? Ich musste es doch vor diesen Mördern retten!«

Nicht mal Ewald wagt ihm zu widersprechen, als er das Robbenbaby vorsichtig in den leeren Hundekäfig steckt, der neben dem Hamster auf dem Rücksitz steht. »Den bringen wir sofort zur Aufzuchtstation! Nicht dass die denken, ich wäre so blöd und hätte ihn einfach mitgenommen. Da macht man sich strafbar!«

Der Türke, Ewald und ich machen uns sowieso gerade strafbar, aber das sage ich jetzt lieber nicht.

7

Mein Handy klingelt.

»Wo steckt ihr denn, ihr Vollblinsen? Habt ihr das Ding noch nicht gedreht?«

K. klingt aufgebracht.

»Wir haben uns verfahren.«

Aus dem Handy dringt ein Geräusch, wie wenn einer mit schweren Stiefeln auf dem Boden rumtrampelt. Im Hintergrund läuft Musik.

»Himmel, Arsch, und wo seid ihr jetzt?«

»Keine Ahnung. Und du? Feierst du eine Party?«

»Mensch, Paulchen, frag nicht so blöd. Ich brauche schließlich ein bombensicheres Alibi. Heute ist mein Hochzeitstag. Capito?«

Das muss man K. lassen: Er ist ein Meister der Planung.

»Und jetzt schwingt euer Hintergestell her. Aber dalli.«

8

Mit K.s Wegbeschreibung ist es ganz einfach, das Anwesen des Tantchens zu finden. Alles ist dunkel.

Der Türke möchte mit seinem Hamster und dem Robbenbaby im Auto bleiben, aber ich will kein Risiko eingehen. Er soll Schmiere stehen.

Die Haustür ist unverschlossen. Das macht mich stutzig.

»Ein bisschen senil, das tattrige Tantchen.« Ewald lacht. Ausnahmsweise wittert er keine Gefahr.

Wir streifen die Handschuhe über.

»Der Tresor ist im Wohnzimmer. Klassisch. Hinter den *Kreidefelsen.*«

»Hä? Was für Felsen?«

Keine Kultur, meine Kumpels. Keine Bildung.

»Caspar David Friedrich«, erkläre ich.

»Ich dachte, die Alte ist ledig.«

Ich schüttle den Kopf. Perlen vor die Säue.

Das Bild hat schon jemand abgenommen. Der Tresor ist noch verschlossen. Direkt darunter liegt eine reglose Gestalt. Grauhaarig, im Morgenmantel. Mit einem sauberen Einschussloch in der Stirn. Sieht verflucht nach dem tattrigen Tantchen aus.

Die Kanone liegt direkt daneben. Ich könnte wetten, dass keine Fingerabdrücke drauf sind.

»Das ist ... das ist ...« Ewald verschlägt es glatt die Sprache.

Mir wird auch ganz schlecht.

»Eine verdammte Falle!«

9

Ich hätte es mir gleich denken können. K. steht für Kotzbrocken. Wahrscheinlich ist er Tantchens Haupterbe.

»Aber warum ...?«

Der Türke braucht wie üblich ein bisschen länger zum Kapieren.

Raus hier, aber schnell! Vermutlich hat K. längst die Bullen gerufen: *Drei Einbrecher auf frischer Tat ertappt ... Haben das arme Tantchen erschossen ... Und das an meinem Hochzeitstag ...*

Wenn wir längst hinter Schloss und Riegel sitzen, tritt er in aller Seelenruhe sein Erbe an. Feiner Plan!

Ein markerschütternder Schrei durchreißt die Stille. Wir sind wieder draußen, im Garten. Es zischt und etwas trifft Ewald hart an der Schulter. In Sekundenschnelle zieht er seine Knarre.

»Ich mach dich kalt!«

Diesmal belässt er es nicht bei der Drohung. Wie ein Irrer ballert er um sich. Als das Magazin leer ist, atmet er durch und wischt sich den Möwenschiss von der Jacke.

»Verfluchtes Biest! Hat mich zu Tode erschreckt.«

Der Türke und ich haben Glück. Ewald hat uns nicht erwischt. Aber aus einem nahen Gebüsch tönt leises Fluchen. Wir sehen, wie K. an uns vorbeihumpelt. Er hält sich ein blutendes Bein und schimpft vor sich hin: »Blöder, als die Polizei erlaubt! Wie konnte ich nur ...«

Dann ist er draußen, springt in unseren silbermetallic lackierten Golf und braust davon.

10

»Wisst ihr, warum man junge, verlassene Seehunde Heuler nennt?« Der Bulle ist eigentlich ganz nett. Er hat ein freundliches Lächeln. Und er spricht hochdeutsch. »Wenn sie von ihren Müttern getrennt werden, rufen sie nach ihnen. Das klingt in unseren Ohren wie Geheule. Man darf sie nicht einfach so entfernen, meist kommt die Mutter auch zurück. Aber in eurem Fall: Wenn die Spinner das Tier abgeknallt hätten ... Nicht auszudenken!«

Der Türke nickt. Für ihn sind das olle Kamellen. Er weiß, dass nur die Leute der Aufzuchtstation befugt sind, ein Seehundbaby einzufangen, weil nur sie einschätzen können, ob das Tier tatsächlich verlassen ist.

»So haben wir ihn schnell erwischt. Einer Frau ist das Heulen im Auto aufgefallen. Sie hat sofort die Seehundstation alarmiert.«

Ohne das Robbenbaby und ohne den Möwenschiss hätte K.s Plan vermutlich funktioniert. Er hat sich kurz von seiner eigenen Hochzeit weggeschlichen, um nachzusehen, ob wir auch wirklich die richtige Villa gefunden haben. Bei seiner Feier hat ihn noch gar niemand vermisst, als sie ihn festnehmen. Nicht mal die Braut.

11

Der Türke hat Glück. Sie glauben ihm, dass er eigentlich gar nichts mit der Sache zu tun hat und nur mitgekommen ist, um die Tiere des Nordens zu studieren. In der Seehundstation im Nationalparkhaus suchen sie gerade einen Pfleger. Als Seehundretter wird er echt hofiert. Diese Wattcowboys sind mittlerweile auch gefasst. Und wenn er das mit der plattdeutschen Sprache hinbekommt, hat er gute Aussichten, genommen zu werden.

Ewald ist entkommen. Hat sich den Weg freigeballert. Manchmal hört man in den Nachrichten von ihm.

Mich haben sie wegen Autodiebstahls und versuchten Einbruchs eingebuchtet. Ich schreibe jetzt an meinen Memoiren – ein großer Verlag hat schon Interesse bekundet.

Und wenn ich hier rauskomme?

Keine Ahnung.

Die Luft ist prima. Das Meer auch. Ich kann die Möwen schreien hören. Vielleicht versuche ich mich mal als Krabbenfischer.

Backfischbrötchen mit Remoulade

Natürlich kann man ein Backfischbrötchen zubereiten, indem man tiefgefrorene Fischburger brät und mit gekaufter Remoulade zwischen zwei Brötchenhälften packt. Viel besser schmeckt es aber frisch und selbst gemacht:

Zutaten (für 4 Brötchen):
400 g Rotbarsch- oder Seelachsfilet
1 große Zwiebel
4 Brötchen
1 Zitrone
1 Ei
Mehl
Paniermehl
4 schöne Blätter Lollo bionda
Butterschmalz zum Braten
Pfeffer, Salz

Für die Remoulade:
150 g Crème fraîche
100 g saure Sahne
2 TL mittelscharfer Senf
2 TL Kapern
1 Essiggurke
1 Ei (hart gekocht)
2 EL Schnittlauchröllchen
Dill
Pfeffer, Salz

Zubereitung:
Für die Remoulade Crème fraîche, saure Sahne und Senf miteinander verrühren. Die sehr fein gehackten Kapern, die klein geschnittene Essiggurke und das fein gehackte, hart gekochte Ei zugeben. Mit Pfeffer und Salz abschme-

cken. Zum Schluss Schnittlauchröllchen und Dill unter-
heben.
Die Remoulade kühl stellen.

Die Zwiebel in Ringe schneiden und diese in Butter-
schmalz rösten, bis sie eine leicht bräunliche Farbe anneh-
men.
Das Ei verquirlen.
Rotbarsch- oder Seelachsfilet mit Wasser abspülen, mit
Pfeffer, Salz und ein paar Spritzern Zitronensaft würzen.
Die Filets zuerst in Mehl, danach in dem verquirlten Ei
und zum Schluss im Paniermehl wenden, bis sie einen
gleichmäßigen Teigmantel haben. Das Butterschmalz in
einer ausreichend großen Pfanne erhitzen und die Filets
bei mittlerer Temperatur acht bis zehn Minuten ausba-
cken, bis sie schön goldbraun sind.
In der Zwischenzeit die Brötchen aufschneiden, die Hälf-
ten mit Remoulade bestreichen. Das Salatblatt auf der
unteren Brötchenhälfte anrichten, das Fischfilet darüber,
mit ein paar Zwiebelringen garnieren und alles mit der
oberen Brötchenhälfte verschließen.

Loriot war niemals auf Juist

JUIST

Ich wollte doch nur ein weiches Ei!
Ich bringe sie um. Eines Tages bringe ich sie um!

Lindemann erinnerte sich an die wundervollen Jahre ihrer Liebe. Wild und leidenschaftlich waren sie, voller Humor und Erotik. Nie hatte er gedacht, dass er dieses Zitat von Loriot einmal wahr machen würde.

Beide liebten den Komiker und seine Filme und Sketche über alles. Oft hatten sie sich einen Spaß daraus gemacht, in Zitaten von ihm zu sprechen, wenn es die Situation ergab. So auch während einer Fortbildungsveranstaltung für Schulleiter der gymnasialen Oberstufe auf der Nordseeinsel Juist, vor vielen Jahren, als sie sich kennenlernten.

Sie hatten abends noch gemeinsam mit anderen Kollegen auf dem Zimmer gearbeitet und für den kommenden Tag Vorbereitungen für einen Workshop getroffen.

Dann waren sie alleine gewesen.

Lindemann schaute ihr tief in die Augen.

Lange.

Sehr lange.

Zu lange, um von ihr nicht eindeutig entschlüsselt zu werden. Er griff ihr in den Nacken und küsste sie leidenschaftlich.

»*Unser Arbeitsplan erfährt eine kleine Änderung*«, flüsterte er ihr ins Ohr. In einem Anflug von Übermut riss er ihr die Bluse vom Leib, dass die Knöpfe auf die Erde spritzten, biss ihr wie ein professioneller Vampir in den Hals und ertastete ungestüm ihre erregten Brüste. Sie genoss es. Ihr Atem ging stoßweise. Der Rest war eine unkontrollierte Orgie lang entbehrter Lust und Leidenschaft.

Als Lindemann am nächsten Morgen zum Frühstück erschien, war er äußerlich um Jahre gealtert, innerlich aber der glücklichste Mann auf Juist.

»Na, wie fühlt sich denn mein kleiner Lottemann?«, fragte sie kokett und zweideutig über den reichlich gedeckten Tisch. Dabei legte sie lächelnd ihre Hand auf seine. Die Gespräche im Frühstücksraum waren deutlich weniger geworden.

Lindemann lächelte verschmitzt. »*Lindemann, ich heiße Lindemann*«, antwortete er in Anlehnung an Loriot. Von diesem Zeitpunkt an hatten sich ihre Liebe und ihre gemeinsame Freude an Loriots Humor entwickelt.

Das war vor ungefähr zehn Jahren gewesen.

An diesem regnerischen Wochenende hatten sich beide im noblen Hotel *Achtern Diek* ein Zimmer genommen, in der Nähe des Tagungshotels, in dem sie sich zum ersten Mal begegnet waren. Er wollte sich mit ihr aussprechen, denn inzwischen war so viel passiert. Und Lindemann hasste sie dafür. Es hatte lange gedauert, bis sie einwilligte, noch einmal nach Juist zu reisen.

»Ich mag nicht mehr an die Domäne Loog denken, nicht an den Hammersee und nicht an die Goldfischteiche. Das alles gehört der Vergangenheit an, verstehst du?«

Ein bisschen Hoffnung aber hatte er doch noch, dass sie sich nicht von ihm trennen würde und ein gemeinsamer Neuanfang möglich war. Alles sollte so werden wie früher.

Am Abend saßen sie in dem kleinen italienischen Lokal, in dem sie auch zum ersten Mal zusammen zu Abend gegessen hatten. Selbst der Tisch befand sich noch an demselben Platz. Doch die Zeichen standen nicht auf Versöhnung.

Unter diesem Tisch hatte er damals sanft ihren Oberschenkel gestreichelt, während sie beide die Speisekarte studierten.

Lindemann hatte mehrfach versucht, Blickkontakt mit dem jungen Ober aufzunehmen. Doch der schien sie zu ignorieren.

»Herr Ober, können wir Ihnen vielleicht etwas bringen?«, rief er schließlich sichtlich ungehalten, während sie die Stirn verzog, aber dabei lächelte und leicht den Kopf schüttelte, ohne ein Wort zu sagen. Seine Hand schob sie sanft zur Seite.

Lindemann lächelte zurück. Der reserviert wirkende Ober nahm endlich die Bestellung auf. Sie entschieden sich natürlich für Fisch, italienisch zubereitet.

»Es war sehr schön mit dir gestern Abend. Ich habe es genossen, mit dir, ich meine ...«

Er legte den Zeigefinger auf den Mund.

»Psst, sag jetzt nichts ...«

Es war zwar keine Nudel, die an seiner Oberlippe hing, aber ein Stück Salatblatt von der Vorspeise.

»... ich meine, wir sollten ... nein, ... wir müssen, ... ich möchte länger mit dir zusammen sein«, stotterte Lindemann.

»Du hast da ...« Sie hatte auf ihre Oberlippe gezeigt, aber Lindemann war dafür nicht aufnahmefähig gewesen. Gedankenverloren wischte er sich mit dem Handrücken über die Wange. Jetzt hing das Salatblatt an seiner Nase.

Ich bringe sie um. Eines Tages bringe ich sie um!

Wieder musste Lindemann an diesen Satz denken. Jetzt, wo sie ihm gegenübersaß und ihn die Erinnerungen einholten. Dieser Gedanke manifestierte sich irgendwie in seinem Kopf.

Immer tiefer.

Immer intensiver.

Das Wetter zeigte sich von der stürmischen Seite, als sie das italienische Lokal verließen. Anders als damals auf der Fortbildung, als sie ebenfalls durch den Ort gebummelt waren, sich eng umschlungen angelächelt und alle zwei Minuten angehalten hatten, um sich zu küssen.

Lindemanns Hände lagen nun in den Taschen, der Mantelkragen war aufgestellt, um so dem Wind zu trotzen. Keine Berührung, kein Blickkontakt, kein Wort. Es war alles gesagt.

Er hatte während des Essens versucht, das Gespräch auf den Kollegen zu bringen, mit dem sie seit ein paar Wochen ein Verhältnis hatte, was sie unverblümt zugegeben hatte. Es seien verlorene Jahre mit ihm gewesen und sie wolle jetzt einen anderen Weg einschlagen, um nicht verrückt zu werden. Was am Anfang so schön gewesen sei, habe sich als ein Gefängnis entpuppt, in dem sie nicht mehr einsitzen wolle.

»Übrigens, Loriot war niemals auf Juist!«

Lindemann sagte nichts dazu. Konnte aber die aufkeimende Wut kaum mehr unterdrücken.

Am Ende der Straße bogen sie nach links in einen Trampelpfad ab, der durch ein kleines Dünental zurück zum Hotel führte. Es roch nach Heckenrosen und von der See her fischig. Inzwischen war es dunkel geworden und man konnte den Weg nur erahnen. Eine ferne Laterne spendete diffuses Licht. Kein Mensch war weit und breit zu sehen, denn jetzt in der Nachsaison waren nur wenige Gäste auf der Insel.

»Und dich habe ich einmal geliebt«, schrie sie ihn kreischend an. »Glaube nicht, dass ich mit dir aufs Zimmer gehe. Ich kann dich nicht mehr riechen, hörst du, du bist mir unerträglich geworden.«

»Wo willst du denn bleiben?«, lachte Lindemann ihr höhnisch ins Gesicht. »Dein sauberer neuer Kollege ist ja nicht da.« Dabei packte er sie an den Schultern und drückte sie wütend gegen den Stamm einer kleinen Kiefer.

Ich bringe sie um. Eines Tages bringe ich sie um!

Ihr Atem ging stoßweise, genau wie damals, als er sie zum ersten Mal geküsst und anschließend eine wundervolle Liebesnacht mit ihr gehabt hatte. In ihrer unsäglichen Wut war sie immer noch eine reizvolle Frau. Lindemann spürte, dass er erregt war. Das verwirrte ihn zunehmend.

Was passierte hier?

Machtspiel oder verletzte Eitelkeit?

Es war ihm egal.

»Lass mich los«, schrie sie außer sich. Lindemann presste sie umso stärker gegen den Baumstamm und drückte seinen Unterleib an sie.

Sie zitterte, befreite eine Hand aus seiner Umklammerung und zerkratzte ihm mit ihren langen Fingernägeln die rechte Wange.

Lindemann schlug mit der Faust zurück. Ihre Nase blutete heftig. Blind vor Schmerz und Zorn legte er seine Hände um ihren Hals. Er drückte zu. Erst langsam, dann stärker, immer stärker. Sie strampelte wie ein Käfer, der auf dem Rücken lag, trat um sich und versuchte, um Hilfe zu schreien, aber dazu war es jetzt zu spät. Kein Laut kam mehr aus ihrer Kehle.

Ich bringe sie um. Heute bringe ich sie um.

Der Schlag traf Lindemann unvermittelt am Hinterkopf. Er stürzte nach vorn, schlug dabei heftig gegen einen steinernen Wegweiser und blieb regungslos liegen.

Die Zeit schien stillzustehen. Nur der pfeifende Wind war jetzt zu hören. Auf dem Pfad, der durch die Dünen führte, stand ein Mann.

»Du hier?«, krächzte sie völlig überrascht.

Lasagne von Meeresfrüchten in Kerbelcrème

Zutaten Teig:
150 g Mehl
1 Ei
1 Eigelb
1 EL Olivenöl
1 EL Tomatenmark
Salz

Zutaten Belag:
150 g Scampi
250 g Lachs
250 g Seeteufel
250 g Steinbutt
1/2 EL Zitronensaft
etwas Kerbel, grob gehackt
1 kg Blattspinat
100 g Schalotten
1 EL Butter
Salz, Pfeffer, Muskat

Zutaten Fond:
Fischgräten, Scampischalen
1/8 l Weißwein, trocken
1 Bund Dill
1/2 TL Salz
1/2 l Wasser

Zutaten Mehlschwitze:
60 g Butter
60 g Mehl
1/2 l Fischfond
1/4 l Sahne
100 g Gruyère, fein gerieben

1 Bund Kerbelcreme, grob gehackt
Salz, Pfeffer, Zitronensaft

Zubereitung:
Zunächst wird der Nudelteig hergestellt. Alle Zutaten verkneten und etwa 15 Minuten bearbeiten, bis der Teig glatt und geschmeidig ist. Anschließend eine Kugel formen und zugedeckt 30 Minuten bei Zimmertemperatur ruhen lassen.

Den Fisch und die Scampi waschen, schälen und in mundgerechte Stücke schneiden. Die Zutaten für den Fond etwa 30 Minuten sieden lassen und anschließend durch ein Tuch sieben. In der Zwischenzeit den Blattspinat putzen, waschen und tropfnass im zugedeckten Topf bei mittlerer Hitze zusammenfallen lassen. Nach Geschmack würzen. Aus den o.g. Zutaten eine Mehlschwitze herstellen, fünf Minuten sanft köcheln lassen und mit den Gewürzen abschmecken.

Aus dem Nudelteig Lasagneblätter herstellen und zwei bis drei Minuten in siedendem Wasser vorkochen, abschrecken und auf ein feuchtes Küchentuch legen.

Anschließend eine Auflaufform mit einem Esslöffel Butter ausfetten, jeweils die Hälfte von Nudeln, Spinat, Fisch, Sauce und Käse einschichten, dann die zweite Hälfte in der gleichen Reihenfolge.

Bei 175 Grad etwa 45 Minuten garen und anschließend noch einmal 15 Minuten bei ausgeschaltetem Backofen.

Abführmittel

GREETSIEL

Bei unserer friesischen Verwandtschaft waren Rosinen eine Kostbarkeit, die nur den Großen zustand. Onkel Garlef behauptete, sie seien nichts für Kinder, weil sie blähten. Er selbst hatte einen mächtig aufgedunsenen Bauch und nahm zu jeder Tageszeit ein Glas mit Rosinen zu sich.

Tante Fenna legte sie in einer Flüssigkeit ein, die scharf und süß zugleich roch. Anfangs lagen sie schrumpelig und klein am Boden der Flasche, dann quollen sie, trieben auf und schwebten als braune Masse zur Oberfläche. Manchmal tauchte Onkel Garlef seine dicken Finger, die an der Kuppe tabakgelb und am Nagel mit einem schwarzen Rand versehen waren, ins Glas, fischte eine Rosine aus der bräunlichen Suppe und hielt sie uns hin. Sie sah aus wie ein weicher Kaninchenköttel. Ich habe nur einmal kurz geschnuppert. Onkel Garlef lachte und meinte, das sei eben etwas für Männer. Was nicht stimmte, denn Tante Fenna nahm hin und wieder auch ein Gläschen davon. Sie nippte, kicherte dann und machte viel Getue.

Jens, der zeigen musste, wie groß er schon war, kostete und ließ sich nichts anmerken. Zumindest versuchte er es. Aber ich konnte genau sehen, wie sich die Härchen in seinem Nacken aufrichteten. Onkel Garlef klopfte ihm mit der Linken auf die Schulter und nannte ihn einen echten Witing – im Gegensatz zu Onkel Uwe, der doch sein Sohn war. Sein einziger.

Vor Onkel Garlefs linker Hand ekelte ich mich noch mehr als vor der rechten, weil da nur drei Stummel, ein kleiner Finger und der Daumen waren. Eine Kriegsverletzung, hatte der Onkel mir bei unserem Antrittsbesuch vor einem Jahr erklärt.

Bei unserer Ankunft in Greetsiel kehrten wir stets zuerst bei Onkel Garlef ein, der in Wirklichkeit mein Großonkel war, und machten *Teetied*. Dazu servierte Tante Fenna Ostfriesentee mit *Kluntjes* und 'n *Wulkje Rohm*, wie sie es nannte, ein Wölkchen Sahne, und Onkel Garlef schlürfte ein Glas *Sinbohntjesopp*, wie der Rosenlikör hieß, den er ständig trank.

Ich war acht und hatte mich zum ersten Mal getraut, nach seiner Hand zu fragen. Immer hatte man uns eingeschärft, nicht hinzustarren, wenn wir jemandem begegneten, dem Gliedmaßen fehlten. Es gab damals viele solcher Menschen, und es gehörte sich nicht zu gucken und schon gar nicht zu fragen.

»Rückreiseschein« nannte unser Vater auf der Weiterfahrt zur Unterkunft am Greetsieler Hafen die Stummelhand im Gespräch mit Mama.

»Wieso Rückreiseschein?«, fragte Jens neben mir auf der Rückbank. Er tat im Auto gerne, als ob er schliefe, weil es dann interessantere Dinge zu hören gab.

Papas Blick traf meinen im Rückspiegel. Er runzelte die Stirn, gab aber Auskunft. »Er wollte weg. Da hat er sich in die Hand geschossen und wurde nach Hause geschickt.

»Hä?«

»Aus Versehen natürlich. Beim Säubern der Pistole.«

»Aus Versehen oder extra?«

Obwohl Papa mit dem Rücken zu uns saß, konnte man hören, wie er die Augen verdrehte. »Er hat getan, als wäre es ein Versehen. Sie hätten ihn doch sofort aufgehängt, wenn er es extra gemacht hätte. Was meinst du, was die Soldaten sich für Tricks haben einfallen lassen, dass sie von der Front wegkamen? Er hatte einfach Schwein.«

»Irre!«, sagte Jens.

»Jens!« Das war Mutter.

»Schwein?« Ich schauderte. Wie mochte es sich anfühlen, wenn man eine geladene Pistole in der Hand hielt? Wie hatte Onkel Garlef das angestellt? Sich das Ding in den Schoß gelegt? Die Finger der linken Hand in den Lauf gesteckt? Mit einem Putzlappen? Dann den Daumen der Rechten über den Hahn gezogen, gerade fest genug, dass er zurückschnappte – peng! Ich hielt mir die Ohren zu. Wieder und wieder schüttelte es mich.

»Eigentlich ganz schön mutig«, meinte Jens. Und nach einer Pause: »Aber auch feige, findest du nicht, Papa?«

»Ich wünschte, mein Vater wäre desertiert«, sagte Papa.

»Im Krieg gibt es kein mutig oder feige.« Mama legte ihm die Hand auf den Unterarm. Er schüttelte sie ab und fummelte an der Sonnenblende.

»Mama, wie alt ist Tante Fenna eigentlich?«, fragte ich.

»Tante Fenna? – Anders, wie alt ist Tante Fenna?«

Papa klappte die Blende wieder hoch. »Uff! – Uwe ist zwei Jahre nach dem Krieg geboren, da war ich gerade 17 und Fenna vier Jahre älter. Sie müsste jetzt knapp über 40 sein. Onkel Garlefs erste Frau war kurz nach seiner Einberufung gestorben. Blinddarm. Bei der zweiten Hochzeit wird er schon auf die 50 zugegangen sein.«

»Und warum hat sie so einen verkrüppelten alten Knacker geheiratet?«

Mama war durch die Autositzlehne in ihrer Bewegungsfreiheit eingeschränkt, daher streifte ihre Ohrfeige Jens' Kopf nur.

»Dein Onkel«, grollte sie.

»Männer waren Mangelware nach dem Krieg«, sagte Papa. »Was meinst du, wie mir als Student die Mädels nachgelaufen sind!« Er kniff Mama in die Wange. »Vergebens!«

Mama drehte sich um und zwinkerte mir zu. »Unter uns Pastorentöchtern: Dein Vater war der größte Schürzenjäger von Göttingen!«

Während ich noch darüber nachdachte, was sie damit meinte, rief Vater: »Da ist die alte Pastorei ja! Dann packt mal aus, ihr Pastorentöchter! Wir Männer machen uns derweil auf die Schürzenjagd! Vielleicht finden wir dabei ja auch Fahrräder zum Leihen, was, Jens?«

Die alte Pastorei gehörte zum *Hohen Haus*, wo wir jedes Jahr die Ferien verbrachten. Unter dem Giebel des großen Hauses standen die Ziffern 1696, so alt war das Gebäude nämlich schon. Papa hatte uns erzählt, es sei das ehemalige Rentmeisterhaus gewesen.

»Die hatten Rentiere?« Jens war begeistert. Papa erklärte, es sei eine Art Finanzamt gewesen, und Jens' Interesse erlosch schlagartig. Ich wette, er hatte keine Ahnung, was ein Finanzamt war, aber es klang nach Büro und Dingen, die uns nichts angingen und so langweilig waren, dass kein Kind es wirklich wissen wollte.

Auch wenn wir, so weit ich zurückdenken konnte, in den Sommerferien nach Greetsiel fuhren, wo Papa herkam, wohnten wir nie bei unseren Verwandten. Dennoch hieß es immer: »Wir besuchen die Familie.« Nie sagten sie: »Wir fahren in Urlaub.« Als Kind denkt man nicht darüber nach, erst im Rückblick versteht man manches anders.

Mein Vater hatte, nachdem er in den letzten Kriegstagen nach Emden zur Flak, dann zum Studium nach Göttingen gekommen war, nie wieder nach Greetsiel zurückgewollt. Sein Vater war an der Front geblieben, die Mutter bei einem Bombenangriff umgekommen. Geschwister hatte er nicht. Die Verwandtschaft war weitläufig und das Einzige, was ihm geblieben war. Auf der Seite meiner Mutter gab es zwei Schwestern, die unerreichbar in der Ostzone, wie es damals hieß, wohnten. Das, was in der Generation unserer Eltern an Familie überlebt hatte, war eine Gemeinschaft, die nicht hinterfragt wurde. Man war froh, dass da noch jemand war, der zu einem gehörte, der einem Halt gab. Heute bin ich mir sicher, dass Papa Onkel Garlef schon damals nicht leiden mochte. Aber es war ein ungeschriebenes Gesetz, dass wir jedes Jahr in den Sommerferien nach Greetsiel fuhren und den Onkel besuchten.

Für uns war es eine schöne Zeit. Wir genossen die Freiheit, die Sonne, das Meer, und es gab eine Menge Kinder, von denen ich heute kaum noch sagen könnte, wer zu den Verwandten und wer zur Nachbarschaft gehörte. In Ostfriesland waren anscheinend alle Menschen weitläufig miteinander verwandt und daher auch mit uns. Zumal damals alle Erwachsenen Onkel und Tante genannt wurden. Wer sollte das schon auseinanderhalten?

Heute würde ich vermutlich niemanden mehr erkennen. Das lag an Maria. Oder Barbara. Oder eigentlich lag es nur an Onkel Garlef.

Und an der *Sinbohntjesopp*.

Wenn in Ostfriesland ein Kind geboren ist, kommt die ganze Verwandtschaft zusammen und stößt mit Ostfriesischer *Bohntjesopp* darauf an. Das sind in *Ostfreeske Branntwien* eingelegte Rosinen. Zu diesem Anlass spricht man auch von *Kinnertön*, weil die Rosinen an kleine Kinderzehen erinnern.

Damals wusste ich das alles natürlich nicht. Ich wusste nur: Onkel Garlefs Sohn Uwe, der vor kurzem erst geheiratet hatte, war Vater geworden, und die ganze Familie kam am Wochenende zum Feiern nach Greetsiel. Ich war vollkommen aus dem Häuschen, weil es sich um das erste Baby in der Verwandtschaft handelte. Und ich würde es ganz bald im Arm halten dürfen! Das hatte Mama mir fest versprochen. Sie würde Tante Barbara – so hieß die junge Mutter, die wir auch zum ersten Mal sehen würden, – erklären, dass ich schon ein großes Mädchen sei, neun Jahre, und die kleine Maria gewiss nicht fallen lassen würde.

Im Nachhinein bin ich mir sicher, dass meine Eltern ahnten, dass es Probleme geben würde. Die Namen sprachen für sich. In Greetsiel hieß man nicht Barbara oder Maria. Im Ruhrgebiet, wo wir lebten, war das völlig normal. Ich hatte allein zwei Marias und eine Barbara in meiner Klasse. Aber friesische Namen klingen anders.

Wir kamen mit einer halben Stunde Verspätung an, weil wir unterwegs im Stau gestanden hatten. Es war ein sonniger Maitag. Alle Witings und Pannebackers – Fennas Verwandte – waren im Packhaus zusammengekommen, einem ehemaligen Kornspeicher, in dem die Familie Schoof, die auch die *Rote Mühle* betrieb, ein Café eingerichtet hatte. In unmittelbarer Nähe der Galerieholländer-Mühle stand ihr Zwilling, die Grüne oder nach ihrem Erbauer benannte *Bussensche* Mühle, die damals nur zum Eigenbedarf genutzt wurde. Eine wunderbare Kulisse für den freudigen Anlass. Festlich eingedeckte Tische, auf jedem eine hohe bauchige Glaskaraffe mit gläsernem Schöpflöffel, mit dem man sich *Kinnertön* einschenken konnte. Daneben gab es natürlich Tee, Kaffee und für uns Kinder Limo und Apfelsaft. Und Berge von Kuchen.

Und das Wichtigste: Maria! Ein winziges Menschlein mit großen dunklen Kulleraugen, schwarzem Flaum am Kopf, das strahlte, strampelte und mir zwei Ärmchen entgegenstreckte, als ich mich über den Kinderwagen beugte. Die junge Frau, die gleich danebenstand, war kaum größer als ich und schön wie eine Prinzessin aus Tausendundeine Nacht. Sie hatte schwarze lockige Haare, die offen bis zur Hüfte über ihren Rücken wallten, ihre Augen waren von so einem Dunkelbraun, dass die Pupille darin fast nicht mehr zu erkennen war, und ihr Strahlen ähnelte dem des Säuglings.

»Du musst sein Tochter von Anders. Elke?«, sagte sie mit zischelndem s und rollendem r, und als ich nickte, öffnete sie die Arme, umschlang und küsste mich, als sei ich ihre lange vermisste beste Freundin und keine Wildfremde, die ich doch vor einer Sekunde noch für sie gewesen war. Sie hob das Kleine aus der Wiege und legte es mir in die Arme. »Maria«, sagte sie. Dann zu dem Baby gewandt: »Cousine. Elke.«

Mein Vetter Uwe kam dazu, überschwänglich, wie ich ihn zuvor nie erlebt hatte, umarmte und küsste erst mich mit dem Baby, dann meine Eltern und Jens, die mir gefolgt waren. Schließlich legte er den Arm um Barbaras Schultern und rief einige Menschen herbei, die ebenso dunkel und schwarzhaarig wie seine Frau waren, und stellte sie mir als ihre Eltern, Geschwister, Tanten, Onkel, Vettern und Cousinen vor. Viele hatten Namen, die ich noch nie gehört hatte und mir nicht merken konnte, sprachen gebrochen deutsch, aber sprudelten schier über in einer Sprache, die meine Mutter Portugiesisch nannte. Erst nachdem ich gefühlte hundertmal gedrückt und geküsst worden und das Baby von Arm zu Arm gewandert war, kam ich dazu, die Greetsieler Verwandten zu begrüßen. Sie saßen an den Tischen, uns zugewandt, lächelnd, und so schritten wir die Reihen ab, schüttelten Hände und ließen unsere Köpfe tätscheln. Einige von den Kindern waren uns gleich entgegengelaufen, aber für Erwachsene gehörte sich das nicht. So hatte ich es immer kennengelernt.

Am Kopf des größten Tischs saß Onkel Garlef. War er verärgert über unsere Verspätung? Er stierte geistesabwesend vor sich hin und lächelte kein bisschen. Als ich ihm die Hand entgegenstreckte, reagierte er nicht, sondern fixierte mich, als hätte er Mühe, mich einzuordnen.

Tante Fenna, die neben ihm saß, rüttelte an seiner Schulter und sagte eine Spur zu aufgekratzt: »Wie *schön*, dass ihr kommt! Guck, Garlef, da ist *Elke*!«, woraufhin ihr Mann schließlich lallte: »Halllo Ellllke!«

Er hob ein halb geleertes Glas *Sinbohntjesopp*, legte den Kopf zurück und stürzte den Inhalt mit großen Schlucken herunter. Zweimal tanzte sein Adamsapfel auf und nieder, dann rutschten die eingelegten Rosinen hinterher, verschwanden in seinem Mund, der sich hinter ihnen schloss. Er glotzte mich an, die Kiefer mahlten, rechts und links liefen kleine Likörfäden aus seinen Mundwinkeln.

Mein Vater schob mich beiseite. »Geht mit den anderen Kindern spielen, Elke, Jens!«

Wir gehorchten. Aber mein Blick blieb an dem Großonkel hängen, der nun von Tante Fenna und meinem Vater eingerahmt wurde. Beide redeten auf ihn ein. Er reagierte nicht. Hob nur wieder das Glas, leerte es und schenkte sich nach. Als ich mich umguckte, stellte ich fest, dass ich nicht die Einzige war, die ihn beobachtete.

Nur Barbaras Verwandte blieben auf das junge Paar und den Säugling konzentriert, lachten, unterhielten sich und schienen taub für das, was an den anderen Tischen getuschelt wurde. Weil sie es nicht verstanden? Nicht verstehen wollten, was sich am anderen Ende des Raums zusammenbraute?

Onkel Garlefs Zunge löste sich. Es sah aus, als brabbelte er zunächst nur vor sich hin, dann wurde er lauter. Verstehen konnte ich nichts, und das lag nicht nur daran, dass er lallte, sondern dass ich zu weit entfernt war und überall geredet wurde. Als Onkel Garlef anfing zu singen, verstummten die Gespräche. Einige Männer standen auf und gingen auf seinen Tisch zu. Frauen kamen hinterher und versuchten, die Kinder festzuhalten. Ich drängelte mich durch. Es wirkte, als wollte die Familie einen Ring um Onkel Garlef bilden. Wovor wollten sie ihn schützen?

Ich sah mich um. Uwe und seine neue Familie standen immer noch im Pulk um den Kinderwagen, während einige portugiesische und ostfriesische Kinder nach wie vor herumflitzten, sich neckten und Fangen spielten. Nun wandten auch Barbaras Verwandte ihre Blicke in die Richtung, aus der der Gesang kam. Einige lächelten und wiegten die Köpfe zu der Melodie. Weil sie die Sprache nicht kannten?

Uwes Augen waren weit aufgerissen. Er schien zur Salzsäule erstarrt. Die Portugiesen wurden ernst, man tuschelte. Mir kam der Gedanke, dass die Greetsieler vielleicht sie hatten schützen wollen.

Ich hörte nun deutlich, was Onkel Garlef sang. Es war das Borkumlied. Jahre später erst haben meine Eltern mir erklärt, was es bedeutete. Damals verstand ich nur die Worte:

An Borkums Strand nur Deutschtum gilt, nur deutsch ist das Panier.
Wir halten rein den Ehrenschild Germania für und für!
Doch wer dir naht mit platten Füßen, mit Nasen krumm und Haaren kraus,
der soll nicht deinen Strand genießen, der muss hinaus, der muss hinaus!

Zu Beginn des 20. Jahrhunderts war Borkum eine Hochburg der Antisemiten gewesen, deren Bestreben es war, Badegästen einen »judenfreien Aufenthalt« zu ermöglichen. Zumindest bei Onkel Garlef war der Gedanke offensichtlich auf fruchtbaren Boden gefallen, hatte Kriegs- und Nachkriegszeit überlebt, um nun seine hässliche Fratze zu heben. Auch wenn es hier nicht um »krummnasige Juden«, sondern um dunkelhaarige Portugiesen ging.

Als Neunjährige verstand ich immerhin die Botschaft: Onkel Garlef mochte seine neue Familie nicht. Die ausländische Mutter seiner Enkelin. Deren Vater seit zwei Jahren als Gastarbeiter in Emden VW-Käfer produzierte. Er hätte sie am liebsten rausgeschmissen.

Die Frau seines einzigen Sohnes, die im ersten Moment unserer Begegnung mein Herz gewonnen hatte. Die er hasste, weil sie fremd war. Wofür sonst standen die platten Füße, die krummen Nasen und die krausen Haare? Aber: Wie konnte er Barbara nur hässlich finden? Und Maria?

Uwe war aus seiner Erstarrung erwacht. Er drängte durch die Menge. »Du Sau!«, schrie er. »Du blödes, unverbesserliches Nazi-Schwein!«

Onkel Garlef musste sturzbetrunken sein, reagierte aber blitzschnell. Noch ehe Uwe ihn erreichte, hatte er einen Gegenstand aus seiner Jackentasche gerissen, den er seinem Sohn entgegenstreckte. Frauen kreischten, Männer schrien, ich glaubte meinen Augen nicht zu trauen. Jens, von dem ich bisher gar nicht wahrgenommen hatte, dass er neben mir stand, rief: »Eine Walther!«

Vielleicht lag es daran, dass die Situation so bizarr war, dass mein Gehirn die Eindrücke nicht mehr verarbeiten konnte. Ich weiß noch genau, dass ich in dem Moment darüber nachdachte, was Jens meinte. Ich kannte keinen Walther unter den Anwesenden. Und wieso sprach er von Walther, als sei er eine Frau?

Einer der älteren Männer, die in unmittelbarer Nähe meines Großonkels saßen, erhob sich. »Garlef!«, rief er. »Denk an den erschossenen Jungen! Genau hier! An der roten Mühle! Noch einmal kommst du nicht davon!«

Welcher Junge? Einen Moment lang schienen alle die Luft anzuhalten.

»Abschaum!«, kreischte Onkel Garlef. Tatsächlich bildeten sich kleine Speichelbläschen um seinen Mund. »Er hat es nicht anders verdient!«

Wer? Uwe?

Ein Getümmel entstand. Jemand schrie: »Polizei! Polizei!« Menschen duckten sich, rissen Kinder zu Boden, dann sah ich meinen Vater und Uwe mit Onkel Garlef ringen. Meine Mutter, die sich in seine Rechte verbiss. Tante Fenna, die an der Pistole zerrte. Onkel Garlef stöhnte.

Die Gruppe wogte hin und her. Als ich Jahre später Michelangelos Laokoon sah, hatte ich das Bild schlagartig wieder vor Augen.

Dann ging alles sehr schnell. Etwas Metallisches plumpste, schepperte, die Frauen duckten sich auf den Boden, Onkel Garlefs Kopf kippte gegen die *Kinnertön*-Karaffe, Papa und Uwe verdrehten ihm die Arme hinter dem Rücken, *Sinbohntjesopp* pladderte auf das Linoleum.

Vor dem Haus ertönte eine Polizeisirene.

Als die Schutzmänner den Raum betraten, schrie Uwe. »Abführen!«

Tante Fenna schluchzte. Die Polizisten schoben sich durch die Menge, der eine löste ein Paar Handschellen von seinem Gürtel. Onkel Garlef wehrte sich nicht. Im Gegenteil. Die Männer mussten ihn mit vereinten Kräften aufrichten. So stand er vor der versammelten Familie, glasiger Blick und vollkommen derangiert. Kragen und Knöpfe waren abgerissen, Gesicht und Hemd bräunlich verschmiert, Rosinen klebten ihm in den Haaren. Dann sackte er zusammen. Als die Notarztsirene aufheulte, war er bereits tot.

Wir fuhren nicht zur Beerdigung.

Uwe und Barbara zogen im gleichen Jahr noch nach Duisburg. Tante Fenna fand ganz in der Nähe eine kleine Wohnung, später einen Platz in einem Seniorenheim, wo wir sie regelmäßig besuchten, bis sie kürzlich mit 87 Jahren friedlich einschlief. Sohn und Schwiegertochter bescherten ihr fünf Enkel: Maria, Luisa, Ramon, Mateo und Fenna.

Die Gerichtsakte aus dem Jahr 1920, die sie ihrem Sohn hinterließ, hat Uwe meinem Vater weitergegeben. Er wollte nichts mehr mit Onkel Garlef zu tun haben.

Ich habe die Unterlagen studiert. Es belastet mich. Aber ich denke auch mit Bedauern an den Teil meiner Kindheit, die bis zu jenem Mai 1967 eine glückliche war. Ich werde dorthin zurückkehren. Vielleicht wenn die grüne Mühle wieder hergerichtet ist? Nach einem Sturm am 28. Oktober 2013 war sie schwer beschädigt worden.

Ich möchte die Stelle sehen, an der mein Großonkel 1920 im Dunkel der Nacht einen 16-jährigen Juden hingerichtet hatte. Als Mitglied der »Greetsieler Einwohnerwehr« war er mit einer Walther Modell 7 auf Patrouille gewesen, als der Junge sich dort herumtrieb. Es hatte Unruhen gegeben. Arbeiter aus Emden machten seit April 1919 »Speckumzüge«, zogen in die umliegenden Dörfer, um Nahrungsmittel zu stehlen. Jeder Fremde war verdächtig.

Den genauen Tathergang hatte das Gericht nicht rekonstruieren können. Tatsache war, dass die Mühle lichterloh brannte. Die Leiche lag vor dem Gebäude, halb verkohlt. Mehrere Schüsse steckten in der Mauer und im Kopf des Jungen.

Er habe den Juden beobachtet, der an der Mühle mit Benzin gezündelt habe, hatte Garlef ausgesagt. Er habe ihn angerufen, aber der andere habe nicht gehört, woraufhin er einige Warnschüsse abgegeben habe, von denen einer den Kerl getroffen haben müsse. Es sei schließlich Nacht gewesen, da habe er nicht genau zielen können. Das Feuer sei da nicht mehr zu stoppen gewesen.

Man hatte Garlef laufen lassen. Es passte ins Bild. Für viele war er ein Held. Auch wenn die abgebrannte Mühle als Kollateralschaden schmerzte.

Ja. Vielleicht hatte der Junge Übles im Schilde geführt. Alles sprach dafür, dass er Nahrung suchte und einbrechen wollte. Aber warum hätte er die Mühle abfackeln sollen? Viel wahrscheinlicher war doch, dass Garlef ihn an der Mauer gestellt und liquidiert hatte. Um die Tat zu vertuschen, wird er ihn mit Benzin übergossen und angesteckt haben. Anders lässt sich kaum erklären, dass die Leiche derart verkokelt war. Dass die Mühle niederbrannte, wird Garlef zumindest billigend in Kauf genommen haben.

Man könnte es eine Jugendsünde nennen. Verblendung. Wie viele Menschen sind später in der braunen Brühe mitgeschwommen? Dass Garlef bis zum Schluss nichts daraus gelernt hatte, kann ich ihm nicht verzeihen. Nein, ich will nicht vergessen. Aber ich möchte Frieden schließen mit der Vergangenheit.

In der neu eingerichteten Teestube im Erdgeschoss der grünen Mühle will ich eine *Teetied* mit *Kluntjes* und 'n *Wulkje Rohm* einnehmen und mich erinnern. An eine glückliche Kindheit im wunderschönen Greetsiel.

Sinbohntjesopp

Zutaten:
500 g Rosinen oder Sultaninen
250 g Zucker oder Kandis
2 l Ostfriesischer Branntwein

Zubereitung:
Rosinen mit lauwarmem Wasser waschen, abtropfen lassen und mit dem Branntwein in eine Terrine geben.
Zucker dazugeben, alternativ Kandis in sehr wenig Wasser auflösen und erkaltet beifügen, alles gut durchrühren und die Terrine mit dem Deckel schließen.
Wenn die Rosinen schön vollgesogen sind, kann die Sinbohntjesopp serviert werden: frühestens nach drei Tagen, besser nach einer Woche. Man serviert sie in Branntwienkopkes, Teetassen ohne Henkel, dazu legt man einen kleinen Teelöffel. Hat man keine Tassen, serviert man sie in Gläsern mit Löffeln. Gerne auch mit Sekt aufgefüllt.

Jennifer B. Wind

Dunkel war's und blutig schön

BORKUM

Borkum, 12. Juli 2015, 13.50 Uhr

Am Jakob-van-Dyken-Weg kam die Kleinbahn zum Stillstand. Das schmucke Wartehäuschen, das erst 2006 neu erbaut worden war, empfing die Reisenden, die allesamt lächelnd dem Zug entstiegen. Mats schulterte seinen Rucksack und hüpfte ebenfalls aus der Waggontür. Von hier waren es nur noch sechs Minuten Fußweg bis zu seinem Hotel. Die Anreise war sehr einfach und rascher als erwartet gewesen. Bis nach Emden war er umweltfreundlich mit der Bahn gefahren, danach hatte ein Katamaran auf ihn gewartet, den er vorsorglich reserviert hatte. Damit dauerte die Überfahrt nach Borkum nur 60 Minuten statt der üblichen zwei Stunden und 15 Minuten mit der Fähre. Mats mochte Fähren ohnehin nicht. Auf Booten hingegen fühlte er sich frei und mit dem Meer verbunden. Er freute sich, bald mit der *Beluga II* in See zu stechen. Zu diesem Zweck war er vor zwei Wochen nach Amsterdam gezogen, wo der Hauptsitz der Greenpeace-Marineflotte war. Mats arbeitete seit sechs Jahren für die Organisation. Als er merkte, was in seinem Heimatland bezüglich Tier- und Umweltschutz schieflief, wollte er etwas tun. Nicht umsonst hatte Sri Lanka die rote Karte von der EU erhalten. Außerdem war Mats gegen die Abholzung des Regenwaldes, von dem es auch in seinem Land immer weniger gab. Stattdessen wurden riesige Plantagen errichtet, um die wachsende Gier der westlichen Bevölkerung an Sojaprodukten zu stillen. Deshalb sah Mats den neuen Vegan-Trend kritisch, denn vegan hieß nicht automatisch, umweltschonend zu leben. Viele pflanzliche Erzeugnisse enthielten Palmöl, wofür nach wie vor Wälder abgeholzt wurden; gleichzeitig nahm die Sojakultur überhand, was dem Planeten ganz und gar nicht guttat. Mats war deswegen gemäßigter Vegetarier, er ernährte sich biologisch, aß keine Fertiggerichte und mied das gezüchtete Gemüse. Ihm war es egal, ob die Karotte in seiner Suppe krumm gewesen war, als sie aus der Erde kam, oder der Apfel braune Stellen auf der Schale aufwies. Der Wurm darin zeigte ihm nur, dass auf diesem Obststück keine Chemie zu erwarten war, und das war genau das, was er wollte. Dieses Jahr würde er zum ersten Mal mit der *Beluga II* mitfahren. Es war das neueste Schiff der Flotte. Dem Walfang musste endlich Einhalt geboten, die Ölbohrungen in der Arktis gestoppt werden.

Mats blickte an seinem von Vivienne Westwood designten T-Shirt hinunter. *Save the Arctic* prangte über der Weltkugel in Herzform, in der eine weiße Flagge steckte, auf seiner Brust. Und er stand mit Leib und Seele dafür ein, hatte schon mehr als 2.300 Unterschriften gesammelt. Auch wenn es noch ein weiter Weg war ... Mats seufzte.

Das Inselhotel *Vier Jahreszeiten* am Georg-Schütte-Platz 4, in dem er für eine Nacht online ein einfaches Standardeinzelzimmer gebucht hatte, gefiel ihm sofort. Die Dame an der Rezeption versuchte, mit ihm zu flirten, aber das war er gewohnt. Sein Aussehen war ungewöhnlich. Das lag daran, dass er ein Burgher war. Als Sri Lanka noch Ceylon hieß, war das Land eine niederländische Kolonie gewesen. Die Burgher waren die Nachkommen dieser Kolonialherren, die sich mit Einheimischen verehelicht und Familien gegründet hatten. Aktuell gab es ungefähr 37.000 Burgher auf Sri Lanka. Der Name kam aus dem Niederländischen und leitete sich von Vry Burger ab, was so viel wie freier Bürger bedeutete. 1948 gab es eine große Auswanderungswelle, doch Mats' Familie blieb in Colombo. Sie waren dort sehr angesehen, führten zwei Hotels und drei Restaurants. Vor vier Monaten war sein Vater an einem Herzinfarkt gestorben und hatte Mats unter anderem eine Kiste hinterlassen, in der er mehrere Tagebücher und Besitzurkunden gefunden hatte. Seine Familie hatte über mehrere Generationen hinweg eine Immobilie in Borkum besessen, die nun Mats gehörte. Deshalb wollte er sich dieses Haus ansehen. Er hatte nicht vor, lange auf Borkum zu verweilen. Er warf den Rucksack aufs Bett, benutzte die Toilette und wusch sich schnell Gesicht und Hände. Hungrig war er nicht, denn er hatte das Bordcatering genutzt. Auf dem Smartphone rief er den Straßenplan der Insel auf und verließ pfeifend das Hotel. Zuerst ging er über den Alten Postweg zur Sandstraße und guckte sich den Leuchtturm an. Daneben lag der Walfängerfriedhof, der 2010 neu angelegt und instandgesetzt worden war. Mats weigerte sich durchzugehen. Beim Gedanken an diese Zeit schüttelte es ihn. Er eilte in Richtung Küste, zog die Sneakers aus und lief am Ufer entlang. Das Wasser umspülte seine heißen Knöchel. Eine Wohltat. Er hätte ewig so weiter wandern können. Dann besann er sich, warum er hergekommen war. Schnurstracks ging er zum geerbten Haus. Das Navi leitete ihn. Bald hatte er die Straße gefunden, aber als er zur richtigen Hausnummer kam, glaubte er seinen Augen nicht zu trauen. Das Haus war weiß umzäunt, dicke unregelmäßige Latten. Bei näherer Betrachtung entpuppten die sich als Knochenstücke. Aufgrund der Größe konnte es sich nur um Walknochenteile handeln. Nachdem er beim Vorbeigehen gesehen hatte, dass das Eingangstor des Museums der Insel von zwei Walkiefern gerahmt wurde, dachte er sich bereits, welcher Teil für den Zaun genutzt worden war. Die feinen Härchen an seinen Unterarmen richteten sich auf. Wieso war das Haus damit eingezäunt? Seine Familie stammte doch von den niederländischen

Kolonialherren ab. Er kontrollierte noch einmal die Adresse. Sie stimmte. Er hüpfte über eine niedrige Stelle im Zaun und steckte den Schlüssel in das Loch an der Tür. Es klickte. Mit klopfendem Herzen drückte er die Klinke hinunter. Es war definitiv das richtige Haus. Drinnen empfingen ihn Staubmäuse, Spinnen und Käfer. Das Haus war angeblich bis vor drei Jahren vermietet worden. Erst seitdem die letzten Mieter ausgezogen waren, stand es leer. Alles war relativ modern eingerichtet. Neue Kunststofffenster und -türen, Ikeamöbel, neue Küche. Nur die massiven Schiffsböden dürften originalgetreu sein, und hier und da befand sich ein Möbelstück, das wohl als Antiquität durchging. Der Mix war interessant.

Mats sah sich um. Es war ein schönes altes Haus, das ihm gefiel. Wären da nicht diese Zäune. Er stieg die Treppe empor. Auch der erste Stock war sehr gemütlich. Drei Räume und ein Bad, sichtbar neu eingerichtet. Er drehte am Hahn, klares Wasser sprudelte heraus. An der Decke im Vorraum war eine Luke eingelassen und mehrfach übermalt, sodass man sie kaum wahrnahm. Mats sah sich um, fand aber nichts, um sie zu öffnen. Aus einem der Zimmer nahm er einen Stuhl und stellte ihn unter die Luke. Da Mats groß war, reichte das aus, um an die Öffnung zu kommen. Er rüttelte an der Falltür, doch sie bewegte sich nicht, klebte förmlich fest. Nach vier Versuchen hüpfte er vom Sessel und lief die Treppe hinunter in die Küche. Dort fand er Grillbesteck, damit hechtete er wieder die Stufen hinauf. Er bohrte den Grillspieß in eine Ecke, stieß das Messer hinterher und hebelte die Tür auf. Teile des Verputzes bröckelten von der Decke. Mats hustete und spuckte kleine Bröckchen des Mauerwerks aus. Dann ließ er die Tür vorsichtig herausfallen, eine Leiter war an der Innenseite befestigt. Mats fuhr sie aus und stieg auf den Dachboden. Zahlreiche Holzkisten standen neben einem Schrank, einem Regal voller Schraubgläser und Boxen, zwei Truhen und einer alten, abgewetzten Ledercouch in der Mitte des Speichers. Es roch nach Moder, Staub, Leder und seltsamerweise leicht nach Fisch.

Mats hatte keine Ahnung, wie lange niemand mehr hier oben gewesen war. Er schlenderte auf die Regale zu. Gemüse und Obst schwammen in einer Art Brühe. Das konnte man bestimmt nicht mehr essen. Einige Tiegel weckten seine Aufmerksamkeit. »Schmiertran« und »Transchuhcreme« war darauf verzeichnet. War das etwa Schuhcreme aus Waltran? Er öffnete einen der Tiegel. Wachsgeruch mit einer leichten Fischnote stieg ihm in die Nase. Bäh. Rasch verschraubte er den Deckel wieder. Ein paar Taschenbücher standen in den Regalen, offenbar war im vorigen Jahrhundert doch jemand auf den Dachboden gekommen, denn diese Bücher waren keine Antiquitäten, zumindest nicht alle, wie er auf den ersten Blick feststellen konnte. Neugierig machte er den Schrank auf. Staunend betrachtete er die Kleiderbügelleiste mit den grauen Gewändern. Vorsichtig nahm er einen Bügel heraus. Eine Uniform, grau mit Paspeln und sehr alt. Motten hatten bereits unzählige Löcher in den Stoff gefressen. Er hängte die Uniform wieder in den Kasten und entnahm den nächsten Bügel. Ein ähnliches Kleidungsstück hing am Haken, ein Ärmel fehlte und drei Knöpfe, das Revers war abgerissen und baumelte am Kragen. Einen Haken nach dem anderen nahm Mats heraus. Insgesamt fand er fünf Uniformen sowie Hemden mit Schnürung, wie er sie vom Faschingsfest her kannte, als er sich einmal als Pirat verkleidet hatte, oder wie sie in Historienfilmen zu sehen waren. In die Kragen waren Namen eingestickt: James Tippleton, Harry Smith, Charles Rimes, Kurt Douglas, Ian Kent. Vier der Hemden wiesen Initialen auf, die zu den Namen passten. Zwei Hemden allerdings wichen ab. Fiete H. stand in ihnen. Daneben fand er noch drei Kleider aus schwerem, dunklem Stoff, in die Triente H. eingestickt war. Wer waren diese Leute? Die Uniformen waren eindeutig von Briten getragen worden. Aber Fiete und Triente waren friesische Namen. War das Haus etwa doch nicht niederländischer Herkunft? Hatten es die Niederländer vielleicht illegal in ihren Besitz gebracht? Hatten somit seine Vorfahren gar nichts mit den Zäunen zu tun? Mats überlegte. Wussten die Betreiber des Heimatkundemuseums eventuell Bescheid? Er beschloss, beim nächsten Mal hineinzugehen und zu fragen. Vorerst war er jedoch noch nicht fertig mit dem Dachboden. In den Kisten fand er Kerzen, Ölflaschen, Knochen, gegerbte Häute. Auf einer Haut waren jede Menge runde Abdrücke zu sehen. Das kam ihm bekannt vor. Einmal hatte er zusammen mit anderen Greenpeace-Mitarbeitern einen gestrandeten Orca zurück ins Meer getragen, der genau die gleichen Abdrücke aufgewiesen hatte. Damals sagte ihm der Meeresbiologe, dass es sich um Saugnapfabdrücke der Tintenfische handelte, die Zahnwale tonnenweise verspeisten. Also lag Walhaut vor ihm. Angewidert legte er alles wieder in die Kisten und verschloss sie. Blieben noch die Truhen. Eine davon ließ sich leicht öffnen. Mats entnahm Kissen und Decken sowie einen Pelzmantel. Pfui, das war für ihn zu viel. So viel Tierleid auf einem Platz. Die andere Truhe war eine beschlagene Einbaumtruhe aus Eichenholz, wie sie ab dem Mittelalter vorwiegend in Kirchen und Klöstern genutzt worden waren, um Dokumente, Schuldscheine und Gold sicher zu verwahren. Mats war klar, dass hier wertvolle Dinge zutage kommen könnten. Aber falls das stimmte, warum war die Truhe noch auf diesem Dachboden und verschlossen? Sie wurde nur durch ein massives Eisenschloss zugehalten. An den Rändern sah er, dass es ursprünglich drei Schlösser gewesen waren. Früher wurden die Schlüssel oft aufgeteilt, sodass derartige Truhen nur von mehreren Menschen zusammen geöffnet werden konnten, was einen zusätzlichen Schutz vor Diebstahl darstellte. Ein Schlüssel allein half nicht. Er rüttelte am Schloss in der Hoffnung, es wäre von Rost zerfressen und würde einfach abfallen, aber dem war nicht so. Mist.

Im ganzen Haus fand er kein geeignetes Werkzeug. Er wollte nicht mehr warten. Ein Blick auf die Uhr sagte ihm, dass die Geschäfte und das Museum noch geöffnet waren. Er fragte im Supermarkt nach einer Eisensäge und einem Bolzenschneider. Doch es war nichts dergleichen auf Lager. Zudem beäugte ihn der Mitarbeiter misstrauisch durch seine dicken Brillengläser. »Wofür brauchen Sie denn so etwas?« Ohne zu antworten, verließ Mats den Laden und ging zum Museum. Interessiert trat er ein und fragte an der Kasse, ob man ihm jemand Ortskundigen und historisch Bewanderten nennen könne, der heute noch zu sprechen sei. Der Mann tätigte sofort einen Anruf. Nur eine halbe Stunde später trat eine Blondine ein, die einen alten Herrn mit Rollator stützte. Der Portier zeigte auf ihn: »Der Mayer weiß alles über Borkum, wirklich alles.«

Mats ging auf ihn zu, stellte sich vor und reichte ihm die Hand. »Sie sind also Niederländer, dafür haben Sie aber dunkle Haut«, sagte Mayer.

»Ich bin ein Burgher, auf Sri Lanka geboren.«

»Fein, fein, ein Kolonialherrenspross also. Na, kommen Sie mal mit, meine Beine tragen mich nicht mehr so wie früher. Nebenan gibt es ein schönes Café, da können wir reden.«

Die Blondine musterte Mats und errötete leicht, weil er zurückstarrte. Als sie vor ihren dampfenden Tassen saßen, fragte Mayer nach, was Mats auf der Insel wolle.

»Mein Vater ist gestorben, er hat mir Unterlagen vermacht, unter anderem die Besitzurkunde eines Hauses hier auf Borkum. Ich war eben dort.«

»Wie kommt Ihr Vater dazu? Er war doch Niederländer.«

»Ehrlich gesagt weiß ich darüber nichts. Ich wusste bisher nichts über Borkum, aber im Internet steht, dass die Friesen früher für die Niederländer auf Walfang fuhren. Vielleicht hängt es damit zusammen.«

»Möglich. Und wo ist das Haus?«

Mats nannte dem Mann die Adresse. Der machte große Augen.

»Das ist eines der letzten Häuser, die mit Walkiefer-Knochen umzäunt sind.«

»Ja, so ist es. Ich finde das ehrlich gesagt richtig eklig. Ich arbeite für Greenpeace, wissen Sie.«

Die Blondine lächelte, seufzte und rührte im Tee.

»Greenpeace? Sind Sie so einer, der sich an einer Bohrinsel anketten lässt? Oder Schiffe am Auslaufen hindert?«

»Bisher habe ich Spenden gesammelt und Mitglieder angeworben. Aber ab August fahr ich mit dem Greenpeace-Schiff *Beluga II* raus und werde aktiv alles dransetzen, dass das Abschlachten aufhört und auch die Arktis geschützt wird.«

Die Blondine hing an seinen Lippen. Als er sie ansah, senkte sie den Blick. Die Gabel mit dem Kuchen fiel ihr aus der Hand.

»Mir ist ja egal, was Sie mit Ihrem Leben machen. Der Walfang war jedenfalls für Borkum sehr wichtig, die Menschen haben davon gelebt. Verstehen Sie? Nach dem Krieg gegen die Briten haben sie alle Schiffe verloren und kamen ein Jahr lang in Gefangenschaft, danach war es vorbei. Wer in Borkum blieb, verarmte, Kinder starben vor Hunger. Über 50 Witwen und Waisen waren im letzten Jahr zu beklagen. Es war entsetzlich.«

»Sie klingen, als wären Sie dabei gewesen.«

»Nein, aber mein Ururururururururururgroßvater.« Er lächelte. »Jeder Nachkomme hat achtgegeben, dass die

Geschichten nicht vergessen werden. Ich komme aus einer Walfängerfamilie und bin stolz darauf. Mein Urahne war der berühmte Kapitän Roelof Gerritz Meyer, auch sein Haus ist immer noch mit den Walkieferknochen umzäunt.«

»Sie hätten Landwirtschaft betreiben können oder Handel. Ich bin mir sicher, dass meine Familie nichts mit dem Walfang zu tun hatte. Das wüsste ich doch.«

»Sie wissen nicht, wovon Sie reden. Aber ich führe Sie durch das Museum, vielleicht öffnet Ihnen das die Augen.«

»Ein anderes Mal. Ich bräuchte dringend einen Bolzenschneider.«

»Wozu? Ich dachte, Sie hätten den Schlüssel zum Haus?«

»Das stimmt. Aber dort habe ich eine beschlagene Einbaum-Truhe gefunden, und die ist mit einem massiven Eisenschloss verriegelt.«

Die Blondine atmete hörbar aus. Die Augen des Alten wurden groß. Seine Hände begannen zu zittern. »Sind Sie sicher, dass Sie die Truhe öffnen wollen?«

»Wieso denn nicht?«

»Manches bleibt lieber verborgen vor den Blicken der Welt. Aber wenn Sie es wirklich wollen, dann brauchen Sie keinen Bolzenschneider.« Die Blondine griff in ihre Handtasche, um eine rote Geldbörse herauszuziehen. Aus einer der Innenklappen entnahm sie etwas und reichte es Mats.

Ungläubig betrachtete er das Teil. »Ein Schlüssel?«

Die Blondine und der Alte schüttelten gleichzeitig den Kopf.

»*Der* Schlüssel. Er wurde von Generation zu Generation weitergegeben mit dem Hinweis, irgendwann würde jemand kommen und danach fragen. Der Tag ist jetzt gekommen. Er gehört Ihnen. Unsere Ahnen waren Freunde.«

Als Mats wieder auf dem Dachboden hockte, versuchte er das Zittern seiner Hände zu unterdrücken. Was würde in der Truhe sein? Noch mehr Walknochen? Warum war sie dann verschlossen? Mats schwitzte. Es würde doch keine Leiche im Koffer sein? Nein! Mats lachte hysterisch, er hatte wohl zu viele Filme gesehen. Andererseits war die Sache mit dem Schlüssel seltsam. Er fühlte sich wie eine Figur der Mysteryserie, die seine Freundin immer anguckte. Schließlich steckte er den Schlüssel ins Loch und drehte ihn um. Das Schloss sprang auf.

Vorsichtig hob Mats die Klappe an und guckte durch den Spalt. Erleichtert darüber, was er *nicht* sah, öffnete er sie ganz. Der Koffer war mit Papieren, Seekarten, Kleidung, einem Kompass, Tauen, Werkzeug und anderem Seemannszeug gefüllt. Ein Stapel in Leder gebundener Bücher erregte Mats' Aufmerksamkeit. Sie waren mit einem Tau verknotet, mit einem typischen Seemannsknoten. Mats löste ihn. Die Bücher waren nummeriert. Er klappte das Buch mit der Nummer 1 auf und sah auf den ersten Blick, dass es in niederländischer Sprache geschrieben war. Im Stillen dankte er seiner Mutter, die die Tradition in seiner Familie aufrechterhalten hatte. Nur noch wenige Burgher waren der niederländischen Sprache mächtig. Mats lehnte sich an die Truhe und las:

23. Juli 1779
Meine Liebste!
Seit Mai sind wir nun unterwegs, wie du weißt. Von den 7 Schollen, die wir ursprünglich dabei hatten, sind nur noch 5 übrig. Die See und der erste Wal, den wir dieses Jahr erlegten, zollten ihren Tribut. Ein Pottwal, gut 70 Tonnen schwer, trieb vor der Davidstraße sein Unwesen. Normalerweise jagen wir Grönlandwale, doch wussten wir um das spezielle Spermicid, das der Pottwal in ausreichender Menge in seinem Kopf trug. Damit würden sich unzäh-

lige Salben, Kerzen und Schmiermittel herstellen lassen. Also harpunierten wir das Tier. Zu spät bemerkten wir das Jungtier, das neben der Mutterkuh schwamm. Diese wehrte sich meilenweit und stieß dabei zwei Schollen um. Drei Mann ertranken, bevor wir sie retten konnten. So griffen wir zu den Lanzen und endlich bewegte sich die Walkuh nicht mehr. Linksseitig zogen wir sie mit uns, damit Speckschneider und Speckschneidermaat sich dranmachen konnten, das Tier zu flensen. Vater und Sohn schabten den 70 cm dicken Speck so schnell es ging vom Fleisch. Die anderen beförderten den Speck in die Fässer. In Grönland werden wir alles abkochen, bevor wir das so gewonnene Öl wieder in die Fässer leeren. Das Junge schwamm weiterhin an der Seite seiner toten Mutter. Da sie keine Milch mehr geben konnte, war es für das Kalb das Beste, dass wir es erlegten. Es würde ohnehin sterben. Da unsere Vorräte bereits zur Neige gingen, beschloss ich, etwas von dem Jungtierfleisch einzupökeln. Nur zur Sicherheit. Ein Niederländer hat mir gesagt, dass man das Fleisch genauso braten könne wie Rind oder über Feuerholz grillen wie Fisch. Ich denke, es ist einen Versuch wert. Aber vielleicht eignet es sich auch für einen Eintopf. 32 Mann leiden bereits an Skorbut. Ich bete, dass wir es rechtzeitig schaffen und ich nicht wieder drei Dutzend Mann verliere wie voriges Jahr. Ich bete für meine Männer und für dich. Ich hoffe, den Kindern geht es gut. Ich habe gehört, das Schweißfieber grassiert wieder, und ich hoffe, es sind nur üble Gerüchte. Schlaf wohl und sorge dich nicht. Dein F.

Der Würgereiz wurde unerträglich. Mats ließ das Buch fallen und lief hinunter zur Toilette, wo er sich lautstark übergab. Vor seinem geistigen Auge sah er das Walkalb und seine Mutter. Was für Barbaren! Vielleicht hatte der Alte doch Recht gehabt. Er hätte die Truhe nicht anrühren sollen. Als sich sein Magen einigermaßen beruhigt hatte, drückte er die Spültaste. Am Waschbecken nahm er einen Mundvoll Wasser und verteilte einige Wasserspritzer auf Gesicht und Hals. War der Mann, der die Tagebücher geschrieben hatte, mit ihm verwandt? Mats konnte und wollte das nicht glauben. Der einzige Weg, das herauszufinden, war weiterzulesen. In einem Kasten im Badezimmer fand er ein Handtuch und einen Eimer. Zusammen mit einem Glas Wasser kehrte er auf den Dachboden zurück, setzte sich wieder auf den Holzboden und öffnete das Buch erneut:

29. Juli 1779
Wir sind seit vier Tagen bei Grönland vor Anker. 54 Mann litten an Skorbut. 9 Mann sind daran gestorben. Die anderen machten sich sofort über das Löffelkraut her, das hier auf der Insel wächst. Einige verloren dabei ihre bereits heftig wackelnden Zähne. Binnen zwei Tagen waren alle Mann wieder gesund. Erst danach aßen die anderen zur Vorbeugung den Rest. Warum es heilt, wissen wir nicht und wüssten es nicht, wenn nicht irgendein hungriger Seemann vor Jahren davon gegessen und die wundersame Wirkung beschrieben hätte. Eine Wunderpflanze. Vor der Rückreise werden wir sie büschelweise ausreißen und mitnehmen. Auch Sauerampfer lagern wir ein. Heute haben wir den ersten Grönlandwal erlegt. Wenn wir weiterhin so viel Glück haben, werden wir schon im August wieder heimwärts segeln. Ich vermisse dich und die Kinder sehr. Schlaf wohl und sorge dich nicht. Dein F.

3. August 1779
Wir haben zwei Mann verloren. Sie sind einfach über Bord gegangen. Vorher haben sie wirres Zeug gestammelt. Die See macht schwache Menschen verrückt. Oder

*vielleicht verkraften sie das Töten nicht. Das habe ich oft
beobachtet. Mir kann die See nichts anhaben. Und auch
nicht das Blut, das wir vergießen. Ich liebe den Anblick
der schwarzen See, das Schneiden des Specks, den Geruch
des Blutes und des Trans. Ich bin dafür geboren. Liebste,
ich habe ein Gedicht geschrieben, das alles beschreibt und
viel mehr sagt, als ich zu erzählen vermag:*

*Dunkel war's und blutig schön
Als wir segelten nach Grön
Land bedeckt von Eis*

*Den Weg weisen uns die Sterne
Heimat liegt in weiter Ferne
Land so groß und weiß*

*Dunkle See mich mit sich reißt
Walkuh in die Lanze beißt
Meer so still und weit*

*Rotes Blut tränkt salzig Nass
Flensen ohne Unterlass
Meer nun wird es Zeit*

*Füllt die Fässer mit dem Tran
Zwölf Mann tot im Ozean
Das ist Gottes Preis*

*Dunkel war's und neblig grau
Singend warfen wir das Tau
So endet unsere Reis.*

*Es ist nicht perfekt, ich weiß. Aber ich bin nur ein ein-
facher Mann. Schlaf wohl, meine Liebe, und sorge dich
nicht. Dein F.*

Um Gottes willen, jetzt hatte er auch noch das Töten in ein Gedicht verpackt. Der Mann musste verrückt gewesen sein. Mats stand auf und rieb seine Pobacken. Warum las er auf dem harten Boden? Er könnte sich unten hinlegen. Sollte er im Hotel anrufen und das Zimmer abbestellen? Dann fiel ihm wieder der Zaun ein, und nach allem, was er bisher gelesen hatte, wollte er nicht in diesem Haus schlafen. Er steckte die Bücher in seinen Rucksack und ging zum Hotel zurück. Sofort legte er sich auf das Bett und las den nächsten Eintrag:

August 1779
Heute habe ich gekocht. Du erinnerst dich sicher an das Walkalbfleisch. Ich habe einfach etwas versucht. Ich hab es in dünne Scheiben geschnitten und angebraten und eine Art Eintopf gemacht, er hat köstlich geschmeckt. Seltsam, dass niemand Walfleisch isst. Nun erscheint es mir als Verschwendung, nur den Speck abzuschneiden und das Tier dem Meer zu überlassen. Ja, ich weiß natürlich, dass nichts verkommt und genug Tiere im Meer und in der Luft leben, die sich am Fleisch laben. Aber die Jagd ist anstrengend und von einem Wal könnte ein ganzes Dorf eine Woche lang satt werden. Wenn ich zurückkomme, werde ich mit den Reedern reden. Vielleicht kann man stärkere Schiffe bauen oder ein großes Beiboot, auf dem man den Wal nach Hause ziehen kann. Ich hoffe, dir und den Kindern geht es gut.
Schlaf wohl, mein Liebling, und sorge dich nicht. Dein F.

Hatten sie damals das Fleisch wirklich nicht gegessen? Möglich, aber Mats wusste, dass in der Gegenwart immer noch Walfleisch verzehrt wurde und dass neuerdings sogar die PETA ein Essay herausgebracht hatte mit dem Aufruf, lieber Wal als anderen Fisch zu essen. Ihn grauste. Das Abendessen würde er heute ausfallen lassen. Er

klappte das Buch zu, wankte ins Bad und schlief anschließend augenblicklich ein.

Nach dem Frühstück setzte er seine Lektüre fort:

September 1779
Wir haben die Segel gesetzt und Kurs nach Borkum ge-
nommen. Der Fang war ausgezeichnet. Die Fässer sind
voll geworden. Diesmal sind weniger Tote zu beklagen
als letztes Jahr. Wie haben auf Grönland drei andere
Walfänger-Schiffe gesehen. Ein Kapitän hat mir erzählt,
dass er nur noch drei Schollen besitzt und 34 Mann verlo-
ren hat. Sie sind jetzt noch in Grönland, weil sie weniger
Glück hatten als wir. Jedoch sollten sie sich nicht zu lange
Zeit lassen. Die See schläft nicht und je näher der Winter
kommt, umso unruhiger wird sie. Die Herbststürme ha-
ben schon viele Schiffe und Leben gefordert. Später im
Jahr könnte das Packeis zufrieren und die Schiffe würden
keinen Weg mehr hinausfinden. Das wäre für alle der si-
chere Tod. Ich freue mich auf dich und die Kinder. Bald
kann ich euch wieder umarmen und dein Haar riechen.
Schlafe wohl und sorge dich nicht. Dein F.

Mats blätterte weiter und fand belanglose Einträge über
das Seifenmachen aus Waltran und andere Arbeiten, die
der Mann und seine Frau nach der erfolgreichen Jagd mit
dem Erzeugnis machten. Der andere Kapitän war wirklich nie wieder nach Borkum zurückgekommen. Dann
das zweite Büchlein: Ein weiteres Kind wurde geboren,
zwei starben. Feste wurden gefeiert und Krankheiten be-
siegt. Wale gefangen. Schiffe von Freunden kehrten nie
zurück. Schließlich endeten die Einträge abrupt, einige
Seiten waren herausgerissen. Die nächste Notiz war viele
Monate später nach der letzten geschrieben:

Januar 1782
Ich konnte mein Tagebüchlein im Hemd verstecken. Sie
haben uns alle erwischt, unsere Schiffe genommen und
uns eingesperrt. Ich weiß nicht, wie lange wir hier fest-
gehalten werden. Dieser Krieg kommt mir sinnlos vor.
Ich vermisse dich und hoffe, du schaffst es, irgendwie
unser Haus zu halten und für die Kinder zu sorgen. Ich
weiß nicht, wann ich dich wieder in die Arme schließen
kann und ob ich es je wieder darf. Ich weiß nicht, was
die Briten mit uns vorhaben. Ob sie uns am Leben las-
sen, als Sklaven verkaufen oder uns im Austausch jeman-
dem überlassen wollen. Oder uns sogar töten werden. Ich
schreibe dir sonst immer, dass du dich nicht sorgen sollst.
Verzeih, aber diesmal kann ich es nicht. Auch der Schlaf
holt mich nur selten länger als eine Stunde zu sich.
Schlaf wohl und bete. Dein F.

Zahlreiche Einträge über die furchtbare Gefangenschaft
folgten. Der Mann litt unter Folter, Hunger, Krankheit,
Schwäche und Einsamkeit und mit ihm viele andere. Mats
wusste nichts über den niederländisch-britischen Krieg.
Doch er hatte den Bürgerkrieg auf Sri Lanka miterlebt. Oft
hatten seine Geschwister und er sich in einer Kellerecke
versteckt und gewartet, bis die Knallerei oben aufgehört
hatte. In Colombo war es besonders schlimm gewesen,
dennoch wollten seine Eltern niemals weg. Das Büchlein
endete mit dem Satz: *Wird der Schmerz je aufhören?* Mats
klappte es zu und nahm das dritte Büchlein zur Hand.

März 1783
Wir sind wieder frei, nach einem Jahr von den Ketten
erlöst, raus aus dem Dunkel ins Licht. Es blendet mich.
Meine Mundwinkel sind zerrissen und bluten, meine
Haut ist so dünn und weiß wie Papier genauso wie mein
Haar. Meine Muskeln und Knochen schmerzen. Längst

sind nicht mehr alle unter uns. Wir, die Überlebenden, werden heimwärts ziehen. Doch unsere Schiffe bleiben hier. Sie gehören nicht mehr uns. Ich weine, als ich es erfahre. Wie soll ich ohne Schiff auf Walfang gehen, wie soll ich euch ernähren? Wie geht es weiter? Ich hoffe, du hast auf mich gewartet. Aber hättest du es nicht und nicht für mich gebetet, wäre ich dann frei? Nein, ich bin mir sicher, dich bald wieder in die Arme schließen zu dürfen. Für alles andere finden wir eine Lösung. Auch wenn der Krieg noch nicht vorbei ist. Die Liebe wird uns den Weg weisen. Schlaf wohl und sorge dich nicht. Dein F.

April 1783

Du bist nicht mehr hier, das Haus einsam und leer. Wo sind meine Kinder? Wo bist du? Keine Nachricht, kein Hinweis, alles sauber und aufgeräumt. Sieht nicht nach Plünderei aus oder einem Raub. Ich bin wieder da und alles, was ich vorfinde, ist ein leeres Haus. Im Schrank fressen die Motten nur auf einer Seite. Meine Hosen, meine Hemden. Auf deiner Seite kann ich das Holz sehen. Kein Kleid, keine Schürze, kein Mieder, kein Nachthemd oder Häubchen. Meine Schuhe stehen glänzend neben dem Bett. Wo sind deine? Ich lege mich auf deine Seite des Bettes, versinke darin, reibe mein Gesicht an deinem Kissen. Darunter finde ich dein Nachthemd. Du hast es wohl vergessen. Ich wickle meine Beine und Arme darum und schreie. Dein Geruch ist längst verflogen. Die Briten haben mich nicht nur ein Jahr lang in Gefangenschaft gehalten, sie haben nicht nur meine Schiffe genommen, nicht nur meine Würde begraben, sie haben mein Leben genommen. Während ich schluchzend mit deinem Nachthemd im Arm in einen traumlosen Schlaf versinke, sehe ich die Gesichter der Briten vor mir. Wo auch immer du bist, schlaf wohl und sorge dich nicht. Dein F.

Der Mann schrieb täglich weiter, fragte im Tagebuch, wo seine Familie sei, und litt. Dann fesselte Mats der nächste Eintrag.

August 1783

Wir haben es getan. Lasse, Ralf, Hinnerk und ich haben uns zusammengeschlossen. Zwei von uns haben keine Familie mehr, den anderen geht es noch schlechter, denn sie wissen nicht, wie sie ihre Familie ernähren sollen. Sie kennen nur das Meer, haben immer vom Walfang gelebt wie ihre Väter vor ihnen. Viele sind nicht mehr hier auf Borkum. Ausgewandert nach Hamburg. Einige haben es in Holland versucht, doch die Niederländer haben kein Geld mehr für den Walfang. Ich habe dich nicht gefunden. Die Nachbarin hat mir erzählt, dass du eines Tages mit den Kindern davon bist. Mit einem anderen Mann, einem Engländer. Mein Herz ist zum zweiten Mal gebrochen. Ich verstehe, dass du einsam warst, ich verstehe, dass du dir nicht zu helfen wusstest, die Kinder hatten sicher ständig Hunger, du wusstest nicht, ob ich lebe oder tot bin und ob ich je zurückkomme. Aber musste es unbedingt ein Brite sein? Der Feind, der an all diesen schändlichen Dingen schuld ist? Ich hasse dich nicht und ja, ich würde dich zurücknehmen. Wenn du kämst. Ich vermisse dich und die Kinder und verstehe nicht, wie mein Leben auseinanderbrechen konnte. Ich war ein angesehener Kapitän, wir waren eine der reichsten Familien Borkums, und jetzt? Ich stehe vor den Trümmern meines Lebens und kenne nur einen Gedanken: Diejenigen, die diese Dunkelheit über unser Land geschickt haben, müssen bezahlen.

Mats wischte sich die Tränen von den Wangen. Er hatte nie gedacht, dass ihm dieser Walfänger einmal leidtun könnte. Das alles musste für einen Mann einfach zu viel gewesen sein. Seine Frau war mit einem Briten abgehauen. Was für ein Ende. Mats hatte sich durch all den

Kummer gelesen, den der Unbekannte in Gefangenschaft erlebt hatte. Die Folter, den Hunger, die Schmerzen. Nur der Gedanke an seine Familie hatte ihn am Leben erhalten. Nur die Hoffnung, seine Frau wieder in die Arme zu schließen, hatte ihn all das ertragen lassen. Und nun war alles weg, was ihm je etwas bedeutet hatte. Wie würde der Mann das verkraften? Es gab nur noch einen Eintrag.

November 1783
Ich schreibe dir immer noch, obwohl ich weiß, dass du die Bücher niemals lesen wirst, und vielleicht ist es auch besser so. Ich schreibe dies auf dem Dachboden, wo ich mich versteckt halte, weil sie unten nach mir suchen. Mir bleibt nicht viel Zeit. Ich habe nur das Nötigste im Koffer. Und falsche Papiere. Ich bin nicht mehr Fiete, ich heiße nun Jannis van der Wal. Ich habe mir den Namen ausgesucht, im Andenken an das, was unsere Familie ausmacht, was mich ausmacht. Jetzt ist es auch unmöglich, dass du mich jemals findest, falls du es irgendwann willst. Ich gehe weit fort, nach Ceylon. Dort werde ich Assistent eines Kolonialherrn und wer weiß, vielleicht werde ich mal selbst einer. Auf Borkum kann ich nicht bleiben. Wir haben es heute getan. Jeder von uns hat einen Briten getötet, wie ausgemacht. Niemand hat gekniffen. Wir haben sie danach alle zusammen vergraben, vorher haben wir all ihre Habe, der wir fündig werden konnten, an uns genommen, zum Veräußern in der neuen Heimat. Keiner geht mit nach Ceylon. Die anderen wollen in Kolonien in Afrika oder auf einer der Inseln leben. Alle haben wir neue Namen und keiner wird je wieder mit den anderen Kontakt aufnehmen. Zur Sicherheit. Ich bin nicht stolz darauf, jetzt ein Mörder zu sein, aber ich bin ruhiger geworden. Die Verbrechen der Briten werden damit nicht schöner, ich werde immer daran denken, was ich verloren habe. Doch ich habe es

gesühnt. Ich werde ein neues Leben beginnen, es wird nicht mein eigenes sein, aber vielleicht werde ich mich nach einer Zeit damit und mit der Vergangenheit aussöhnen. Vielleicht. Wo die Leichen liegen? Dieses Geheimnis nehme ich mit ins Grab. Schlaf wohl und sorge dich nicht. Dein F. (zum letzten Mal)

Mats schleuderte das Buch gegen die Wand, sprang vom Bett und lief im Zimmer umher. Dabei raufte er sich die Haare. Das konnte nicht sein. Er war der Nachkomme eines Mörders. Nicht nur eines Walfängers. Mats lief ins Bad, stellte sich mitsamt der Kleidung unter die eiskalte Dusche. Jannis van der Wal also. Van der Wal. Das war der Beweis. In all den Büchern hatte er keinen einzigen Namen gefunden, nur im letzten Eintrag. Der ließ seine heile Welt zusammenbrechen. Mats van der Wal. Er war immer stolz auf diesen Namen gewesen. Er liebte die Wale, und irgendwie hatte er sich eingebildet, allein aufgrund des Namens diese Tiere schützen zu müssen. Doch der Name war nun befleckt. Was sollte er tun? Ob irgendjemand die Leichen gefunden hatte? Sein Geheimnis nahm er mit ins Grab? Er überlegte. Die kleinen Härchen auf seinen Unterarmen richteten sich auf. Dann hatte er eine Idee. Er rief seine Mutter an, erzählte ihr alles und schilderte ihr seinen Verdacht. Diese weihte zwei Männer der Familie ein. Jannis van der Wal war auf Sri Lanka begraben worden. Die Genehmigung war schnell eingeholt. Gemeinsam mit der örtlichen Polizei gruben sie seinen Urahn aus, öffneten den Sarg und fanden in einer kleinen Holzkiste, die im Sarg lag, eine gezeichnete Karte von Borkum. Seine Mutter fotografierte die Karte mit ihrem Smartphone und schickte sie ihm. Damit fuhr er zur nächsten Polizeidienststelle. Die Polizisten trauten ihren Ohren kaum, als Mats ihnen erzählte, was er wusste oder zu wissen glaubte, doch sie gingen zu dem Punkt, der in der Karte vermerkt war, und gruben. Nach drei Stunden lagen vier Skelette vor ihnen. Sie hatten die Briten gefunden.

Als er wieder im Haus angekommen war, nahm Mats eine Schaufel und begann den Zaun auszugraben. Doch als er die Hälfte geschafft hatte, kamen Leute von der Heimatschutzbehörde vorbei und wiesen ihn an, den Zaun wiederherzustellen, er sei Kulturgut und sie arbeiteten daran, diese Zäune zu erhalten. Wie konnte man nur so etwas erhalten wollen? Während er noch mit den Leuten darüber stritt, kam die Blondine vom Museum um die Ecke, sie schob den Alten vor sich her. Mats bat sie ins Haus.

Mayer räusperte sich. »Es gibt etwas, das ich Ihnen geben muss.« Aus seiner Jackentasche nahm er ein vergilbtes Kuvert heraus. »Das sollte unsere Familie demjenigen geben, der nach dem Schlüssel für die Truhe fragt.«

Die Blondine lächelte: »Und werden Sie bleiben?«

Mats wurde rot. »Nein.«

»Behalten Sie das Haus?«

»Ich denke nicht. Ich darf den Zaun nicht entfernen.«

»Ihnen fällt doch bestimmt etwas ein.« Sie zwinkerte, bevor sie den Alten wieder zur Tür schob. Der drehte sich noch einmal um. »Seien Sie nicht zu streng mit sich. Die Vergangenheit können Sie nicht auf die Gegenwart übertragen. Die Zeiten waren einfach härter. Und die Menschen ungebildeter. Sie haben alle Möglichkeiten der Welt. Damals gab es oft nur einen Weg.« Mats nickte und verabschiedete sich von den beiden. Dann setzte er sich auf die Couch und öffnete das Kuvert. Es war in Ceylon abgestempelt. Er entfaltete den Brief. Die Handschrift war ihm bereits vertraut. Sie wirkte nur zittriger.

Meine Liebste,
du hast nach Hause gefunden und nach dem Schlüssel
gefragt. Ich wusste, dass du dich irgendwann nach dem

Haus sehnen würdest. Warst du traurig, als du merktest, dass ich nicht da bin? Mein Nachbar hat dir diesen Brief gegeben, oder einer seiner Söhne, wie ich es gewünscht habe. Vielleicht liest diesen Brief auch gar nicht du, sondern eines unserer Kinder, ein Enkel oder ein Urenkel. Schade, dass ich sie alle nicht kennengelernt habe. Ich spüre, wie das Leben langsam aus mir weicht. So sehr wünschte ich mir, ich könnte dich und meine Kinder noch einmal sehen und in die Arme schließen. Ein letztes Lebewohl. Ich hatte ein schönes zweites Leben, es war erfüllt, es war reich. Dennoch hab ich euch nie vergessen. Oft lag ich nachts wach und fühlte das Schaukeln oder die spritzende Gischt im Gesicht. Roch den Tran, hörte das Schaben auf Fleisch. Das Zischen der Harpune. Das Lachen der Männer, den Gesang bei Speis und Trank. Dann fühlte ich mich geborgen, und meist liefen Tränen aus meinen Augenwinkeln, wenn ich sah, wie sich das Meer rot verfärbte und der Wal sich vor Angst wand. Es war nicht richtig, was wir taten. Im Alter bin ich weiser geworden. Alle Lebewesen sind von Gott erschaffen und haben ein Recht zu leben. Nach allem, was mir passiert ist, dachte ich, dass ich es erleiden musste, weil ich diesen schönen und anmutigen Geschöpfen des Meeres so viel Leid zufügte. Deshalb musste ich auch leiden und alle anderen Walfänger ebenso. Nie wieder habe ich gejagt. In Ceylon fiel es mir leicht, Vegetarier zu werden. Die Insulaner kennen wunderbare Zubereitungsmethoden für Gemüse. Mir fehlte es in Ceylon an nichts. Ich hab wieder geheiratet, drei Söhne und zwei Töchter gezeugt. Ich war ein Walmörder und später ein richtiger Mörder. Ich hoffe, dass in unsere Familie ein besserer Mensch, als ich es war, hineingeboren wird, unsere Familienehre wiederherstellt und meine Fehler wiedergutmacht. Ich wünschte mir auch, dass meine Gebeine irgendwann am alten Friedhof auf Borkum zur

Ruhe kommen können. Aber ich glaube, der Wunsch ist zu groß. Das ist alles, was ich noch zu sagen habe. Schlaf wohl und sorge dich nicht. Alles ist gut. Dein J.

Als Mats drei Tage später mit dem Katamaran von Borkum ablegte, war er mehr denn je davon überzeugt, das Richtige zu tun. Er hatte seinem Vorfahren verziehen, das Haus würde er erst einmal behalten. Vielleicht würde er sogar irgendwann hier leben. Aber seine Kinder sollten einmal stolz auf den Namen van der Wal sein. Er würde den Kampf gegen das Abschlachten der Wale wieder antreten. Er würde den Wunsch seines Urahns erfüllen. Die Familienehre wiederherstellen. Einen Teil hatte er bereits erledigt. In zwei Wochen würden zudem die Überreste von Jannis van der Wal alias Fiete Henning nach Borkum überstellt werden. Das Gedicht, die Kulturschätze aus dem Speicher und die Bücher hatte er dem Museum überlassen.

In den Nächten davor hatte er die Zaunlatten mit einem Gemisch bestrichen, wodurch sie noch schneller verwittern würden, einen Teil hatte er mit Wasser verdünnt und in das Erdreich unter den Latten geleert. In den nächsten Monaten würde sich der Zaun einfach auflösen. Als sich die Insel immer weiter von ihm entfernte, blickte er lachend auf das sprudelnde Wasser und freute sich, dass er es bald täglich sehen würde. Tief in sich wusste er, dass er zumindest das mit dem Walfänger gemeinsam hatte: die Liebe zum Meer. Mats blinzelte in die Sonne, nickte und flüsterte: »Ja, Fiete. Ich verstehe. Alles ist gut.«

Wal-Eintopf à la Fiete

(in Klammern die ethisch vertretbare Variante)

Zutaten:
1 kg Walfleisch ohne Speck (Rindfleisch, Fisch, Tofu oder Seitan)
1 TL Salz
1/2 TL Pfeffer
2 Zwiebeln (rote Zwiebeln oder Schalotten)
Butterschmalz (Margarine oder Öl)
Suppe (Brühwürfel)
2 dl Essig
Mehl (Maizena oder Saucenbinder)
Rotwein
Wacholderbeeren
Johannisbeersaft
Sahne
frische Kräuter

Zubereitung:
Fleisch in einem Liter kaltem Wasser und dem Essig einlegen. Anschließend abtrocknen und in dünne Scheiben schneiden, klopfen und in eine Pfanne mit Schmalz (Margarine, Butter) legen und anbräunen. Salzen und pfeffern. Wenn das Fleisch (Rindfleisch, Fleischersatz) durchgebraten ist, Zwiebeln schälen, schneiden und in der Pfanne anbraten. Dann alles zusammen mit den Wacholderbeeren in einen Topf geben und mit Wasser bedecken. 40 bis 50 Minuten kochen. Mit Suppe (Brühwürfel) abschmecken, mit Mehl andicken. Eventuell mit Saucenbinder braun färben, mit Rotwein, Johannisbeersaft und Sahne abschmecken und mit frischen Kräutern garnieren.
Dazu passen Salzkartoffeln und Rotkohl.

Kleinkariert und zufrieden

EMDEN

»Toll hier, nicht wahr, Angelika?« *Wenn Edda, die Nachbarin meiner großen, zurzeit verdammt alt aussehenden Schwester, weiterhin so überfreundlich bemüht ist, für gute Stimmung zu sorgen, schreie ich.* »War doch echt eine klasse Idee, nach dem Besuch des Weihnachtsmarktes im König am Rathaus einen Tisch zu bestellen.«

»Ja, richtig gemütlich, der Laden.« *Typisch meine Schwester. Findet jede Lokalität gut. Hatte noch nie ein Gefühl für höhere Standards. Woher auch? Hat das langweilige Dorf ja nie verlassen.*

»Nicht wahr, meine Eltern sind regelmäßig hier? Dort drüben ist ihr Stammtisch.« *Nicht wahr? Wie oft muss ich mir das noch anhören?* »Es wurde auch echt Zeit, dass wir mal abends zum Emder Engelkemarkt gehen. Und schön, dass du Lust hattest, mit uns zu kommen, Simone. Seit du bei deiner Schwester wohnst, gehörst du doch quasi zur Nachbarschaft, nicht wahr?«

»Ja, genau.« *Lächeln, Simone, immer schön lächeln. Nee, ne? Jetzt klebe ich direkt vor den Klotüren. Das haben die beiden sich ja fein ausgedacht. Warte, die Stimmung werde ich euch erst mal versalzen.*

»Angelika, da hat Edda wirklich recht. Und deine Schwiegermutter hätte bestimmt nichts dagegen gehabt. Ach ja, die liebe, gute Tine.«

Genau ins Schwarze getroffen. Angelika heult.

»Oh, Angelika, oh, wo sind sie denn?« *Tempos sind zurzeit echt Mangelware.* »Ist ja noch alles ganz frisch, nicht wahr? Die Beerdigung war ja erst vorige Woche.«

»Glaub mir, für Tine war es eine Erlösung«, *igitt, Angelikas Polyesterpullover fühlt sich ja noch schrecklicher an, als er aussieht,* »und fällt euch nun auch nicht mehr zur Last.« *Ein Unding. Mich in dieser kleinen Besenkammer einzuquartieren, während die Alte in dem schönen, großen Zimmer so gut wie nur im Bett rumlag.*

»Heinz seine Mutter war nie eine Last für uns. Merk dir das, Simone.« *Hoppla, Angelikas Augen können ja Feuer sprühen. Na ja, eher Flämmchen. Und dann diese Ausdrucksweise! Heinz seine Mutter. Dass ich nicht lache!*

»So hat Simone das sicher gar nicht gemeint, nicht wahr?« *Ich drück dir dein »Nicht wahr« gleich hochkant in den Rachen. Was maßt die sich überhaupt an zu wissen, wie ich was meine?*

»Matties musste gerade zu einem Notfall, nicht wahr?« *Man glaubt es nicht, gleich erzählt die neugierige Ziege noch, wann mein Neffe gefurzt oder in der Nase gepopelt hat.*

»Ja, im Gemeindehaus ist die Heizung ausgefallen.« *Ich kenne keinen Menschen, der sich so unangenehm schnäuzt wie meine Schwester.* »Und morgen soll dort ja die Weihnachtsfeier vom Kindergottesdienst stattfinden.«

»Gut, dass Matties bei euch in die Lehre gegangen ist, nicht wahr?« *Das nenne ich Weiterentwicklung: Gas, Wasser, Scheiße – genau wie der Vater. Wozu hat der Junge überhaupt das Abitur gemacht?*

»Wenn er fertig ist, will er studieren. Schwerpunkt Regenerative Energien.« *Das glaubst auch nur du, Schwesterherz. Wer einmal in Scheiße greift, wird zu Scheiße. Bei deiner Tochter, meinem Ilka-Schätzchen, passe ich besser auf. Die werde ich mit ihren 14 Jahren in die richtige Richtung schubsen.*

»Als Ingenieur hat er in dem Bereich die besten Zukunftsaussichten, nicht wahr?« *Ich glaube es nicht! Nun*

*palavert diese Nicht-wahr-Dorfnudel, als ob sie sich auf
dem Gebiet bestens auskennen würde. Wenn ich nicht sofort etwas zu bechern kriege, beiße ich in die Tischkante.
Wann kommt endlich eine verdammte Bedienung? Hey,
wen haben wir denn da? Das sind doch Männer der ge-
hobenen Klasse. Ja, setzt euch mal schön an unseren Nebentisch.*

»Nein, tut mir leid. Der Tisch ist reserviert.« *Scheiße auch, was soll das? Kann nicht jemand die Kellnerin zurückpfeifen? Sie soll die Männer hier neben mich
platzieren. Ist er das? Tatsächlich. Dr. Vollmehrung, der
Betreiber der Windkraftanlagen. Hätte ich mir nicht so
alt vorgestellt. Egal. Alles altert, nur Geld nicht. Blickkontakt haben wir schon mal. Männer ticken alle gleich,
von Adam bis zu meinem Exmann Arno. Oh, kotz, den
treffe ich nächste Woche vor dem Scheidungsrichter. Na
ja, der letzte Termin hat zu einem fantastischen Ergebnis
geführt. Ich liebe Arnos Vergesslichkeit. Sie ist so leicht
vorhersehbar.*

»Was für ein Glück, dass wir den Tisch noch bekommen haben, nicht wahr?«

»Ja, in der Adventszeit sind wir immer tüchtig ausge-
bucht.« *Ich hasse Leute wie diese Kellnerin, die das Of-
fensichtliche verbal breittreten müssen.* »Bitte schön«,
gib die Speisekarten her, »kann ich Ihnen schon etwas
zu trinken bringen?« *Eine Flasche Wodka. Nur für mich.
Auf Ex.*

»Ich hätte gerne ein Wasser.« *Ach, Angelika, du Täub-
chen.*

»Ich nehme den Weißwein. Der ist doch nicht zu trocken?« *Nicht-wahr macht einen auf Grand Dame und ich
werde den Laden mal auf Qualität testen.*

»Für mich einen Gran Reserva Malbec, bitte.«

»Gerne!«

»Den Malbec meine ich. Nicht den Merlot.«

»Ja, habe ich auch so verstanden. Ein Glas?« *Sehe ich so aus, als wenn ich mir nichts leisten könnte?* »Eine Karaffe bitte.«

»Sehr gern. Nach den Gerichten schauen sie noch?« *Der Wein ist am wichtigsten.* »Dann bringe ich schon mal die Getränke.«

»Was nimmst du denn, Simone?« *Schwester, lass dir bloß die Haare anders schneiden.*

»Ich nehme die Folienkartoffel mit Lachs.« *Appetit habe ich so was von überhaupt nicht. Oh, Himmel, welchen Aufmarsch muss ich hier jetzt aushalten? Lauter kleinkarierte, zufriedene Weiber.*

»Hallo, Tanja!« *Guck an, einmal im König am Rathaus, immer im König am Rathaus. Wie langweilig.*

»Hallo zusammen. Den Tisch vor dem Spiegel für euch, wie jedes Jahr am letzten Freitag vor Weihnachten.«

»Kannst uns gleich für nächstes Jahr wieder eintragen!«

»Ja, werde ich machen.«

Wie ätzend ist das denn. Ich würde mich glatt erschießen, wenn ich heute schon wüsste, dass ich nächstes Jahr um die gleiche Zeit hier wieder sitzen werde.

»Oh, wie schön. Die Lichterkette da oben am Bord sieht echt toll aus.«

»Ja, die hat mein Mann vorhin noch schnell angebracht. Bin gleich bei euch.«

Nicht bei den Weibern, sondern gefälligst bei uns. Komm endlich mit den Getränken rüber!

»Oh, Entschuldigung.« *Ich glaube es nicht. Zieht dieses Weib ihre Jacke genau über unseren Köpfen aus.*

»Macht nichts. Sind ja nur ein paar Regentropfen, nicht wahr?«

»Ja, jetzt regnet es sich so richtig ein.« *Nicht-wahr kontaktet mit dem Nebentisch. Doof gesellt sich gern mit Doof.*

»So, bitte schön. Einmal den Reserva Malbec, …«, *Mann, was gleitet der die Kehle runter,* »den Weißwein und das Wasser. Was darf es denn zu essen sein?«

»Ich nehme die drei Sorten Fisch mit Salzkartoffeln, bitte.« *Angelika ist ja ungewohnt schnell heute.*

»Gerne.«

»Ein großes Lob für Ihren Rotwein. Meine Schwester findet immer sofort heraus, ob ein Wein nach Korken schmeckt.« *Blöde Ziege. Verbaut mir den besten Weg, Extrarationen zu ergattern.*

»Ja, schmeckt sehr gut«, *lächeln, Simone, dein zukünftiger Lebensabschnittspartner hat dich voll im Blick,* »ich nehme die Folienkartoffel mit Lachs.«

»Nicht wahr, die Bratkartoffeln sind …« *Meine Güte, sind die neun Muttis am Nebentisch nervig. So übertrieben gut drauf. Aufgebrezelt, was der kleine Geldbeutel so hergibt. Wenn die eine nicht gleich aufhört, über ihre nassen Haare zu jammern, springe ich über den Tisch. Im trockenen Zustand sehen die bestimmt nicht viel besser aus.*

»Angelika, die Neue, die letzten Monat bei dir im Laden angefangen hat zu arbeiten, die ist doch eine geborene Schneider, nicht wahr?« *Meine Schwester, die Verkäuferin. Toll. Der Beruf für die Frau, die Karriere machen will. Was guckt die mich denn so komisch an? Oh, da habe ich wohl wieder mit den Augen gerollt. Hihi.*

»Soo, da kommt schon mal der Salat, bitte schön.« *Und ich? Auch gut. Dann statte ich der Toilette einen Besuch ab.* »Lässt du mich bitte einmal durch, Edda?« *Bis Edda ihren fetten Hintern endlich hoch hat, beuge ich mich ganz weit nach vorne. Vollmehrungs Augen tauchen tief ein in mein Dekolleté. Sehr gut. Jetzt gerade aufrichten und sein Blick wandert in meinen Schritt. Einfach top für meine große Statur. Enge Jeans in langen Stiefeln. Und schön langsam die Tür zu den Toiletten öffnen und schließen, sodass seine Augen viel Zeit haben, in meinem einmalig tollen Hintern zu versinken. Ah, herrlich. Mann, der Spiegel über dem Waschbecken ist in einer vernünftigen Höhe. Ausgezeichnet, die neue Frisur. Nach siebenunddreißig Jahren siehst du echt nicht aus, Simone. Nur diese Scheißpickel. Hör auf, daran rumzudrücken. Seit der Abtreibung sprießen die wie blöd. Und ausgerechnet Arno, diesem an sich blinden Schaf, fällt der verdammte Mutterpass in die Hände. Ansonsten hätte der davon überhaupt nichts mitbekommen. Das Ding hätte ich gleich mit entsorgen sollen. Auf der anderen Seite, dumm gelaufen. Mit einem Balg im Schlepptau hätte ich Arno bei der Trennung so richtig melken können. Krieg ich das Meerhäuschen, kriegst du dein Kind zu Gesicht. Ah, herrlich. Und ständig hätte ich ihn im Glauben lassen können, dass der kleine Windelkacker und ich auswandern würden. An dieser Stelle hätte das Motto von Schwager Heinz gepasst: Erst nachdenken, dann handeln. Na ja, wenn ich bisher so gelebt hätte, wäre ich zu gar nichts gekommen.*

»Moin.« *Eine von den neun Weibern. Bloß weg, bevor die mich anquatscht. Wunderbar, Vollmehrung hat mich voll im Blick. Das T-Shirt schnell ein bisschen weiter runterziehen. Brav, mein Guter. Nachher darfst du sie anfassen.*

»Deine Folienkartoffel ist bestimmt noch heiß, nicht wahr? Schmeckt das wieder gut hier!« *Edda und Angelika sind ja so gut wie fertig. Deren Teller sind ja fast leer.* »Die drei Glühweinchen merkt man tüchtig, nicht wahr? Du hattest ja auch alle mit Schuss.« *Was soll das denn heißen? Zählt Nicht-wahr mir jedes Glas in den Mund?*

»Bitte schön, einmal für Sie«, *ha, muss diese dumme Kellnerin mich so erschrecken,* »von dem netten Herrn gegenüber.« *Da freut sich doch das Herz in der prallen Brust. Kurz mal schnüffeln. Ein Glas Champagner. Perlen vor die Säue. Wieso schießt mir das jetzt durchs Hirn?*

244

Oh, wie herrlich. Das Schweigen und die neidischen Bli-
cke der Weiber am Nebentisch. Simone, ein Toast auf
dich. Himmel, was für ein tolles Gesöff.

»So langsam solltest du mal etwas essen, Simone.« *Hö-*
ren große Schwestern denn nie auf zu erziehen?

»Mach dir mal um mich keine Sorgen, Angelika.« *Aua,*
ist die Kartoffel noch heiß. Dann esse ich nur den Lachs.

»Alles in Ordnung bei Ihnen?« *Die Kellnerin kommt ja*
wie gerufen. »Für mich noch einen Malbec.«

»Dieses Mal ein Glas bitte.« *Angelika, du Ziege, was*
mischst du dich ein? Kümmere dich lieber um dein Han-
dy. »Du solltest ein Klingelzeichen wählen, das deine Ohren auch erkennen.«

»Ja, nicht wahr? Diese Smartphones sind echt eine tolle Sache.« *Zu blöde, dass mir meines im Flughafen ins*
Klo gefallen ist. Bloß weil sich die Alte vorgedrängelt hat.

»Wir sind alle ganz begeistert von unserer Gruppe auf
WhatsApp.« *Natürlich, die Weiber vom Nebentisch müs-*
sen ihren Kommentar dazu abgeben. »Total praktisch,
um uns zum Beispiel zum Sport zu verabreden.« *Das*
passt zu denen. Jeden Tag in der Turnhalle rumhopsen
und sich abends die Bäuche vollschlagen. So bleibt der
Speckgürtel schön an ihren Hüften kleben wie die Fliege
am Aas.

»Ja, nicht wahr, ich habe eine Gruppe mit unserer Familie.« *Edda, verschon uns bloß mit deiner Scheißsippe.*
Derart hochstudiert kann sich doch kein Mensch mehr
mit denen unterhalten.

»Nicht wahr, Angelika? Angelika! Ist dir nicht gut?
Hast du eine schlechte Nachricht bekommen?« *Schwager*
Heinz ist geplatzt! Mann, das wäre eine Freude. »Nicht
dein Enno, sondern mein Heinz holt uns nachher ab.«
Mein Heinz, ich könnt kotzen.

»Tanja«, *was wollen die Weiber am Nebentisch denn*
nun von der Bedienung, »du hast uns für heute Abend

doch eine Überraschung versprochen.« *Ich hau mich glatt platt vor den Klotüren auf die Fliesen, wenn die Alte mit einer Runde Eierlikör ankommt.*

»Ja, Moment, ist gleich fertig.«

Wieso sitzt Angelika plötzlich so schräg auf der Bank, dass ich ständig ihren Rücken vor der Nase habe? Ist die jetzt ganz meschugge?

»So, das ist die Überraschung für euch: Zimtpflaumen im Weckglas, dazu Vanilleeis und Schokostreusel. Eine Kreation von meinem Mann.«

»Bah, das sieht ja gut aus.«

»Uh, ich weiß gar nicht, ob ich das noch vertrage.«

»Ho, so etwas Leckeres geht immer.«

»Der Eierlikör mit dem Schuss Erdbeerlikör obendrauf im letzten Jahr war aber auch was Feines.«

»Du und dein Eierlikör, wie alt bist du eigentlich?«

»Schmeckt mir eben.«

»Also, dann schöne Grüße und danke an deinen Mann. Übrigens, hier hat dein Kai beim Anbohren der Lichterkette einiges an Spänen verloren.« *Hat das Weib in der Ecke eine fiese Lache. Was hat der Typ denn neben den Zimtpflaumen noch fabriziert? Auf dem dunklen Holz sieht man die kleinen scharfen Kringel ja fast nicht. Moment mal. Da habe ich sofort eine Topidee.*

»Edda, Angelika, der Nachtisch sieht richtig lecker aus.«

»Können wir nur empfehlen.« *Haltet euch doch mal raus, verdammt noch mal.* »Ist ein bisschen viel, nicht wahr?«

»Nee, geht schon.«

»Hallo, wir hätten gerne einmal das Dessert.«

»Natürlich, kommt sofort.« *Oh, Mann, jetzt schiebt das Weib die Späne ganz in die Ecke. Hauptsache, sie bleiben da liegen. Oma Tine wäre begeistert von mir. Ihr Sohnemann wird mit seinen heißgeliebten Pflaumen ver-*

*wöhnt. Mein Magen dreht sich schon um, wenn ich nur
an die blöden aufgesetzten Dinger vom Polterabend von
Angelika und Heinz denke.*

»Bitte schön. Einmal das Weihnachts-Dessert für Sie.«
*Scheiße, ist dieses Weckglas vollgestopft. So kann ich die
Späne nicht einrühren.* »Darf es sonst noch etwas sein?«

»Wir möchten gerne zahlen.« *Bah, Angelika, jetzt
verschluck ich mich fast an dieser verdammten Pflaume.
Wieso willst du denn schon los? Vollmehrung sitzt noch
nicht einmal an unserem Tisch. In einer halben Stunde ist
er reif.* »Ist doch so gemütlich hier, Angelika.«

»Für mich reicht es, nicht wahr?« *Scheiße. Geld fürs
Taxi habe ich auch nicht. Bah. Schnell die Pflaume mit
dem restlichen Wein nachspülen.*

»Wir möchten zahlen.« *Stehvermögen haben die Weiber vom Nebentisch nicht.* »Die Stunde heute Morgen
war echt hart für mich.«

»Richtig. Das war deine erste Zirkeleinheit, die du mit-
gemacht hast.«

»Ja. Am härtesten waren die Übungen für die Bauch-
muskeln.« *Palaver, palaver, dann macht euch doch endlich vom Acker, verdammt.*

»So, da bin ich wieder. Geht bei Ihnen alles zusammen
oder zahlen Sie getrennt?«

»Ich esse ja noch mein Dessert. Ziehen Sie bitte zuerst
am Nebentisch ab.« *Schwesterherz, dein krummer Rücken spiegelt so wunderbar deinen Ärger.*

»Ist mir recht.« *Das Eis wird mir auf der Stelle wieder
rauskommen.*

»So viel Zeit hat Heinz wohl, nicht wahr?«

»Er wartet bereits draußen.« *Oh, wie schön. Warten
ist das Allerschlimmste für den kleinen Heinz.*

»Dein Eis schmilzt schon.«

»War alles ein bisschen viel, nicht wahr?« *Vollmehrung, du Blöder, warum kommst du nicht hierher? Bin ich*

froh, wenn ich diese ganzen Weiber hier nicht mehr sehen muss.

»Soll ich dann bei Ihnen auch schon abrechnen?«

»Ja, bitte.«

»Angelika, du hast doch noch kein Weihnachtsgeschenk für Simone. Eine Einladung zum Essen ist was Tolles, nicht wahr?« *Edda, Mensch, von deinem Geistesblitz bin ich förmlich geblendet.* »Danke schön, Angelika. Darüber freue ich mich aber echt. Das niedliche Weckglas mit den Zimtpflaumen nehme ich mit.« *Wenn es gut läuft, revanchiere ich mich, indem du nachher meine Kotze aus dem Auto wischen darfst.* »Mit dem Weckglas macht das dann für Sie ...« *Löhn du man schön, Angelika.*

»Tschüss, schöne Weihnachten und ein gutes neues Jahr euch allen.« *Jetzt haben die Weiber vom Nebentisch es aber eilig.* »Das stimmt! Gesundheit ist das Wichtigste, nicht wahr?« *Hängen mir diese blöden Sprüche zum Hals raus.*

»Danke, Tanja. Hat wieder ganz toll geschmeckt.«

»Schöne Grüße auch an Kai.« *Sülzt nicht rum. Und haut mir beim Anziehen ja nicht wieder eure altmodischen Jacken um die Ohren. Endlich, die sind weg.*

Jetzt rasch noch die Kellnerin loswerden, dann können Edda und Angelika im Rudelgang zum Klo gehen. »Und Ihnen auch fröhliche Weihnachten.«

»Gleichfalls.« *Zwei, drei.* »Wir müssen noch eben wohin.« »Macht ihr mal schön.« *Die Tür ist zu. Vollmehrung ist in seinen Whisky abgetaucht, alle anderen sind ebenfalls tüchtig abgefüllt. Weihnachtsfeier gleich Sauffeier. Und hoch mit dir, Simone, in die Ecke langen und ... aua. Verdammt scharfe Kanten haben diese braunen Dinger. Weckglas auf, rein damit, kurz umrühren und Deckel drauf. Ha, was streift mich da am Rücken?*

»Irgendetwas vergisst man eben immer.« *Die nassen Haare von dem Weib sehen tatsächlich Scheiße aus.*

»Ohne Handschuhe geht es nicht.« *Muss dieses Weib genau in diesem Moment wieder reinschneien? Die kann aber nichts gesehen haben. Jetzt nix wie raus hier. Schal, Jacke, Tasche, Weckglas. Vollmehrung, du kannst mich mal.*

Hoppala, da krieg ich aber einen verplättet. So viel kalte Nachtluft auf einmal wollte ich gar nicht. Die Weiber vom Nebentisch haben anscheinend auch Schwierigkeiten, die Schlüssel in die Fahrradschlösser zu platzieren. Ach, guck an. Da steht er. Hihi. Der Heinz. Wartet und stiert in die Nacht. Seinem Schweißgeruch nach tobt ein mittlerer Orkan in ihm.

»Hallo, Heinz. Bist du schon daaa?« *Uns abzuholen stinkt ihm aber gewaltig.* »Guck mal, Heinz, habe ich dir mitgebracht. Pflaumen. Die magst du doch so gerne.« *Den Löffel hätte ich noch klauen sollen. Dieser Esser ohne Kultur schlingt doch alles sofort runter.*

»Die kannst du dir sonst wohin schmieren!«

Das war knapp. Zum Glück hat er nur den Deckel vom Weckglas erwischt. Die Radfahrer werden sich über die Scherben freuen.

»Hoppla! Abgemacht war doch, dass wir trinken und nicht du?« *Einfach herrlich. Den Weibern vom Nebentisch wird echt noch was geboten.*

»War doch so ein schöner Abend, nicht wahr?« *Mach weiter, Edda, dann platzt mein Schwager von alleine. Obwohl – die kleinen scharfen Holzkringel in seinen Innereien wären mir lieber. Was flüstert dieses Weib mit den hässlichen Haaren vom Nebentisch nur Angelika ins Ohr?*

»Gib sofort das Glas her! Das geht auch zur Polizei.«

»Polizei? Drehst du jetzt komplett durch, Angelika?«

»Rede nicht so mit meiner Frau!« *Bring doch gefälligst deine Fressleisten weiter auseinander, Heinz.* »Hast du mich verstanden!« *Wer soll dich bitteschön so verstehen?*

»Reg dich ab.« *Nun ist aber auch mal gut gewesen. Wie oft wollen die Weiber vom Nebentisch sich denn noch frohe Weihnachten und alles Gute zum neuen Jahr wünschen? Und wer kommt da vom Parkplatz geschlichen?*

»Ilka-Schätzchen! Hat dein Vater dir tatsächlich erlaubt, in die Stadt zu gehen. Super!«

»Nein, hat er nicht.«

»Och, du Arme. Das ist echt ein Grund zum Weinen. Komm schnell zu deiner Tante. Oh, pass auf! Da ist ein total Verrückter mit dem Auto unterwegs.« *Matties, dieser Idiot. Der hat hoffentlich seine Flossen nach der Arbeit desinfiziert. Huch, der ist ja noch mehr in Rage als sein Vater.*

»Du verdammtes Miststück, du ...«

»Angelika, die Erziehung meines Neffen ist, glaube ich, so richtig in die Hose gegangen.« *Der will mir tatsächlich eine reinhauen.* »Du Biest!«

»Matties!« *Bah, das wurde aber Zeit, Heinz.* »Mach dir an der nicht die Finger schmutzig.« *Wie auch? An denen klebt doch schon Scheiße.* »Die Polizei wird gleich hier sein.«

»Was faselt ihr dauernd von Polizei? Habt ihr sie noch alle?«

»Du Miststück hast unsere Oma Tine umgebracht!«

»Ilka-Schätzchen, glaub das nicht, was dein Bruder sagt.« *Wieso lässt die sich von Matties in den Arm nehmen? Die können sich doch nicht riechen.*

»Du Satansbraten hast nicht nur meine Mutter umgebracht. Du hast unserer Tochter obendrein solche Flausen in den Kopf gesetzt, dass Angelika und ich gar nicht mehr richtig mit ihr reden können.« *Press deine Fressleisten lieber wieder zusammen, Heinz. Dann ersparst du mir deinen Mundgeruch.*

»Wie soll ich denn bitteschön deine Mutter umgebracht haben?« *Die Weiber an ihren Fahrrädern kriegen ja echt*

eine Galavorstellung geboten. »Etwa mit dem Kissen er-
stickt?« *Was wollen die beiden kleinsten von den Weibern
denn wieder im* »*König*«? *Noch mehr Zuschauer holen?*
»Und welche Flausen soll ich Ilka in den Kopf gesetzt haben?« *Der Mann ist doch als Vater eine totale Niete.*

»Simone, du bist so verblendet. Du begreifst gar nichts
mehr!«

»Aber du, Schwesterherz.« *Wenn es nicht so lustig wäre,
könnte ich glatt kotzen. Uhh, ruhig runterschlucken. Die
Show will ich ihnen nicht auch noch bieten.* »Als kleine
Verkäuferin von Wollschlüpfern für alte Muttis hast du es
wirklich weit gebracht.« *Da muss ich echt lachen.*

»Oh, Angelika, oh, immer, wenn man sie braucht, sind
sie weg, nicht wahr?« *Ach, Edda, lass die Tempos stecken! Bei der ist Hopfen und Malz verloren.* »Beruhige
dich. Ich halte so lange das Weckglas. Ist niedlich, nicht
wahr?« *Guck an, da kommen die beiden Mutter Theresas
wieder mit der Kellnerin im Schlepptau. Wolldecken für
Ilka und Schwesterherz. Eine Runde Kurze und Glüh-
wein für alle. Nee, wenn Ilka es nimmt, ist es Tee. Bah,
nee. Ich will auch einen Kurzen!*

»Du bist in meinen Augen das Allerletzte.« *Soll ich mir
dafür etwas kaufen, Heinzi Mausi?* »Meine Frau ist in
Norden eine äußerst erfolgreiche Filialleiterin eines sehr
bekannten Modelabels.« *Gähn, wie langweilig.* »Erzähl
mal eben, was du gelernt hast.«

»Fremdsprachenkorrespondentin …«, *du Schwein,*
»Model. War das nicht sogar in Paris? Ach ja, und dann
der absolute Clou: Botschaftsangestellte in Timbuktu.
Hieß doch so, oder?« *Wenn du nicht aufhörst, scheuer ich
dir eine.* »Eure Mutter hat dir die komplette Witwenrente
mit beiden Händen nachgeschmissen.«

»Was kann ich dafür, dass ich an so doofe Lehrer, einen
Idioten von Fotografen und Drachen von Hausdame geraten bin.«

»Ihre Beerdigung hat deine Schwester von ihrem Ersparten bezahlt.« *Ja, und? War das denn nun schlimm, den Führerschein drei Jahre nach mir zu machen?* »Wenn wir dich nicht aufgenommen hätten, würdest du jetzt auf der Straße sitzen«, *können diese blöden Weiber vom Nebentisch sich nicht endlich vom Acker machen,* »nachdem dich dein dritter Ehemann rausgeschmissen hat.« *Dieses Arschloch stellt gerade mal drei Kartons mit meinen Sachen in die leere Garage, während ich auf Malle bin. Mehr würde ich sowieso nicht tragen. Dass der auch gleich sämtliche Schlösser ausgewechselt hat. Aber mein Konto zu sperren ist die größte Sauerei.* »Arno war viel zu gut für dich.« *Dem lieben Arno werde ich es noch zeigen. Mein Anwalt hat einen klitzekleinen Passus im Ehevertrag entdeckt. Pech, wenn Halbsätze nicht klar und deutlich formuliert werden.*

»Frau Claußen, Frau Simone Claußen?«

»Ja, was ist?« *Den Typen kenn ich nicht.*

»Ich bin Oberhauptkommissar Fechtner. Das ist mein Kollege Neugard.« *Nicht euer Ernst. Soll ich in dieser Gasse um diese Zeit Ausweise entziffern?*

»Wir verhaften Sie wegen Mordes an Frau Tine Schweigelt.« *Und morgen kommt der Weihnachtsmann. Wat ekelig. Hat der viele Krater im Gesicht.* »Wie soll ich die Alte denn beseitigt haben?«

»Papa, nicht!« *Ilka-Schätzchen, was kümmert dich dein Vater? Väter sind das Überflüssigste überhaupt.*

»Kommen Sie bitte mit.«

»Ich denke gar nicht daran.« *Das können die mir im Leben nicht beweisen. Oh Mann, fühlt sich das gut an.*

»Soll ich hier ...« *Ja, guck dich man um. Hier hast du richtiges Publikum. Nu man los, Kratergesicht.* »Wie Sie wollen. Aufgrund der neuesten Untersuchungsergebnisse haben Sie nach einem Prozesstermin, Ihre Scheidung betreffend, ihrem Nochehemann, einem Diabetiker, eine

Notfallpackung Insulin aus seinem im Gericht hängen gelassenen Mantel gestohlen.« *Muss Vollmehrung gerade jetzt mit seinen Kollegen das Lokal verlassen.* »Nachdem er später festgestellt hatte, dass das Insulin fehlte, benachrichtigte er seinen Ex-Schwager. Dieser bestand sofort auf einer Obduktion und Hausdurchsuchung, als nach einigen Tagen seine Mutter plötzlich verstarb.«

»Wie soll ich das denn gemacht haben? Zu der Zeit war ich doch in Hamburg bei einer Freundin.« *Nicht mit mir. Ich bin eben genial. Bah, mir kommt es hoch, wenn ich an die Maloche in dieser Schmuddelbar denke.*

»Sie hatten Glück. Im Gegensatz zu Ihrem Opfer.« *Mann, Angelika, hör' auf zu heulen. Das nervt.* »Deren Todeskampf dauerte drei Tage.«

Edda, du bist so doof. Gibst dem Typen auch noch das Weckglas.

»Wie ich gerade höre, kommt versuchte schwere Körperverletzung an Ihrem Schwager hinzu.« *Der hat doch tagtäglich mit Rohrfrei zu tun.* »Da kommen einige Jahre Gefängnis auf Sie zu.«

»Hoffentlich versauerst du da.« *Matties, du eklige Ratte.*

»Ich will nie mehr etwas mit dir zu tun haben!«

»Aber Ilka-Schätzchen!«

»Komm mir nie wieder unter die Augen!« *Glaub mir, Heinz, es gibt Schlimmeres.*

»Ab heute habe ich keine Schwester mehr.« *Dann, liebe Angelika, gebe ich dir doch gleich mal dein Weihnachtsgeschenk zurück. Bah, Toptreffer. Lachsstückchen in Rotweinsauce genau auf Angelikas nagelneue Stiefeletten. Hey, gebt mir auch ein Tempo. Alle kümmern sich wieder nur um meine große Schwester. Vorsicht Kratergesicht. Hände weg von meiner Frisur. Ich steig ja schon in dein komisches Auto.*

Ofenkartoffel mit Lachs

Zutaten:
1 dicke rohe Kartoffel
4 Scheiben Räucherlachs
Stück Butter
Salz, Pfeffer
3 EL Sour Cream
Salat (Eisbergsalat / Tomate / Gurke)

Zubereitung:
Eine dicke rohe Kartoffel (vorwiegend festkochend) waschen, mehrfach mit einem dünnen Spieß einstechen, in Alufolie legen, mit einem Stückchen Butter, Salz und Pfeffer verpacken.
40 bis 60 Minuten bei 200 bis 220 Grad im vorgeheizten Ofen backen.
Mit einem Holzspieß testen, ob die Kartoffel gar ist. Sie muss sich weich anfühlen und darf nicht mehr am Spieß hängen bleiben.

Bei der fertigen Kartoffel oben die Folie lösen. Auf dem Teller mit Sour Cream und frischem Eisbergsalat, Gurken- und Tomatenscheiben anrichten.
Dazu mehrere Scheiben Lachs reichen.

Zimtpflaumen

Zutaten:
500 g Pflaumen, halbiert und entkernt
50 g Zucker
250 ml Wasser
2 Zimtstangen

Zubereitung:
Alles zusammen zum Kochen bringen und so lange kö-
cheln lassen, bis die Pflaumen weich sind.
Eine Packung Puddingpulver (Vanillegeschmack) mit
sechs Esslöffeln Wasser anrühren und mit der Pflaumen-
masse vermischen. Unter Rühren nochmal aufkochen.
Bevor die Pflaumenmasse in Gläser gefüllt wird, die
Zimtstangen entnehmen.
Glas mit Zimtpflaumen sowie einer Kugel Vanilleeis in
einer knusprigen Waffelschale, garniert mit Schokostreu-
seln, auf einer Holz- oder Schieferplatte servieren.

Claudia Schmid

Blutsbande

LEER

Es ist ein Tag im August, ihr Geburtstag. Wie immer decke ich an diesem Tag den Tisch mit ihrem Geschirr ein.
Der Goldrand wird zusehends dünner, die aufgemalten
Rosen verblassen. Ich öffne das Fenster an diesem schwü-
len Sommermorgen. Ein Schwall heißer Luft kommt mir
entgegen. Alleweil ist es so heiß an ihrem Geburtstag. Ich
habe Kuchen gebacken. Das kleine blaue Glas steht auf
dem Tisch. Ein dickes, schweres Glas mit Kratzern. Daraus hatte sie seit ihrer Kindheit getrunken. Nun gehört
es mir.

Mutter. Ich setze mich an den Tisch, nehme das blaue
Glas. Ein früher Lichtstrahl kommt durch das offene
Fenster und bricht sich in dem Blau. Später werde ich zu
ihr fahren. Sie erkennt mich schon lange nicht mehr. Ihre
Pflege hat mich an meine Grenzen gebracht, bin ich doch
selbst beinahe sechzig Jahre alt. In dem Heim am Stadt-
rand von Leer ist sie gut versorgt. Lange habe ich mit
meinem Bruder über die Kosten gestritten, bis er endlich
einsehen musste, dass ich sie unmöglich allein aufbringen
kann. Ragnhild, seine Frau, redet seitdem kaum noch mit
mir.

Ich schneide mir ein Stück Kuchen ab. Es ist Mutters
Lieblingskuchen. Johannisbeeren mit Baiserhaube. Krümel fallen auf meinen Rock. Mutter. Mein ganzes Leben
hat sie bestimmt. Immer fügte ich mich. Ein Blick von ihr
und ich habe nachgegeben. Immer.

Mein Bruder durfte aufs Gymnasium gehen, war ja
auch »ein richtiger Junge«. Ich musste auf den Äckern
mithelfen. Seit etlichen Generationen ist der Hof schon

im Besitz unserer Familie. Wir bauen hauptsächlich Kartoffeln und Raps an.

Mein Bruder sollte das alles später übernehmen. Für unsere Eltern war es selbstverständlich, dass Richard sich der Familientradition fügen würde. Wie mein Vater auf seinen Vater gefolgt war. Richard war kurz vor dem Ende seines Studiums, als Vater auf dem Traktor zusammenbrach, Schlaganfall. Nach drei Tagen im Krankenhaus starb er. Nun galt es für mich, doppelt anzupacken. Mutter war gerührt, dass Richard, obwohl er im Examen steckte, Vater am Totenbett besuchte. Einen halben Tag saß er bei ihm. Ich selbst konnte nur ganz kurz zu Vater, denn die Ernte musste eingebracht werden. In Arbeitskleidern war ich direkt vom Feld an sein Bett geeilt, mein Bruder saß da im weißen Hemd und akkurat gebügelter Hose und blickte mich von der Seite an. Wir nickten uns nur kurz zu. Wir sprachen nie viel miteinander. Das war bei uns nicht üblich. Mein Leben bestand aus Arbeit, für mich war es selbstverständlich, alles für die Familie zu tun. Ich ging davon aus, mein Bruder würde diese Einstellung teilen.

Danach blieb alles beim Alten. Es war wie immer, außer dass Vater nicht mehr da war. »Kommst du mit zum Notar?« Mutter sah flüchtig an mir vorbei.

Die Kartoffeln mussten dringend eingebracht werden. Mutter sollte das mit dem Erbschein für mich regeln, ich kümmerte mich nicht weiter darum. Ein Mann, der schon bei Vater gearbeitet hatte, ging uns von nun an zur Hand, er wählte auch die Erntehelfer aus. Es war ein Rekordjahr, wir konnten zufrieden sein. Mutter und ich gaben ein Fest für die Arbeiter.

Mutter klammerte sich regelrecht an mich. Nach getaner Arbeit saß ich meist bei ihr in der Küche. Es wäre mir nie in den Sinn gekommen, sie dort allein zu lassen. Obwohl ich gerne eine eigene Familie gehabt hätte. Aber es

ging einfach nicht. Sie hatte doch nur mich. In ihrer Kittel-
schürze hockte Mutter auf ihrem Stuhl, die grauen Haare
zu einem strengen Knoten gebunden. Der Blick ihrer Augen ins Leere gerichtet. »Schwül ist es heute wieder.«

»Ja, Mutter. Schwül ist es.«

»Sind die Kartoffeln gut dieses Jahr?«

»Ja, Mutter.«

Mein Rücken schmerzte. Viel lieber würde ich im Bett
liegen und noch ein bisschen lesen. Oder einfach mal
durch Leer schlendern.

»Wann kommt Richard?«, unterbrach sie die Stille
zwischen uns.

»Weiß nicht. Hat wohl viel zu tun.«

»Fleißig ist er, mien Jung.« Ein Leuchten flackerte auf
ihrem Gesicht.

Richard war nach Beendigung seines Studiums nicht
wie von uns erhofft zurück nach Hause gekommen. Richard blieb in Hamburg wohnen. »Mit *dem* Examen,
Waltraud, das musst du doch einsehen! Ich muss meine
Chance nutzen!«

Eine große Bank stellte ihn sofort ein. Wir sahen uns
selten. Bis er uns eröffnete, dass er heiraten würde. Wir
lernten seine Frau bei der Hochzeit kennen. Mutter und
ich wirkten ein bisschen fehl am Platz. Mutter trug ein
kariertes Kleid, ich mein schwarzes, das ich immer anzog,
wenn ich etwas Festliches brauchte. Es hing ganz hinten
im Schrank, mit einem Lavendelsäckchen gegen Motten
geschützt. Die neue Verwandtschaft Richards sah ziemlich fein aus. Mein Bruder hatte wohl in bessere Kreise
hineingeheiratet. Sie waren höflich zu uns, aber irgendwie
frostig.

Die elegante Ragnhild war auch berufstätig und viel
unterwegs. Sie starrte auf meine schwieligen Hände und
ließ ihren Blick abschweifen. »Besucht uns doch mal«,
sagte sie beiläufig beim Abschied. Ich merkte sofort, das

war keine ernst gemeinte Einladung, mehr eine leere, höfliche Floskel.

Als ich im Supermarkt an der Kasse anstand, sah ich am Zeitschriftenständer Ragnhilds Foto auf dem Titelbild einer Illustrierten. Ich kaufte das Heft. Einen Preis hatte sie bekommen, die Ragnhild, weil sie eine Firma saniert hatte. Richtig gut sah sie aus auf dem Foto. Ich habe auch mal einen Preis bekommen. Den dritten Platz bei einem Wettbewerb der Landfrauen um Kochrezepte. Ich hatte mir ein Rezept für Kartoffelpizza ausgedacht, die ich hin und wieder für Mutter und mich buk.

Zwei Kinder bekam Ragnhild von meinem Bruder. Zu den Taufen fuhren wir hin. Die Mutter nahm Geld mit im Kuvert, ich weiß nicht, wie viel sie da hineintat. Paten der Kinder meines Bruders wurden Geschäftsfreunde. Zu Weihnachten schickten sie Fotos der Kinder.

Auf meinem Teller liegen Brösel. In Gedanken habe ich mit der Gabel das ganze Stück Kuchen zerdrückt. Ich hole einen Löffel aus der Schublade und esse die Krümel. Am Nachmittag fahre ich zu Mutter.

Wie immer in den letzten Wochen erkennt sie mich nicht. Oft sagt sie »Mutter« zu mir, manchmal auch Emily, so hieß die Schwester ihrer Mutter. Dann fängt sie meist an zu weinen und fragt, wann sie endlich nach Hause darf, zu ihren Eltern und den kleinen Geschwistern. Es fällt mir schwer, das auszuhalten. Mehrere Male bat ich Richard, Mutter doch auch mal zu besuchen.

Mutters Lider flackern. Mit einem Mal ist ihr Blick ganz klar. »Ich hab halt gedacht, es wär so richtig, weißt du?«

Ich weiß nicht, *was* ich wissen soll.

»Als euer Vater tot war, hab ich alles Richard überschrieben. Es sollt' eben alles beieinanderbleiben, so wie es immer war bei uns. Immer an den Sohn.«

Ich verstehe nicht recht.

»Musst dich mit ihm einigen, wenn ich nicht mehr bin. Dass du wenigstens dort wohnen kannst, weißt du. Er ist ja schon ein guter Junge.«

Eine unheilvolle Ahnung beschleicht mich. »Mama, bin ich im Grundbuch mit eingetragen?«

Doch ihr Blick wird wieder trüb, die wenigen Minuten des Beisichseins sind vorbei.

»Mama! Was ist mit unserem Hof? Dem Land? Gehört das alles Richard alleine!?« Ich packe sie an den Schultern. Ein Speichelfaden läuft aus ihrem Mund. Sie hebt den Blick und schaut mich unendlich traurig an. Irgendwie scheint sie plötzlich ganz weit weg zu sein. »Emily, nimmst du mich endlich mit nach Hause?«

Wie betäubt setze ich mich ins Auto. Bei Vaters Tod war ich davon ausgegangen, dass Richard und ich gemeinsam seinen Besitz erben würden. Ich arbeitete schließlich die ganze Zeit, brachte mein ganzes Leben für unseren Hof ein. Ich hatte mich wie selbstverständlich auf Mutter verlassen, dass sie die Sache ordentlich regeln würde, dass sie mich, ihre Tochter, nicht einfach übergehen würde.

Ich lenke mein Auto zum Grundbuchamt. Nach einem Blick ins Grundbuch taumle ich hinaus. Neben meinem Auto stehend übergebe ich mich. Nur Richard ist im Grundbuch eingetragen. Ich nicht. Mutter war bei Vaters Tod alleinige Erbin und hat Richard den Hof als Schenkung übertragen. Richard, der nie auch nur einen Finger für uns gerührt hat. Der es noch nicht mal jetzt für nötig befand, Mutter zu besuchen. Wieso hatte sie mich derart übergangen? Ich wische mir den Mund ab, lasse den Wagen stehen und laufe ziellos durch Leer. In der Rathausstraße halte ich inne. Soll ich mir eine Flasche Wein kaufen? Oder besser gleich eine Flasche Rum? Ich setze mich in ein Kaffeehaus am Museumshafen. Während ich in meiner Tasse Tee die Kluntjes verrühre, blicke ich auf den alten Dampfschlepper, der hier vertäut ist. Ich hatte mir nie die Zeit genommen, ihn zu besichtigen. Meine ganze Arbeitskraft habe ich ausschließlich in den Hof gesteckt. Dicke Tränen laufen über meine Wangen.

Bald darauf schließt Mutter für immer die Augen. Wir Geschwister sehen uns erst wieder an Mutters Grab. Ich nehme Richard zur Seite. »Wir müssen reden, Richard.«

»Worüber willst du mit mir reden?«

»Über den Hof.«

»Der gehört mir allein. Vater und Mutter haben es so haben wollen.«

»Aber Richard, ich hab doch da mein ganzes Leben verbracht!«, stammle ich.

Unbemerkt ist meine Schwägerin zu uns getreten. »Hättest du halt damals was Richtiges gelernt!« Ragnhilds Augen werden schmal. »Ich habe sowieso nie verstanden, weshalb du so gar nichts aus dir gemacht hast. Mein lieber Himmel, wir leben schließlich im 21. Jahrhundert! Du hättest alle Türen offen gehabt, genauso wie dein Bruder. Also wirklich.«

»Und was ist jetzt mit dem Wohnrecht?« So schnell will ich mich nicht geschlagen geben. »Ich werde demnächst sechzig! Wo soll ich denn sonst hin?«

»Waltraud, was soll das!« Mein Bruder hebt abwehrend die Hände. »So können wir den Hof doch nie und nimmer verkaufen! Also ehrlich, du hast doch immer genügsam gelebt. Du wirst doch ein bisschen was zurückgelegt haben, davon kannst du dir eine kleine Wohnung kaufen.«

»Was zurückgelegt? Ich habe alles im Betrieb gelassen. Das weißt du ganz genau.« Verzweifelt sehe ich ihn an.

Ragnhild übernimmt das Wort: »Also, liebe Schwägerin, wenn du derart unklug warst, können wir auch nichts dafür.« Sie blickt auf ihre Uhr. »Ich habe einen wichtigen

Geschäftstermin, ich muss heute noch zurück nach Hamburg.« Sie sieht Richard an und hebt das Kinn. »Lass uns fahren.«

Tausend Dinge gehen mir durch den Sinn und gleichzeitig ist mein Kopf wie leer. Das darf doch alles nicht sein! Ich starre ihn fassungslos an. Mein Bruder! Mutter! Mein ganzes Leben auf Sand gebaut, der nun unter mir wegrieselt. Ich schüttle den Kopf. »Nein, du gehst nicht einfach weg. Als ob hier alles in Ordnung wäre. Hier ist nämlich nichts in Ordnung, verstehst du? So geht das nicht!«

Richard lächelt nachsichtig. »Ragnhild hat völlig Recht. Es ist ganz allein deine Schuld. Du hättest wirklich etwas aus dir machen sollen.« Sein Blick gleitet über mich. »Sieh dich doch nur mal an. Wer soll schon ein Haus kaufen, in dem du ein Wohnrecht hast? Glaubst du wirklich, jemand will mit dir unter einem Dach leben?«

Plötzlich bin ich ganz leer und fühle mich allein. Wie spricht mein Bruder überhaupt mit mir? Ich war doch immer für die Eltern da! Wie hätte ich da was aus mir machen sollen? Und weshalb beleidigt er mich nun auf so gemeine Weise?

Ragnhild lacht auf und es klingt hämisch. »Nun lass sie! Komm endlich.«

Aber so leicht will ich ihn nicht davonkommen lassen. So nicht. Wut kocht in mir hoch, eine unendlich große Wut auf diesen Lackaffen, den ich erst jetzt in meinem Bruder erkenne. Es geht ihm nur um seinen eigenen Vorteil. Ich, seine Schwester, bin ihm völlig egal. Der hat mich richtig übers Ohr gehauen, dabei sind wir doch Blutsverwandte. In unmittelbarer Nähe des Grabes liegen zwei Schaufeln bereit für die Friedhofsarbeiter, um Erde auf Mutters Sarg zu werfen, sobald alle Trauergäste weg sind. Ich greife nach einer der Schaufeln, schwinge sie hoch und haue sie voller Wucht gegen Richards Kopf. Er reißt ungläubig die Augen auf, dann sinkt er zu Boden. Aus seinem linken Ohr läuft Blut.

Langsam, sehr langsam legt sich der Sturm in mir, während ich dastehe mit der Schaufel in der Hand und meinen Bruder anblicke, der sich auf dem Sandweg krümmt. Ich stehe da und heule. Alles, aber auch wirklich alles ist kaputt, und Richard ist daran schuld.

Ragnhild telefoniert. Vielleicht sagt sie ihren Termin ab.

Waltrauds Kartoffelpizza

Zutaten:
300 g Kartoffeln
4 große Tomaten
100 g vorgegarter Brokkoli
200 g Pizzakäse
150 g Gorgonzola
Rosmarin (gemahlen), Oregano, Salz und Pfeffer

Zubereitung:
Die geschälten rohen Kartoffeln grob raspeln und auf einem mit Margarine eingefetteten Backblech verteilen. 15 Minuten bei 180 Grad backen. Dann die in feine Scheiben geschnittenen Tomaten darauf verteilen, den Brokkoli sowie die Gewürze, den in schmale Streifen geschnittenen Gorgonzola hinzugeben und darüber den Pizzakäse streuen. Anschließend nochmals 20 Minuten auf derselben Temperaturstufe backen.

MONIKA BUTTLER

Die Dame in Weiß

AURICH

Ausgerechnet Aurich. Ich war enttäuscht. Warum hatte er
nicht woanders sterben können? Wenn ich bedenke, dass
er als Deutschlands berühmtester Literaturkritiker zwischen New York, Mailand und Wien hin und her gejettet
ist, dann hätte ich mir für sein Ende einen glamouröseren
Ort gewünscht. Und bei der Beerdigung wäre auch für
mich ein wenig Glanz abgefallen. Vielleicht wäre ich ins
Guggenheim-Museum gegangen. Oder hätte mir italienische Mode beguckt oder im Sacher-Hotel eine Sachertor-
te gegessen.

Aber nun hatte es meinen Onkel Tanno in seiner Ge-
burtsstadt Aurich getroffen. Vor Kurzem war er von seinem Wohnsitz in Berlin dorthin zurückgekehrt, back to
the roots, wie man so sagt. Hatte wohl geahnt, dass der
Tod schon hinter ihm stand. Mit siebzig ist man schließlich auf der Zielgeraden.

Immerhin müssen die anderen Trauernden, oder sollte
ich sagen Erben in spe, nun auch nach Aurich. Mit leichter Häme stelle ich mir vor, wie sich die ganze Karawane
in dieses ostfriesische Plattland schleppt: erste Ex-Frau,
zweite Ex-Frau, eine getrennt lebende Noch-Ehefrau,
Geliebte, Kinder. Dazu seine Männer, er hat ja kreuz und
quer geliebt. Wenn Tanno Sievert sein Leben anschauen
könnte – was er naturgemäß nun nicht mehr kann – so
hat er es geistreich, farbig und exzessiv gelebt. Dafür habe
ich ihn immer bewundert und beneidet. Ich selbst blieb
ja stets nur Zaungast für ihn. Eine blasse Blume am Weg-
rand, die sein verwandtschaftlicher Blick nur selten ge-
streift hat. Ich kann es ihm nicht mal verdenken. Ich bin

eine fahle Blonde von Ende vierzig – Blondine wäre zu sehr geschmeichelt – mit schmal gewordenen Lippen und dauerhaftem Bankjob. In meiner Freizeit dichte ich ein bisschen. Meine Haikus hab ich ihm sogar mal gezeigt. »Ach Gott, diese Hausfrauenpoeme«, hat er gesagt, und das war's dann.

Jetzt wartet er im Sarg auf uns. Von Hamburg, meinem Wohnort, nehme ich den Zug. In Leer steige ich in einen Bus um. Als ich in Aurich ankomme, strahlt die Sonne, zerzupfte Wolken ziehen über einen blauen Frühlingshimmel. Ich rolle mit meinem Gepäck in die Fußgängerzone und finde die »Hauptstadt Ostfrieslands« sofort sympathisch. Provinzflair, das die Seele wärmt: zu beiden Seiten gereiht spitzgieblige, weiß oder pastellfarben verputzte Häuschen; nur am Marktplatz fällt ein raketenartiger Stahlturm aus der Rolle. Ein Architekt namens Albert Sous hat ihn entworfen. Ja, ich habe mich ein wenig informiert. Trauer hin, Trauer her – wenigstens von außen will ich ein paar Kultureindrücke mitnehmen. Die Burgstraße ist die eigentliche Einkaufsmeile. Unter den historischen Fassaden dicht an dicht kleine Läden, hinter den Dächern erkenne ich die Lamberti-Kirche mit ihrem Schieferturm und dem hellen Geländer.

Links das Historische Museum. Da würde man Ostfriesland zum Anfassen kriegen. Aber ich muss weiter. Ich weiß nur, dass Aurich im 13. Jahrhundert gegründet wurde und dass man die hiesigen Herrscher damals Häuptlinge nannte.

Jetzt bin ich mordsgespannt auf mein Hotel, das *Hochzeitshaus*. In der Villa aus dem 19. Jahrhundert kann man nicht nur übernachten, sondern auch Feste feiern. Eine Heirat, gar meine eigene, wäre mir natürlich lieber gewesen. Aber nun ist Trauerfarbe angesagt. Im Veranstaltungszimmer werde ich mich zusammen mit der Erbmeute von Onkel Tannos Begräbnis erholen.

Bei Kaffee und Kuchen. Leichenschmaus im *Hochzeits-haus*.

Ich biege ab in die Straße Hoher Wall. Und da sehe ich sie: Die weiße Villa mit ihren Erkern und Säulen leuchtet im Grün einer Gartenanlage. Ich laufe weiter bis zum Hoteleingang in der Bahnhofstraße.

Drinnen empfängt mich ein nostalgisches Ambiente in Schwarz und Weiß. Über eine Wendeltreppe führt mich die Rezeptionsdame zu meinem Zimmer hinauf. Holzboden, ein bäuerlicher Schrank – hier werde ich mich wohlfühlen. Bis zur Beerdigung ist noch etwas Zeit. Ich gehe hinunter und nehme Platz auf einer gefliesten Veranda, zum Garten hin offen und umgrenzt von einer Balustrade mit schmiedeeisernen Pfeilern. Bei einem Tee, natürlich ostfriesisch mit Kandis und Sahnewölkchen, genieße ich den Anblick weißer Hortensien. Ich komme mir vor wie in einem Belle-Epoque-Roman. Dazu passt sogar die nicht mehr ganz junge Frau in Weiß, die ein paar Tischchen weiter wie ich ihr Teetässchen hält.

Sie trägt ein weites Kleid mit Kurzblazer, der Teint fast durchsichtig, das Haar schimmert rötlich. Ihr Sekundenblick scheucht mich zurück. Eine Unnahbare. Von einer Art, die Männer erotisch finden. Ist sie allein? Oder kommt noch ein Begleiter? So, wie die Serviererin sie eben begrüßt hat, scheint sie ein Stammgast zu sein.

Hoffentlich tauchen hier nicht Onkel Tannos Nachlassjäger auf. Ach was. Die residieren bestimmt im *Hotel am Schloss Aurich*. Vier Sterne immerhin.

Im schwarzen Kostüm mache ich mich auf den Weg zu dem nicht weit entfernten Friedhof. Vor der Kapelle nimmt mich sehr herzlich Tannos Freund und einstiger Lover in den Arm. Lila Fliege, gescheitelte Silbertolle – Anwalt Doktor Ulmen zeigt jene Eleganz, die auch mein Onkel pflegte.

Da hocken die Gierigen im Vorraum. Karin, Ex-Frau Nr. 1, trägt noch immer ihre Afro-Frisur, ist nun aber ergraut. Das Muttertier wird von drei Söhnen umrahmt, die meinem Onkel so gar nicht ähnlich sehen; Blondchen Mareile, Ex-Frau Nr. 2, hat sich heute für eine Art Unterrock und ein verschärftes Dekolleté entschieden; Drittfrau Gloria versteht sich offenbar als die wahre Witwe – sie tritt dramatisch mit Gesichtsschleier auf, was praktischerweise auch ihre Alkoholverwüstung verbirgt. Klingt jetzt etwas bösartig, aber für die war und bin ich ja nicht existent.

So belasse ich es bei einer Minimalbegrüßung und nähere mich unauffällig den beiden Prominenten der Trauerrunde. Onkel Tannos Freunden, den Literaten. Freunde? Respektlos, dass sie noch nicht einmal flüstern.

Dieter Dunst, Deutschlands bekanntester Überall-Raucher, vom Alter gebeugt und nach wie vor auf den Nobelpreis wartend, klemmt sich eine Zigarette unter den Schnauzer.

»Wie geht's dir, Walter? Hast du mein neues Buch gelesen? Schon acht Rezensionen, in der SZ, FAZ, in WamS und BamS … «

Walter Schmidt-Rotter, pummelig und mit Sabberlippe, sieht auch diesmal wieder aus, als wäre er gerade aus dem Bett gekommen. »Ach, ich bin ja sooo kaputt. Fünfzehn Lesungen in drei Wochen. Zwar immer mit Chauffeur, aber … «

Da gehen die Türen zum Andachtsraum auf. Der Sarg ist weiß, geschmückt mit schneefarbenen Orchideen, den Lieblingsblumen meines Onkels. Ich hab mich nach hinten gesetzt, bin ja wie gesagt nur eine Randfigur. Ein Geräusch reißt mich aus meinem Gedankennebel, ich drehe mich um und erkenne – die Frau in Weiß. Die Dame von der Hotelterrasse. Sie schleicht zur letzten Bankreihe, in der Hand eine Orchidee so hell wie ihr Kleid.

Später stehen wir am offenen Grab. Was man aus Schwarz alles machen kann! Die Geschiedenen haben ihr Trauer-Outfit mit halsgenau gleichen Goldcolliers bestückt, Tannos beim Hausjuwelier bestellten Scheidungsgeschenken. Witwe Gloria trägt Handschuhe, die wie Pulswärmer aussehen. Dichterfürst Dieter Dunst hält die Grabrede. »Ein genialer Geist ist von uns gegangen. Wie schrieb er damals so treffend über mich ...« Ich äuge zu Schmidt-Rotter hinüber. Mit jeder neuen Ich-Preisung seines Konkurrenten wächst seine Wutröte.

Endlich geht's weiter. Nur Freund Doktor Ulmen weint und wirft mit bloßen Händen statt mit einer Schaufel die Erde auf den Sarg. Ich trete an die Grube und sehe beim Wiederaufblicken an einem Rhododendronbusch etwas Weißes blitzen. Da ist sie wieder – die Dame aus dem Hotel. Es kann, denke ich, nur eine Geliebte meines Onkels sein. Sicher wartet sie, bis unsere Trauertruppe abgezogen ist, um dann ihre Orchidee hinterherzuwerfen.

Im *Hochzeitshaus* drängen wir Hinterbliebenen ins Festzimmer. Durch hohe Fenster geht der Blick in den Garten. Stilvoll dekoriert die Leichentafel: schwarze Kerzen, Trauerbänder, schwere Silberkannen für Tee und Kaffee. Und Torten über Torten. Ich muss mal zählen, wie viele – doch da ertönt schon der befürchtete Entzückensschrei. Mareile. »Herr Ober, was ist denn das für eine Torte?« – »Eine Knüppeltorte, meine Dame.« – Und diese?« – »Ostfriesentorte.« – »Und ...« Ein herrischer Blick aus Glorias Stahlaugen lässt Blondchen zum Glück verstummen.

Dann stoßen wir mit Champagner an. Der Ruinart war Tannos Tag- und Nachtbegleiter. Wenn man von Doktor Ulmen einmal absieht. Der ist auch Tannos Nachlassverwalter. »Woran ist mein Onkel eigentlich gestorben?«, frage ich flüsternd den neben mir sitzenden Seelenfreund.

»An seinem Herzleiden.«

Inzwischen ist die Tortenschlacht in vollem Gange. Karin schiebt ihren dicklichen Söhnen ohne Anstandspause ein Stück nach dem anderen auf die Teller. »Da ihr gerade von der Erbmasse sprecht«, wendet sie sich an ihre Rivalinnen, »so möchte ich meinen Anspruch auf Tannos Kuchengabeln anmelden.«

»Geschenkt! Ich erbe ja die Häuser in Berlin, auf Sylt und in Südfrankreich.« Gloria macht eine Geste, als gehöre ihr der Erdball.

»Südfrankreich?« Mareiles Stimme geht eine Tonlage höher. »In der Villa will ich mein Atelier einrichten. Das mediterrane Licht …«

»Und die Kinder?« Karin reckt sich empört in die Höhe und schaut auf ihre mindestens 30-jährigen Söhne.

»Aber meine Damen!« Der Anwalt schlägt mit dem Teelöffel an sein Champagnerglas. »Ich bin doch ziemlich befremdet, dass Sie bereits hier, auf der Leichenfeier, das Thema Erbe anschneiden. Im Übrigen sind Sie als Geschiedene ja schon mit Apanagen versehen.«

»Sehr richtig.« Der Nobelpreisträger im Wartestand legt seine Zigarette auf die Untertasse. »Wichtiger ist schließlich die Stiftung. Ich könnte mir vorstellen, den Ehrenvorsitz zu übernehmen. Über das Gehalt können wir dann noch sprechen.«

»Wohl kaum, Herr Dunst. Und wenn Sie gestatten, dann esse ich jetzt meine Torte zu Ende.«

Unfassbar. Gut, dass ich mit dem Geldkram nichts zu tun habe. Der arme Doktor Ulmen.

»Lecker, diese Torten.« Dichter Schmidt-Rotter schafft es, sich erneut zu bekleckern. »Hör mal, Dieter: Kennst du den Witz mit Omma? Also, der spielt in Dortmund … oder war es Duisburg?«

»Kenn ich.« Der Großliterat bleibt beleidigt.

Ich überlege, mir das Rezept zu der Ostfriesentorte mit Traubenkompott geben zu lassen.

Da betritt eine helle Erscheinung den Raum. Die Dame in Weiß. Die rätselhafte Unbekannte.

»Geschlossene Gesellschaft!«, schreit Karin los und Köpfe drehen sich synchron nach vorn.

Doktor Ulmen springt auf, eilt auf die Dame zu und beugt sich über ihre Hand. »Wie schön, dass Sie doch noch gekommen sind. Darf ich vorstellen? Das ist Elisabeth Voss.«

»Literaturgroupies sind hier unerwünscht«, zischt Mareile.

Der Anwalt zieht einen Stuhl heran und zwingt die Sitzenden auseinanderzurücken. »Nehmen Sie bitte Platz. – Noch ein Gedeck, Herr Ober. – Liebe Trauergäste! Frau Elisabeth Voss gehört wie keine andere in unsere Mitte, hat sie sich doch in ganz rührender Weise die letzten Wochen um unseren Tanno gekümmert.«

»So rührend, dass er nun tot ist.« Gloria, denke ich, scheut wirklich vor nichts zurück.

»Was wollen Sie damit sagen?« Die Fremde richtet sich steil auf.

»Ach, gar nichts.«

Mir fällt ein Ausdruck ein: jemanden zu Tode pflegen. Unsinn. Bis zum Tode pflegen, heißt es.

»Es ist ja kein Verbrechen, einem anderen beim Sterben zu helfen.« Schmidt-Rotter rubbelt an seinem Hemd herum. »Und Tanno war ja ziemlich todessüchtig.«

»Todessüchtig?«, wiederholt Doktor Ulmen. »Aber nein. Das war doch nur so ein Gerede von ihm. Reine Koketterie. Im Gegenteil. Tanno hatte neue Energie gewonnen.«

Er wirft der Dame einen einverständlichen Blick zu. Die hebt nur die Brauen, lächelt fein und berührt ihren blitzenden Ring. Ein hochkarätiges Präsent meines Onkels?

»Nein. Was unseren lieben Verstorbenen betrifft, so ging es eher um Lebenssucht.« Der Anwalt macht eine

Pause, bevor er klingenscharf weiterspricht. »Tanno Sievert wollte heiraten. Er hat Frau Voss einen Antrag gemacht.«

Sekundenlange Stille. Da müssen wohl einige ihre Atmung neu regulieren.

»Nun ja, die Hoffnung stirbt zuletzt«, bemerkt der Großliterat und steckt sich eine Zigarette an. Der Mann lebt zurzeit mit der fünften Frau.

Ich bin natürlich auch überrascht. Positiv überrascht. Wenn diese sympathische Frau Voss sein Jungbrunnen geworden wäre, dann hätte er vielleicht noch ein paar Bücher geschrieben.

Wie ich sehe, ist Glorias Alkoholgesicht urplötzlich bleich geworden. Halt suchend umklammert sie ihr Glas. »Antrag, Antrag – ja, und? Die Witwe bin immerhin noch ich. Oder wollen Sie damit andeuten, Herr Doktor Ulmen, dass diese Dame – Miterbin ist?«

»Nicht nur das, liebe Frau Sievert. Sie ist die Haupterbin. Neben mir natürlich.« Der Anwalt streicht über seine Silbertolle. »Als es Tanno wieder schlechter ging, hat er ein neues Testament zugunsten von Frau Voss gemacht. Und da Ihre Scheidung, Frau Sievert, von ihm ja bereits eingereicht war, erbt nun die Geliebte. – Verzeihen Sie!« Er schaut zu der Dame in Weiß, die über diese Titulierung aber keineswegs verstimmt scheint.

»Das ist nicht wahr, das kann nicht sein!« Gloria beginnt zu schreien.

»Dann kommen Sie in meine Kanzlei und ich zeige Ihnen den Paragraphen schwarz auf weiß. BGB Nummer 1933.« Ulmen setzt sich wieder hin, es fehlt nur noch ein »Basta!«.

Dafür steht Gloria auf. »Nein und nochmals nein. Nur über meine Leiche!«

Diesen Satz finde ich etwas unpassend, kann aber nicht weiter darüber nachdenken. Denn nun fliegen Dinge durch die Luft. Die Enterbte wirft mit Tellern, Tassen und Torten. Die Richtung ist klar: zum Feindesduo Elisabeth Voss und Doktor Ulmen. Ich höre Mareile begeistert aufkreischen, Karin und ihre Sprösslinge halten im Kauen inne. Die Dichter verfolgen gespannt die Flugbahnen, als böte sich Stoff für die nächsten Romane.

Und die schwarze Furie macht weiter, einige Gäste gehen schon in Deckung. Da fährt ein Schrei – nein, ein Aufschrei – in die Tortenschlacht. Elisabeth Voss greift sich noch an die Stirn, bevor sie auf ihrem Stuhl zusammensackt. Ihr weißes Kleid ist rot befleckt – mir scheint, es war die Himbeercreme.

Doktor Ulmen behält die Nerven und ruft die Rettung. Kurz darauf wird Frau Voss hinausgetragen. Während das alarmierte Gastronomenpaar hilflos die Hände hebt, erscheint die Polizei und führt die rasende Witwe ab.

Das Festzimmer leert sich. »Es tut mir leid«, sage ich zu den Hotelbesitzern, als hätte ich Schuld an dem Fiasko. Leichenschmaus in einem *Hochzeitshaus* ist wohl nicht das Richtige. Schade, jetzt kann ich auch schlecht um das Rezept für die Ostfriesentorte mit Traubenkompott bitten. Aber es gibt ja das Internet.

Zurück in Hamburg, erfahre ich den Ausgang der Geschichte. Die Dame in Weiß ist mit einer Gehirnerschütterung davongekommen und wird den größten Teil des Vermögens erben. Gloria bekommt als Fast-Geschiedene im Gegensatz zu ihren Kindern noch nicht mal einen Pflichtteil und muss sich demnächst vor Gericht verantworten.

Ja, und mir, der verwandtschaftlichen Randfigur, hat Anwalt Ulmen etwas höchst Erfreuliches mitgeteilt: Mein Onkel, der große Literaturkritiker, hat mir eine Sammlung seiner wertvollsten Bücher vermacht.

Meiner lieben Nichte Gesine, die niemals Geld, sondern immer nur meine Bücher wollte.

Ostfriesentorte klassisch

Zutaten Biskuit:
4 Eier
100 g Weizen- oder Dinkelmehl
140 g Zucker
100 g Speisestärke
1 Päckchen Vanillezucker, 2 TL Backpulver
4 EL heißes Wasser

Zubereitung Biskuit:
Die Zutaten miteinander zu einer schaumigen Masse verrühren. Mit den Eiern beginnen, die anderen Zutaten nach und nach einrühren. Teig in eine Springform füllen, in den Backofen geben und bei 180 Grad 25 Minuten backen. Auskühlen lassen. Danach zweimal durchschneiden. Man kann auch einen fertigen Biskuitboden verwenden.

Zutaten Torte:
Rosinen, in Rum eingelegt (mindestens 54 % vol.)
1 l Schlagsahne
Sahnesteif für die angegebene Menge Sahne
Schokoraspeln

Zubereitung Torte:
Rosinen über Nacht in den Rum einlegen oder fertig eingelegte Rosinen verwenden. Sahne (mit Sahnesteif) steif schlagen und einen Teil der Rosinen (abgetropft) darunterheben.
Erste Biskuitplatte mit Rum beträufeln und einen Teil der Sahne-Rosinenmasse darauf verteilen, zweite und dritte Platte auflegen und ebenso verfahren. Am Ende mit der Restsahne abschließen, ringsum verteilen und mit den Schokoraspeln verzieren. Eine weitere Variante ist die Verzierung mit weiteren Rumrosinen und Sahnerosetten. Kalt stellen.

Skrei, Irrlicht und Moor

WIESMOOR

Das scheußliche Regenwetter lockt heute niemanden in Wiesmoor vor die Tür. Die wenigen Touristen huschen schnell ins Trockene. Keine guten Bedingungen für Diebe, ärgert sich Pica. Sie muss sich etwas anderes einfallen lassen. Vielleicht sollte sie sich an Größeres wagen.

Nichts, rein gar nichts kann Ulrike die gute Laune verderben. Selbst wenn die Wolken noch tiefer über der kleinen Stadt hängen oder der Wind Eis statt Regen aus dem Himmel pusten würde. Ihr Gesicht glüht ohnehin wie eine Herdplatte. Da kommt ihr diese Abkühlung gerade recht. Trotzdem zieht Ulrike die Kapuze über den Kopf und verschließt den Reißverschluss ihrer Jacke bis zum Kinn, bevor sie den Kindergarten verlässt. Die schwere Tür schließt sich langsam. Jetzt laut zu schreien, wagt sie nicht. Was werden die neuen Arbeitskolleginnen dann von ihr denken? Sie will den guten Eindruck, den sie hinterlassen hat, um nichts in der Welt gefährden. Alle haben sich mit ihr über die Stellenzusage gefreut und sie so herzlich willkommen geheißen, dass sie am liebsten gleich mit dem Arbeiten begonnen hätte. Überhaupt noch einmal zurück nach Berlin zu müssen, widerstrebt ihr sehr. Zwei Monate muss sie sich noch gedulden. Dann wird ein neues Leben für sie beginnen, vor allem aber ihre Vergangenheit auf ewig begraben sein.

Diesmal schafft sie das, da ist sie sich sicher. Ulrike kann nicht mehr an sich halten. Jubelnd rennt sie über den Marktplatz und versucht dabei den Pfützen auszuweichen, was mehr einem wilden Tanz gleicht. Der Wind bläst kühle Tropfen auf ihre heißen Wangen. Ulrike verlangsamt die Schritte und ihr Puls beruhigt sich allmählich. Vor dem Schaufenster eines Schmuckgeschäftes verweilt sie kurz. Die Überdachung bietet etwas Schutz. Ihre Hände sind bereits klamm. Während sie die Finger aneinanderreibt, um sie zu wärmen, hängt sie ihren Gedanken nach. Die Uhren in der Auslage erinnern Ulrike an den bestellten Mittagstisch. »*Skrei mit Wirsing*, genau das Richtige zur Feier des Tages«, entfährt es ihr freudig, und sogleich stellt sich der Heißhunger auf das Fischgericht ein, das der Gastwirt vom Hotel Zur Post, in dem sie immer eincheckt, so herrlich zubereitet. Der Himmel speit schier endlos seine nassen Bindfäden auf die Erde. Die wenigen Passanten, die es nach draußen treibt, blicken mürrisch drein. Ulrike hingegen strahlt übers ganze Gesicht wie die Kostbarkeiten hinter Panzerglas.

Die Frau benimmt sich seltsam, findet Pica und versteckt sich hinter einer Tanne. Sie scheint sich auch für die Klunker zu interessieren. Auf jeden Fall wird sie diese Person im Auge behalten.

Ulrike muss die Hose wechseln. Der Regen hat ganze Arbeit geleistet. Die Outdoor-Jacke landet in der Duschkabine. Sie braucht nicht lange zum Trocknen. In Zukunft wird sie wohl öfter auf wetterfeste Kleidung zurückgreifen müssen. Obwohl in Ostfriesland derartige Wolkenbrüche nicht die Regel bedeuten. Die unzähligen Urlaubstage, die sie hier schon verbrachte, waren durchaus sonnig. Der Januar zeigt ihr nun aber eine andere Seite. Es wird Zeit, mahnt sich Ulrike, und schlüpft in eine blaue Jeans.

Die gemütliche Gaststube duftet verführerisch nach Gebratenem. Ulrike nimmt an ihrem angestammten Tisch

Platz. Sie liebt die authentisch gestaltete Friesenstube mit den niedlichen weißen Spitzengardinen. Die kleinen Rundbogenfenster mit Stallcharakter mag sie besonders. Der Regen klatscht hart gegen die Frontscheiben, sie beschließt, später mit dem Wagen zum Makler zu fahren, um den Mietvertrag zu besiegeln. Eine reine Formalität, ohne blöde Fragen nach ihrem Privatleben. Warum kein Ehemann, keine Kinder? Ihre immer gleiche Antwort, dass sie voll und ganz in ihrem Beruf aufgeht, ist schlichtweg gelogen. Diese Fragen sind nicht nur diskriminierend, sie gehen auch keinen etwas an. Ulrike legt die Serviette auf ihren Schoß. Der Skrei wird serviert und sie macht sich mit großem Appetit darüber her.

»Hat es Ihnen geschmeckt, Frau Ziebert?«, räuspert sich die Gastwirtin und nimmt den leergeputzten Teller vom Tisch.

»Es war köstlich wie immer«, bedankt sich Ulrike.

»Wir freuen uns sehr, Frau Ziebert, dass Sie die Stelle als Erzieherin bekommen haben. Bedauern aber gleichzeitig, einen liebgewonnenen Gast zu verlieren«, sagt die Wirtin freundlich lächelnd.

»Nur als Logiergast«, gibt Ulrike zu bedenken. »Selbstverständlich werde ich mein Lieblingsgericht weiterhin hier genießen.«

»Das ist schön zu hören, darf ich Ihnen noch etwas bringen, ein Dessert vielleicht?«

Ulrike bestellt einen Kaffee. Im Nebenzimmer herrscht plötzlich reger Betrieb. Tischdecken rascheln, Geschirr klappert. Als der Kaffee serviert wird, traut sich Ulrike zu fragen, ob denn noch eine Feier ansteht.

»Nein, keine Feier«, antwortet die Wirtin. »Eine Reisegesellschaft ist mit ihrem Bus liegengeblieben, ein Motorschaden, so hab ich das verstanden. Es wird heute also etwas lauter beim Abendessen. Ich hoffe, es stört Sie nicht zu sehr.«

»Da machen Sie sich mal keine Sorgen, ich bin als Berlinerin einiges gewohnt.«

»Das mag sein, aber ich fürchte, es wird alles andere als gemütlich. Stellen Sie sich vor, Sie kommen nicht am geplanten Reiseziel an, dann landen Sie in der Kleinstadt Wiesmoor, die mit keiner großartigen Veranstaltung aufwarten kann, jedenfalls nicht im Januar, und es schüttet wie aus Kübeln. Da schieben die Leute Frust, das wird immer laut, glauben Sie mir, Frau Ziebert. Aber wenn ich Ihnen etwas Gutes tun kann, sagen Sie es mir bitte, ich möchte, dass Sie Ihren letzten Aufenthalt bei uns in bester Erinnerung behalten.«

»Oh, das ist nett, vielen Dank, Sie verwöhnen mich wie immer. Es ist mal an der Zeit, Ihnen etwas Gutes zu tun. Ich habe einen Veranstaltungstipp für Ihre Gäste.« Ulrike kramt einen Flyer aus ihrer Handtasche und reicht ihn der Wirtin. »Es gibt heute Abend im Hotel nebenan eine Krimilesung mit Regine Kölpin. Ich habe mir eine Karte besorgt und weiß, dass noch Plätze frei sind. Sie ist eine hervorragende Autorin, wenn Sie mich fragen. Ich habe schon fast alles von ihr gelesen. Ihre Geschichten weckten meine Neugier auf Ostfriesland«, schwärmt Ulrike.

»Ach wirklich«, staunt die Frau. »Die Lesung ist eine geniale Idee. Das Angebot könnte für unsere Busgestrandeten von Interesse sein. Ich ruf drüben gleich mal an!«

Ulrike trinkt den Kaffee in Ruhe aus und macht sich dann ebenfalls auf den Weg.

Pica ist froh, in der oberen Etage zu wohnen. Von hier aus kann sie das Treiben der Leute gut ausspionieren. Der Reisebus, unter dem dunkle Rauchschwaden hervorquellen, ist ihr nicht entgangen. Sie schaut runter auf die Straße, die eher einem Fluss gleicht. Später, denkt sie, ich kümmere mich später darum, und kuschelt lieber mit ihrem Schatz.

Als Ulrike den unterschriebenen Mietvertrag in den Händen hält, realisiert sie, dass ihr neues Leben begonnen hat. In ihrem Kopf rückt sie Möbel und kombiniert Farben für Vorhänge. Sie startet den Motor und die Wischer leisten Schwerstarbeit auf höchster Stufe. Die Lüftung kämpft gegen die beschlagenen Scheiben. Ulrike kann die Straße kaum erkennen und verpasst um Haaresbreite die Einfahrt zum Blumencenter.

In dem riesigen Gewächshaus ist es angenehm warm, aber laut. Nicht nur, weil der Regen auf das Glasdach trommelt. Eine Horde Touristen lässt ihrer Bewunderung über die Blumenpracht freien Lauf. Ulrike entscheidet sich schnell für eine weiße Orchidee, wählt dazu eine hübsche Dankeschönkarte aus und eilt zur Kasse, bevor der Touristenstrom sie überrennt.

Als sie gerade im Auto sitzt, setzt der Regen wieder heftiger ein. Als Ulrike vom Parkplatz fährt, sieht sie nur schemenhaft einen rauchenden Mann am Ausgang stehen. Augenblicklich sträuben sich ihre Nackenhaare. Irgendwie hat ihre gute Laune plötzlich einen Knacks.

Im Hotelzimmer stellt sie die Blume ab, entledigt sich ihrer Kleidung und kuschelt sich in den Bademantel. Anschließend greift sie zu einem Stift, legt sich aufs Bett und schreibt ein paar nette Zeilen für das Ehepaar Wagner auf die zuvor gekaufte Karte.

Sie legt sich hin, schreckt nach einer Weile hoch und starrt in die Dunkelheit. Der Blick auf die Uhr macht ihr klar, dass sie verschlafen hat. »Verdammt, ich komm zu spät zur Lesung«, flucht sie laut, springt vom Bett, drückt den Lichtschalter und huscht unter die Dusche. Sie hasst es, hetzen zu müssen. Obwohl sie unter Zeitdruck steht, seift sie sich mehrfach ein. Schlagartig wird ihr bewusst, dass sie dieses zwanghafte Verhalten bereits lange abgelegt hatte. Ulrike schüttelt heftig den Kopf. Sie spült die

Seife mit heißem Wasser wieder ab, so heiß sie es irgend aushalten kann.

»Du spinnst total, Ulrike Ziebert«, schimpft sie und rubbelt ihren krebsroten Körper trocken. In Windeseile kleidet sie sich an. Die Orchidee stellt sie auf die Theke des Hotels. Die Wagners werden sie schon entdecken.

Draußen regnet es nicht mehr, es schüttet. Wozu hat sie eigentlich geduscht? Die besten Plätze sind bereits besetzt. Ulrike erwischt einen Stuhl am Rand vom Mittelgang. Von hier hat sie eine gute Sicht und stört auch niemanden, wenn sie mal austreten muss. Regine Kölpin steht neben einem Tisch, auf dem sich ihre Werke türmen. Gut so, ich werde mir in der Pause ein Exemplar kaufen, denkt Ulrike und plant, Frau Kölpin um eine persönliche Widmung zu bitten.

Der Raum füllt sich. Die Lautstärke schwillt an. Zwei ältere Damen und ein älterer Herr suchen eilig nach Plätzen. Bekannte Dialektfetzen schallen zu ihr herüber. Es hat den Anschein, als wollten die beiden Frauen den Herrn nicht bei sich haben. Ulrike hört, wie man die Tür schließt. Ein Zeichen, dass es gleich losgeht.

Sie rutscht ungeduldig auf dem Stuhl herum. Die Ladys setzen sich rasch und kichern leise, als sie den dritten Stuhl mit ihren Handtaschen blockieren und »besetzt« rufen. Der Alte macht auf dem Absatz kehrt und brummt: »Blöde Weiber, blöde.«

Ein empörtes Raunen geht durchs Publikum.

Was für ein Miesepeter, denkt Ulrike. Sie sieht hoch – und starrt in das Gesicht von Peter Krohn. Ein Gesicht, das sie nie mehr hatte sehen wollen. Der Typ stampft grimmig zum Ausgang und lässt die Tür ins Schloss krachen. Das Gemurmel der Zuhörer erstirbt. Regine Kölpin erhebt ihre Stimme. Die Lesung beginnt.

Ulrike sitzt da wie tiefgefroren, obgleich ein grässlicher Schmerz wie ein Feuer in ihrem Unterleib wütet. Ihre Fingernägel krallen sich tief in das Leder ihrer Handtasche. Die Flammen fressen sich durch die Speiseröhre nach oben. Sie presst die Hand vor den Mund und stürzt hinaus. Hinter ihr knallt die Tür. Ein Schwall Erbrochenes schießt aus ihr heraus, direkt in eine Wasserlache.

Na, lecker. Das macht man doch nicht mit einem guten Essen, empört sich Pica. Andererseits, Fisch muss schwimmen. Aber sie hat recht behalten. Mit dieser Frau stimmt was nicht. Als sich die Dame torkelnd in Bewegung setzt, folgt Pica ihr unauffällig.

Ulrikes Hände zittern so stark, dass sie den Schlüssel fast nicht ins Schloss bekommt. Endlich kann sie die Tür öffnen, stürzt ins Zimmer, greift zuerst nach ihrem Koffer und wirft wahllos einige Wäschestücke hinein. Dann lässt sie sich aufs Bett fallen, zieht die Knie an den Körper und schluchzt hemmungslos ins Kissen. Ihr Bauch schmerzt, als würde jemand darin herumbohren.

Plötzlich sind sie wieder da, die großen rauen Hände von Hausmeister Peter Krohn, die sie in den Waschkeller ziehen, sie bäuchlings über eine Waschmaschine legen. Peter Krohn, der sich rücksichtslos an ihr vergeht.

Zwölf Jahre war sie damals und hatte für dieses Alter mehr als genug Probleme. Zwei der schlimmsten waren die beginnende Pubertät und eine Mutter, die nie Zeit für ihre Belange hatte. Sie konnte es ihr nicht einmal verübeln. Musste sie doch als Putzfrau den bescheidenen Lebensunterhalt für sie beide bestreiten. Wenn sie nicht arbeitete, schlief sie meist vor Erschöpfung ein. Um ihre Mom zu entlasten, übernahm Ulrike möglichst viele der anfallenden Hausarbeiten. Regelmäßig führte daher ihr Weg in den Keller zum Wäschewaschen. Ahnungslos bot sie somit dem Hausmeister eine willkommene Gelegenheit, sich ihr Vertrauen zu erschleichen.

Zuerst war er freundlich und hilfsbereit, dann machte er ihr sogar kleine Geschenke. Sie war ein schüchternes Mädchen, das sich als hässlich empfand und seine weiblichen Rundungen unter einem weiten Pulli zu verbergen suchte. Trotzdem genoss Ulrike die Aufmerksamkeiten des Mannes, der die Sehnsucht nach einem Vater in ihr weckte. Nach dem Vater, den sie nie hatte und schmerzlich vermisste. Dieses Vertrauen zerbrach jäh, als Peter Krohn sein wahres Gesicht offenbarte. Seine Drohung, ihr und ihrer Mutter etwas anzutun, sollte sie auch nur ein Sterbenswörtchen ausplaudern, verfehlte ihre Wirkung nicht. Sie schwieg, verlor nicht nur an Gewicht, sondern auch ihre guten Schulnoten. Versuche, ihrem Peiniger aus dem Weg zu gehen, zeigten nur mäßigen Erfolg. Ulrike glaubte, dieser Hölle nie zu entkommen. Bis zu jenem verhängnisvollen Tag, der sie zwar aus den Fängen des Hausmeisters befreite, ihr aber auch das Liebste auf der Welt raubte.

Ihrer Mutter ging es nicht gut, und sie schickte sie los, ihr Asthmaspray aus der Apotheke zu holen, mit der Ermahnung, sich zu beeilen. Ulrike versprach es. Ausgerechnet heute war der Fahrstuhl defekt. Ulrike raste die Treppenstufen hinunter, kurz vor Krohns Wohnung bremste sie ihre Schritte, duckte sich, um nicht ins Visier vom Türspion zu geraten. Danach nahm sie ihr Tempo wieder auf – und rannte ihm direkt in die Arme.

Er hielt sie fest und trug sie runter in die Waschküche. Anders als sonst, wenn sie in eine Art Lähmung verfiel, wenn er diese Dinge mit ihr machte, strampelte sie an diesem Tag mit all ihrer Kraft um ihre Freiheit. Schließlich bettelte sie, er möge sie diesmal gehen lassen, weil ihre Mutter dringend die Medizin brauchte. Sie schlug um sich, kratzte und biss sogar in seine Hand.

Doch es half nichts, im Gegenteil: Er geilte sich nur noch mehr daran auf. Drückte ihr schlussendlich den

Mund zu und nahm sie mit gewohnter Brutalität. Als er mit ihr fertig war, ließ er sie mit den Worten zurück: »Warst richtig gut heute, ich steh auf Wildkatze.«

Sie brach zusammen und blieb auf dem kalten Fliesenboden liegen. Irgendwann raffte sie sich auf und erledigte, was ihre Mutter ihr aufgetragen hatte. Sie kam zu spät. Ihre Mutter lag tot im Flur neben dem heruntergefallenen Telefon, den Hörer noch in der Hand. Seltsamerweise fehlte das Dosieraerosol mit dem Rest an Spray, das ihre Mutter zuvor noch bei sich gehabt hatte. So sehr sie auch suchte, er blieb verschwunden.

Eine Frau vom Jugendamt brachte sie zunächst ins Heim. Wenig später nahm sie eine Pflegefamilie bei sich auf. Gute Menschen, die ihr eine Ausbildung als Erzieherin ermöglichten. So entkam sie auch ihrem Vergewaltiger. Bis heute.

Ulrike schlägt mit der geballten Faust hart gegen die Bettkante. Noch immer plagen sie Schuldgefühle, die eigentlich Peter Krohn haben müsste. »Genau das ist es«, flüstert Ulrike. Sie richtet sich auf, geht ins Bad, um den sauren Geschmack aus dem Mund zu spülen, und betrachtet kritisch ihr Spiegelbild. Der verwischte Mascara verleiht ihren Augen das Aussehen einer Toten. Gänsehaut jagt über ihren Körper und lässt sie frösteln. Ulrike schielt zur Dusche, verbietet sich aber, diesem Verlangen nachzugeben. Lass ihn keine Macht über dich haben, betet sie den Leitsatz ihrer Psychologin, reinigt ihr Gesicht und legt ein neues Make-up auf. »Ulrike Ziebert, du bist 43 Jahre und eine erwachsene Frau, die sich von niemandem ihr Leben zerstören lässt. Erst recht nicht von diesem Schwein Peter Krohn.« Erst jetzt fragt sie sich, was dieser Mistkerl eigentlich in Wiesmoor zu suchen hat. Dann fällt es ihr wie Schuppen von den Augen. »Die Reisegesellschaft mit Motorschaden«, sagt sie laut und schlägt sich mit der flachen Hand auf die Stirn. Sie muss der Sache auf den Grund gehen. Ulrike beschließt, noch einmal die Gaststube aufzusuchen.

Pica blinzelt durchs Fenster und zuckt zurück, als die Vorhänge zugezogen werden. Schade, sie würde gerne weitergucken. Aber bevor man sie beim Spannen erwischt, geht sie lieber auf Abstand. Außerdem will sie sich anderen Dingen widmen. Irgendwo muss sie doch etwas abgreifen können.

Im Restaurant herrscht hektisches Treiben. Ulrikes Stammplatz ist zu ihrer Erleichterung nicht besetzt. Sie setzt sich rasch auf die hintere Bank und lehnt sich an die Wand zu ihrer Rechten. Der heiße Ostfriesentee tut ihr gut, bringt Ordnung in ihren Kopf. Sie reibt sich die Schläfen und schließt die Augen. Jetzt sitzt du hier, und was nun? Das Beste wird sein, du gehst gleich ins Bett, vergisst die Sache einfach und fährst morgen nach Berlin. In zwei Monaten, wenn du zurückkommst, ist die Rentnergang einschließlich Krohn längst über alle Berge. Es sei denn, er gehört der Reisegruppe gar nicht an. Schlagartig zieht sich ihr Bauch zusammen. Sie lauscht dem Stimmengewirr im Raum nebenan. Es geht fröhlich zu. Eine ihr bekannte Stimme kann sie nicht heraushören. Ulrike führt die Tasse mit dem letzten Schluck Tee zum Mund, als die Restauranttür mit lautem Gepolter aufgerissen wird. Zwei Männer stolpern mit einem Dritten, den sie stützen, in die Gaststube. Das Grölen, das nach einem Friesengeist verlangt, gehört unverkennbar zu Peter Krohn. Die beiden anderen Herren drücken den alten Stänkerer auf einen Stuhl in Ulrikes Nähe und suchen das Weite.

Er gafft blöde in ihre Richtung. Ulrike befürchtet, dass er sie erkennt. Doch er blickt nur verblüfft um sich und bemerkt erst verspätet, dass seine Begleiter ihn alleingelassen haben. »Saubande, verdammte!«, schimpft er und macht eine wegwerfende Handbewegung. »Ihr haltet euch wohl für was Besseres. Ich brauch euch nicht, keinen von euch. Vielleicht bleibe ich hier, ist doch ein schönes Städtchen. Außerdem schmeckt der Friesengeist auch allein.«

Ulrike kennt den hochprozentigen Schnaps, der brennend mit einem Trinkspruch serviert wird. Die Flamme löscht man mit einem kleinen Pfännchen. Sich damit zu betrinken, hält sie für keine gute Idee, ebenso wenig die Vorstellung, dass das Ekelpaket in Wiesmoor bleiben will. Schon hört sie die Bedienung den Spruch aufsagen.

Wie Irrlicht im Moor
flackert's empor,
lösch aus,
trink aus,
genieße leise
auf echte Friesenweise.
Den Friesen zur Ehr,
vom Friesengeist mehr!

Dieser Aufforderung kommt der Gierschlund dann auch gleich nach. Aus dem Nebenraum nähert sich ein Herr und redet beschwichtigend auf ihn ein, er solle nicht so viel trinken. Den gut gemeinten Rat schlägt er in den Wind. Er spottet frech: »Wenn ick 'nen Schnaps jetrunken habe, bin ick 'n anderer Mensch. Und der andre Mensch will doch ooch 'n Schnaps ham.« Entmutigt gibt der Mann auf. Während die Kellnerin abermals nachschenkt, fragt er mit bleierner Stimme: »Was gibt es denn hier Feines zu futtern?«

»*Skrei* mit Wirsing, roten Linsen und Kleikartoffeln. Kann ich Ihnen wärmstens empfehlen. Das ist ein Winterkabeljau«, fügt sie erklärend hinzu.

»Das merk ich mir für morgen Mittag.« Krohn rülpst unangenehm laut und kippt den Schnaps hinter die Binde. Er fällt fast vom Stuhl bei dem Versuch, der Kellnerin einen Klaps auf ihr Hinterteil zu geben. Ulrike beißt sich auf die Zähne, dass es knirscht. Dieser Schuft! Er soll verschwinden. Einfach verschwinden! Ihr Gehirn arbeitet auf Hochtouren. Eine Chance zum Handeln bietet sich Ulrike ungeahnt schnell. Die Bedienung schenkt dem Schwerenöter nochmal nach, als nebenan Geschirr auf den Boden scheppert. »Oje, da muss ich erst mal nachsehen«, entschuldigt sie sich, stellt die Flasche auf dem Nachbartisch neben Pfännchen und Streichhölzern ab und eilt davon. Im selben Moment erhebt sich Krohn schwerfällig vom Stuhl. Grummelt etwas wie: »Wo kann man hier denn pullern?« Er läuft in die falsche Richtung, zum Ausgang.

Ulrike schnappt sich die halbvolle Flasche, das Glas und die Streichhölzer und saust nach draußen dem Mann hinterher, der sich in einem Blumenbeet erleichtert.

»Das ist ja wohl die Höhe. Die eine kotzt auf den Gehsteig, der andere pinkelt ins Beet. Das geht entschieden zu weit«, ärgert sich Pica. Denen gehört ein Denkzettel verpasst. Sie mag auch keine weiteren Störungen auf ihrer Diebestour. Gerade jetzt, wo sie etwas sehr Lohnendes entdeckt hat.

Ulrike schluckt den Kloß in ihrer Kehle hinunter. Sie muss mit ihm verschwinden, bevor sie zusammen gesehen werden. Er fummelt an seinem Hosenstall herum. Sie muss würgen. So kommen die Worte befremdlich rau aus ihrem Mund: »He, Kumpel, lass uns verduften, wir feiern unsere eigene Party«; sie deutet dabei verschwörerisch auf die Flasche. Ohne zu zögern packt sie seinen Ärmel und zieht ihn mit sich. Krohn folgt ihr anstandslos.

Das Leben hat aus ihrem Peiniger also einen Trinker gemacht. Sie sind bereits ein gutes Stück gelaufen, als Krohn abrupt stehen bleibt und keucht: »Was rennst du denn so? Alter Mann ist doch kein D-Zug.«

»Weil ich das Zeug geklaut habe«, faucht Ulrike.

»Na, das nenn ich mutig, du gefällst mir.«

»Komm schon, da hinten steht eine Bank, da heben wir erst mal einen.« Ulrike schwenkt die Flasche verführerisch hin und her. Krohn leckt gierig seine Lippen und will nach der Pulle greifen. Er kommt ins Straucheln, fängt sich unerwartet flink und steuert Ulrike an, die sich schon wieder in Bewegung setzt. Sie will von der Straßenbeleuchtung weg. Der Wanderweg hinter der Erlebnisgolfanlage schützt vor neugierigen Blicken und führt direkt zum Wildbach. Ich könnte ihn auch gleich hier in den Graben stoßen, überlegt Ulrike. Allerdings scheint er noch nicht besoffen genug. Auf einen Kampf will sie es lieber nicht ankommen lassen.

Krohn plumpst wie ein Mehlsack auf die nasse Bank und fordert ungeduldig seinen Schnaps. Ulrike fingert Glas und Streichhölzer aus der Jackentasche. Entzündet mit zitternden Händen das Getränk. Der Feuerschein erhellt für einen kurzen Moment Ulrikes Gesicht. Bildfetzen aus längst vergangenen Tagen geistern durch sein umnebeltes Hirn. »Irrlicht im Moor, flunkert mir was vor«, stammelt Krohn. Weil das Pfännchen fehlt, löscht er die Flamme mit bloßer Hand. Die Hitze macht ihm offenbar nichts aus.

Schnell schenkt Ulrike ihm nach. Der Saufbold scheint eine Menge zu vertragen, wundert sie sich bange und überlegt fieberhaft, wie sie ihn zum Weitergehen bewegen kann. Der Mond schimmert spärlich durch die dicke Wolkendecke, gerade genug, um dem kleinen Pfad zu folgen.

»Wo gibt es diese Irrlichter denn?«, fragt Krohn und spielt ihr ungeahnt den Ball zu.

»Nicht weit von hier«, geht sie hastig auf die Frage ein. Sie hat keine Ahnung von Irrlichtern, aber sie will aufbrechen, als Krohn ihr plötzlich vorwirft: »Du trinkst ja gar nicht. Was ist das denn für 'n Scheiß!«

Ulrike zuckt zusammen. »Nee klar, wer steht denn auf das Zeug? Außerdem hab ich gerade schon getrunken, hast du nur nicht mitgekriegt«, flunkert sie, umschließt das Glas mit der ganzen Hand und schiebt den Daumen weit hoch, damit sie ja nicht den Rand berührt. Auf diese Weise überwindet sie ihren Ekel und die Flüssigkeit kann kontrolliert entweichen. Sie muss schließlich einen klaren Verstand behalten. Die Jacke mit Nässeschutz verzeiht ihr das. Sie hofft nur, dass Krohn es nicht bemerkt.

Er schielt argwöhnisch zu ihr herüber. »Ohne Flamme und Spruch!«, beschwert er sich.

»Wie Irrlicht im Moor ...«, leiert Ulrike. Er muss bei Laune bleiben. Der Weg ist vom Regen aufgeweicht, wird mit zunehmender Dunkelheit immer beschwerlicher. Peters Gang taumelnder.

Schwer beladen kämpft sich Pica durch das Gestrüpp. Sie muss ihre Beute in Sicherheit bringen. Die zwei von vorhin gehen ihr nicht aus dem Kopf. Sie kann nur hoffen, dass die ihr nicht in die Quere kommen.

Der Wildbach liegt still und schwarz vor ihnen. Es riecht frisch nach Regen und Moos. Der Wind rauscht kräftig in den Bäumen. Ulrike zittert vor Kälte – oder gar vor Angst? Vielleicht sollte sie ihren Racheplan nochmal überdenken. Der alte Sack steht längst mit einem Bein im Grab. Wie alt mag er sein, Anfang 70? Dass seine Leber eine Rose ziert, darauf würde sie einen Hunni wetten. Sie weiß nicht mal, ob das Gewässer zum Ertrinken tief genug ist. Und was wird aus ihrem Neubeginn? Also, was soll's, von diesem Schluckspecht geht bestimmt keine Gefahr mehr aus.

Während Ulrike mit ihren Zweifeln kämpft, schwankt Krohn an ihr vorbei, bedenklich nahe an die abschüssige Böschung. Sein Rücken ist ihr nun zugewandt. Ulrike sieht sich um. Keine Menschenseele zu sehen. Jetzt ist der richtige Zeitpunkt, solange der Suffkopp nach den Irrlichtern Ausschau hält, spricht Ulrike sich innerlich Mut zu und umklammert fest den Flaschenhals. Zänkische Katzen kreischen irgendwo in der Ferne.

Unverhofft macht Krohn eine Kehrtwendung. Breitbeinig steht er da und schwankt. Ulrike weicht erschrocken zurück, gleichzeitig ist sie überrascht, dass ihn die 56 Umdrehungen, die in dem Korn stecken, noch so sicher auf den Beinen lassen.

»Mir geht grad ein Irrlicht auf, ein ganz großes. Du bist Ulrike, die kleine Wildkatze, stimmt's?« Krohn wartet ihre Antwort gar nicht erst ab, sondern lallt mühsam weiter. »Siehst deiner Mutter verdammt ähnlich. Die könnte noch leben, hätte mir nur mein Geld geben müssen.«

Ulrike ist unfähig, einen klaren Gedanken zu fassen und stammelt ungläubig: »Was für Geld?«

»Mein Schweigegeld natürlich. Hast du nicht gewusst, dass deine Alte ne Nutte war? Immer vormittags, wenn du in der Schule warst, kamen Freier zu ihr in die Wohnung. Dafür, dass die Hausverwaltung davon keinen Wind bekam, hab ich gesorgt. Gegen Bares, versteht sich. Nach der scharfen Nummer mit dir bin ich hoch zu ihr, meine Kohle abholen. Die wollte mich nicht reinlassen, hat gemeint, sie bekomme schlecht Luft, und hat mir die Tür vor die Nase geknallt. Ha, mir, dem Hausmeister. Hab kurzerhand wieder aufgeschlossen und dieses Spraydings von der Flurkommode genommen. Wollte ihr nur einen Denkzettel verpassen, konnte ja nicht ahnen, dass die Tussi gleich den Löffel abgibt.«

»Du Schwein lügst, Mama hat geputzt«, schreit Ulrike ihm entgegen und hält sich an der Flasche fest.

»Nachmittags ja, aber nicht vormittags. Sie hat mir sogar Sex statt Geld angeboten. Aber ich steh auf junges, frisches Gemüse. Du warst sozusagen mein Bonus. Ich hab zwar einen im Kahn, kann mir aber denken, dass du was ausbrütest. Lass es gut sein, ich bin todkr...«

Diese Worte dringen nicht mehr zu Ulrike durch. Sie donnert mit aller Kraft die leere Flasche an seinen Kopf. Krohns Stöhnen folgt ein Platschen, dann ist alles ruhig. Ulrike steht einfach nur da, wagt kaum zu atmen. Ein leises Gluckern holt sie aus ihrer Erstarrung. Sie hält immer noch die Flasche. Panik steigt in ihr hoch, als sie merkt, dass diese nicht zersprungen ist. Was, wenn Krohn nur bewusstlos ist, jagt es durch ihren Kopf. Sie hockt sich direkt zu seinen Füßen, die noch auf der Uferkante ruhen, lässt die Flasche fallen und zündet ein paar Streichhölzer an. Die Flamme gibt nicht viel her, immerhin kann sie erkennen, dass sein Oberkörper leicht aus dem Wasser ragt, der Kopf aber vollständig abgetaucht ist. Ulrike zündelt alle Hölzchen ab, bis sie Gewissheit hat, dass er sich nicht mehr regt. Dann erhebt sie sich langsam, tritt ein paar Schritte rückwärts, dreht sich um und geht diesmal einen anderen Weg.

In ihrem Kopf herrscht gähnende Leere. Ulrike kann, nein, sie will dem Geschwafel dieses Mannes keinen Glauben schenken, niemals. Zugegeben, trotz Geldmangel hatte sie weder Hunger gekannt noch war sie jemals schlecht gekleidet gewesen.

Die Sache mit dem Dosieraerosol pocht besonders stark in ihrem Schädel. Warum sollte er jetzt diese Schuld auf sich nehmen? Ihr wird übel, der Ostfriesentee verabschiedet sich ebenfalls für diesen Abend. Zu allem Überfluss setzt der Regen wieder ein. Ulrike entscheidet sich gerade rechtzeitig um. Sie biegt an der Weggabelung nach

rechts und läuft durch das Torf- und Siedlungsmuseums-
Gelände. Der Sandboden ist matschig. Dicke Tropfen fallen vom Himmel. Sie könnte sich unterstellen. Doch es
treibt sie mit aller Macht zurück ins Hotel. Dort will sie
schnellstmöglich auschecken.

*Pica traut ihren Augen kaum. Ist das etwa die fischspei-
ende Lady? Nervös sucht sie nach einem Versteck, will
aber ihr Diebesgut nicht schon wieder zurücklassen.
Diese Störungen müssen ein Ende haben. Außerdem ist
die Tante ganz schön brutal. Sie hatte alles gesehen. Pica
schwört, den kostbaren Stein zu verteidigen, selbst wenn
es das Leben kostete. Wobei sie selbstverständlich an das
Leben der anderen dachte.*

Ulrikes Tränen vermischen sich mit den Regentropfen.
Mittlerweile ist es rabenschwarze Nacht. Wie oft ist sie
hier spazieren gegangen. Jetzt sieht sie ihre Hand vor Augen nicht. Ihre Füße fühlen sich wie Eisklumpen an. Da
muss doch die gepflasterte Straße kommen oder zumindest der Schienenstrang der Bimmelbahn, versucht sich
Ulrike zu erinnern. Ihre Füße bleiben an etwas hängen.
Sie stolpert und fällt der Länge nach ins Weiche. Sie rap-
pelt sich hoch. Ihre Hose trieft vor Nässe. Das kümmert
sie wenig. Sie hat deutlich dicke Grasbüschel gefühlt.
»Wo zum Teufel bist du gelandet? Warum musstest du
auch alle Streichhölzer verbraten. Wenigstens dein Handy hättest du einstecken können«, schimpft sie vor sich
hin. Dann glaubt sie zu träumen. Ein winziges Licht,
keine zwei Meter entfernt, bewegt sich langsam vor ihr
her. Ulrike wischt die Nässe von den Augen, das Licht
bleibt. Niemand sonst ist zu sehen. Wie das Irrlicht im
Moor, schießt es ihr in den Sinn. Das muss es sein! Magisch angezogen folgt sie dem Leuchten. So kalt ihre Füße
auch sind, sie spürt trotzdem, dass der Boden immer

weicher und wabbeliger wird. Das Lichtlein tanzt einen Zickzack-Kurs im gebührenden Abstand. Ein modriger Geruch steigt ihr jetzt in die Nase. Als sie stehen bleibt, hört sie, wie der Untergrund schmatzt. Da hat einer großen Appetit, denkt sie und weiß im gleichen Augenblick, dass dies der Wahrheit verdammt nahe ist. »Oh Gott«, keucht sie, plötzlich wieder bei sich, »wie dämlich kann man sein. Irrlicht, klar das lockt dich in die Irre, ins Moor. Wie komme ich bloß zurück?« Vorsichtig setzt sie einen Fuß vor den anderen, tastet die Umgebung sorgsam ab. Das schwammige Moor gibt immer stärker nach, und ehe sie reagieren kann, steckt sie bis zum Bauch in einem Sumpfloch.

»Hilfe, Hilfe«, schreit Ulrike laut in die Nacht, verbietet sich dann aber das Schreien, da sich ihr nächtliches Treiben mit einer Leiche in der Nähe schwer erklären lässt. Sie verharrt still, doch bald erkennt Ulrike, wie schnell sie im Moor versinkt. Ihr Wunsch, für immer in Wiesmoor bleiben zu wollen, erfüllt sich auf grausame Weise. Der Regen spült den letzten Funken Hoffnung davon.

Stolz wie Oskar ist Pica auf ihre gestohlene Ware. Niemals zuvor hat sie so eine Kostbarkeit besessen. Alle bisher gesammelten Schätze glitzern zu ihrem Bedauern nur bei Tag. Dieser Leuchtkiesel tut es auch bei Nacht. Sie ist völlig verrückt nach dem Zeug. Das liegt eben in der Natur einer Elster. Wie sie sich zukünftig unliebsame Touristen vom Leib hält, dafür hat sie ihr ganz eigenes Rezept.

Skrei mit Wirsing, roten Linsen und Kleikartoffeln

Zutaten (für 4 Personen):
600 g Skrei (Winterkabeljau)
Meersalz aus der Mühle
2 Thymianzweige
1 EL Butter
6 große Kleikartoffeln
160 g rote Linsen
160 g Wirsing
Rapsöl
Gemüsebrühe
etwas Butter, Salz und Pfeffer aus der Mühle

Zubereitung:
Den Skrei in vier gleich große Teile schneiden und mit den Thymianzweigen in etwas Rapsöl von beiden Seiten kross anbraten.
Kurz bevor der Fisch aus der Pfanne genommen wird, noch etwas kalte Butter hinzugeben und den Fisch darin kurz ziehen lassen. Dann mit Meersalz würzen. Den Wirsing in feine Streifen schneiden und in etwas Gemüsebrühe dünsten. Die Linsen ebenfalls in etwas Gemüsebrühe rund fünf bis zehn Minuten kochen. Beides durch ein Sieb abseihen und dann miteinander vermischen. Anschließend in einer Pfanne mit etwas Butter anschwitzen und mit Salz und Pfeffer abschmecken. Eventuell noch ein paar frische Kräuter untermischen.
Die Kleikartoffeln schälen und in feine Würfel schneiden. Diese in einer Pfanne mit etwas Rapsöl kross braten, pfeffern und salzen.

Für die freundliche Unterstützung und das Rezept sage ich Herrn Erich Wagner herzlichen Dank. Auch dass meine Protagonistin im Hotel Zur Post Gast sein durfte.
Quellenverzeichnis:
Erich Wagner, Hotel Zur Post, Wikipedia
Pica pica ist der wissenschaftliche Name der Elster.

REGINE KÖLPIN

Bio, alles Bio

JEVER

Jochen stand mit strahlendem Gesicht vor mir, als er mir zum 50. Geburtstag mein Geschenk überreichte. Ich riss den Umschlag auf und mir sprang ein Reisegutschein entgegen. Jochen wusste, dass ich schon immer gern mal nach Jever wollte. Mich reizte die friesische Kleinstadt, ich hatte von der Brauerei, dem Schloss und der interessanten Historie gelesen. Von den Graften, die den historischen Stadtkern umrahmten, und all diesen Dingen.

Von daher fiel ich Jochen begeistert um den Hals. »Wo werden wir wohnen?«

Mein Mann liebte den Luxus, da war er überaus eigen und nur zu wenigen Kompromissen bereit. Und er kannte meine Vorliebe, trotzdem nicht auf ökologischen Standard und Wellnessanspruch zu verzichten. Demnach würde er etwas Entsprechendes gebucht haben. Auch jetzt grinste er mich an. »Es gibt außerhalb der Stadt ein nagelneues Hotel im friesischen Stil mit all dem, was du an einem Urlaub schätzt. Bioprodukte, Wellness, Entspannung, regionale Aktivitäten …« Er lächelte vielversprechend. »Ich dachte, das könnte dir gefallen. Es ist als Biohotel deklariert.«

Ach, klang das gut! Nach richtig schönen Tagen. Ich konnte es kaum erwarten.

Friesland empfing uns dann auch mit wunderbarstem Wetter, obwohl man der Region ja gerade im Winter eher Schmuddelwetter nachsagte oder Schietwetter, wie man es hier ausdrückte. Der Schlossturm von Jever glänzte in der Sonne, zahlreiche Saatkrähen umrundeten den rosafarbigen Bau. Sie krächzten laut und ich musste zugeben: Es war gruselig. Es wäre in diesem speziellen Fall eine kluge Entscheidung gewesen, auf meine innere Stimme zu hören, die Krähenschreie als Warnung nicht zu ignorieren und wieder nach Hause zu fahren. Denn beim Anblick der schwarzen fliegenden Zunft schrie alles in mir nach Flucht. Jochen belastete das allerdings nicht. Er wollte mir einfach zeigen, was für eine gemütliche, kleine Stadt er für mich ausgewählt hatte.

Schließlich fuhren wir raus zum Hotel, das in Richtung des Upjeverschen Forsts lag. Es befand sich am Rande des Moorlandes mit Blick auf die Wiesen und die Silhouette von Jever. Weit genug weg von diesen vielen Krähen. Den Todesvögeln, wie ich sie heimlich nannte, weil sie häufig an Friedhöfen anzutreffen waren.

»Du musst dir wegen der Vögel keine Sorgen machen«, beruhigte Jochen mich. »Es sind eben Tiere, die in Kolonien nisten, und außer Dreck zu machen, tun sie keinem was zuleide.« Jochen war ein großer Vogelfreund, aber so richtig überzeugen konnte er mich nicht. »Freu dich einfach auf die Tage hier. Es ist zu Fuß bis zur Innenstadt zwar etwas weit, aber bestimmt gibt es in einem Biohotel Fahrräder zu leihen.«

Da kein Schnee lag und Glatteis ebenfalls nicht zu befürchten war, freute ich mich auf diese tägliche Tour in die Stadt. Denn trotz meiner Furcht vor den Krähen wollte ich liebend gern im *Haus der Getreuen* essen gehen. Hierbei handelte es sich um eine historische Gaststätte, die man ebenso aufsuchen sollte wie das *Marienbräu* mit seinem eigenen Bier und dem wunderbaren Innenhof, der im Sommer bestimmt grandios anmutete. Ich hatte mich zuvor über Jever genau belesen. Auch im Winter lohnte eine Reise hierher, ich schätzte die Nebensaison, weil sich dann nicht so viele Touristen durch die Straßen schoben. Da waren Jochen und ich uns einig. Wir waren uns ebenfalls einig darüber, dass wir echten ostfriesischen Grünkohl speisen wollten. Es war Dezember, da war das Nationalgericht dieser Region Pflichtprogramm. Unser Biohotel bot es zusammen mit einer Boßeltour an. Das Angebot hatten wir gleich mitreserviert, denn wann sonst konnte man diesem Sport frönen. Bei uns zu Hause wusste man ja nicht einmal, was Boßeln sein sollte.

Das Hotel war ganz im Stil eines friesischen Hofes erbaut. Kleine Sprossenfenster unterstrichen, genau wie die naturfarbige und geschwungene Eingangstür, den Gulfhofstil, der in dieser Region häufig anzutreffen war. Der mit Kopfstein gepflasterte Gehweg, die mit Winterheide bepflanzten Terracotta-Blumenkästen und der gemauerte Brunnen auf dem Hof versprachen friesische Gemütlichkeit. In mir kam augenblicklich ein wohliges Gefühl auf. Auch Jochen schnalzte anerkennend mit der Zunge. Wir würden ein paar wundervolle Tage hier verbringen, mein Mann hatte wie immer den richtigen Riecher gehabt.

Am Tresen empfing uns eine etwa 30-jährige Frau mit bunter und offensichtlich selbst genähter Kleidung. Ihr blondes Haar war mit einer Hornspange am Hinterkopf festgesteckt. Der Duft von frischen Kräutern und Zitrone umwaberte sie, sonst wirkte sie beinahe durchsichtig, so zart und blass, wie sie war. »Ich bin Mieke«, stellte sie sich mit sanfter und melodischer Stimme vor. »Ich bringe euch gleich auf die Zimmer.«

Auf Jochens Stirn bildete sich sofort eine Falte, er mochte keine spontanen Verbrüderungsaktionen, wozu das ungefragte Duzen zweifelsohne gehörte. Aber er schwieg, vermutlich wollte er unseren Urlaub nicht schon zu Beginn infrage stellen. Wir folgten Mieke, die nahezu schwebte. Sie machte keine Geräusche, als sie über den Fliesenboden huschte, ihre Bewegungen waren fließend wie die einer Elfe.

Auf dem Weg zu unserem Zimmer sah ich mich unauffällig um. Das Haus war sauber und wirkte überaus spartanisch eingerichtet. Auf den geölten Kiefernkommoden lagen kleine Deckchen, die im Design der Kleidung Miekes ähnelten. Sie schien alles selbst zu weben und zu nähen. Als ich in einem Zimmer, das sie uns als Kreativraum erklärte, zwei Spinnräder sah, war mir klar, dass sie sogar die Wolle selbst herstellte. Hoffentlich schlachtete sie nicht auch noch eigenhändig. So ein Huhn oder Kaninchen mochte ich nur fertig in der Auslage der Kühltheke. Die Vorstellung, dass an den Tieren mal Fell oder Federn gewesen waren und das Gesicht womöglich entzückende Knopfaugen geschmückt hatten, behagte mir nicht.

In mir erwuchs ein eigenartiges Gefühl, das sich von Minute zu Minute verstärkte. Jochen schien es ähnlich zu ergehen. Er verlangsamte seinen Schritt und drückte meine Hand außergewöhnlich fest. Schließlich standen wir vor einer Tür, die Mieke mit einer fließenden Handbewegung öffnete. »Ihr Lieben, das ist unsere Liebessuite«, flötete sie. Mieke sprach noch immer nicht in normalem Tonfall, sondern weiterhin stets in leisen, singenden, weichen Tönen. Das Einzige, was ihr fehlte, war ein Heiligenschein.

Ich hielt den Atem an. Im Zimmer befand sich … nichts als ein Bett. Gelaugtes und geöltes Kieferngestell, ganz sicher ökologisch korrekt. Neben dem Fenster stand eine Kommode, ebenfalls gelaugt und geölt. Ebenfalls ökologisch korrekt. Eine Kleiderstange rundete das Interieur ab.

Das war alles.

Jochen räusperte sich. »Ähm, das ist das Liebesnest?«

Mieke nickte. »Jochen, ihr habt das beste Zimmer. Solltet ihr planen, hier Nachwuchs zu zeugen, könnt ihr dies unter ökologisch völlig unbedenklichen Bedingungen tun.«

»Meine Frau ist 50«, lächelte Jochen, was ich reichlich unverschämt fand. Warum sagte er nicht: »Ich bin 54«, was wirklich fairer gewesen wäre, anstatt auf meiner biologischen Uhr herumzuhacken. Aber bevor ich diese Spitze loswerden konnte, begann Jochen mit weiteren Nachfragen. »Wir zahlen für dieses Zimmer 230 Euro in der Nacht. Und hier ist nichts, faktisch nichts außer diesem Bett?«

Mieke lächelte entrückt. Sie war durch nichts aus der Ruhe zu bringen. »Ja, Jochen. Und die Kommode. Handgeölt von meinem LAG.«

»LAG?«

»Jochen, das ist ein Lebensabschnittsgefährte. Heiraten ist völlig out und für unsere Begriffe auch zu spießig.«

Jochen schluckte, aber am Pochen seiner Halsschlagader, deren Welle sich an der Schläfe fortsetzte, erkannte ich, dass er kurz vorm Platzen war. »Ich zahle diese horrende Summe also für ein Bett und eine Kommode?«

»Schaut mal, ihr beiden«, hob Mieke an und strich meinem Mann sacht über den Unterarm. (Ich kann an dieser Stelle schwören, dass sich seine Härchen für einen Moment wohlig aufgestellt haben. Ganz bestimmt!) »Schau mal, Jochen, es gibt keinen Fernseher, der euch mit negativer Strahlung belasten könnte. Dieser Luxus kostet nun mal extra. Genau wie das fehlende Telefon und dass wir in diesem Haus WLAN ausschließlich an der Rezeption haben, sonst aber alle Strahlen von den Gästen fernhalten. Netz für Handys gibt es ebenfalls nicht.«

Jochen schnappte nach Luft und wirkte wie ein an Land gespülter Fisch. Seine Härchen hatten sich bereits wieder geglättet. »Das ist nicht Ihr Ernst. Wir sollen für Dinge zahlen, die es gar nicht gibt, weil Sie die entfernt haben?«

»Gar nicht erst hingestellt ist die korrekte Aussage, Jochen«, erklärte Mieke in ihrem immer noch monotonen Singsang.

»Aber das Frühstück ist im Preis enthalten?«, fragte ich vorsichtshalber nach, in der Hoffnung, Miekes Antwort würde meinen Mann beschwichtigen.

»Natürlich. Alles Bio, und kein Fleisch.«

Das erleichterte mich, meine Schlachtungsbefürchtung war somit hinfällig. Obwohl ich einem deftigen Stück Wurst nun wirklich nicht abgeneigt war.

»Auf zuckerhaltige Lebensmittel verzichten wir ebenso«, sang Mieke weiter. »Back to nature, back to the roots of human.« Für sie schien das alles selbstverständlich zu sein. Sie vermietete ein Hotelzimmer vom Standard Jugendherberge mit Ökocharme und verlangte dafür horrende Summen, weil sie ihm das Bioprädikat aufgedrückt hatte.

»Ich glaube, ich brauche was zu trinken«, stieß ich aus. Dieser Urlaub lief nicht gut an. Gar nicht gut …

Jochen schnaubte neben mir wie ein wütender Stier, die Aussicht auf das karge Frühstück hatte seine Laune keineswegs gehoben.

Mieke bemerkte davon nichts. »Ich habe weiterhin verschiedene Teesorten im Angebot oder Limonade oder Cola. Alles in Bioqualität, versteht sich. Das ist doch klar, Jochen.«

Biocola, was war denn das für ein Blödsinn. Egal, ich ließ mir von Mieke eine Flasche aufs Zimmer bringen. Sie schmeckte entfernt nach dem, was ich unter Cola verstand, aber ich hatte auch nichts anderes erwartet. Jochen saß derweil auf dem Bett und stierte vor sich hin. Es war kühl im Raum, die Heizung gedrosselt.

»Gegen Kälte kann man sich anziehen. Es ist nicht okay, der eigenen Bequemlichkeit wegen die Umwelt zu belasten. Ich habe, falls es zu kalt ist, auch noch Schafswollsocken im Angebot. Aus selbst gesponnener Wolle hergestellt. Echte Qualität. Wie alles bei uns.«

Mieke hatte viel im Angebot, wie ich boshaft feststellte.

Jochen schickte sie raus und versuchte vergeblich, die Raumtemperatur mit dem Thermostat zu erhöhen.

»Wann geht denn das Boßeln los?«, fragte er schließlich resigniert. »Ich hoffe, das taugt wenigstens was. Auf der Homepage klang das alles hier so klasse. Man soll eben nichts buchen, wenn es keine Bilder gibt. Aber ich dachte, das Hotel ist ganz neu und somit muss es auch in Ordnung sein.« Er redete in einer Endlosschleife, doch das brachte uns nicht weiter. Ich wollte mir diese Reise nicht vermiesen lassen und legte eine Prise gute Laune in meine Stimme.

»Um drei. Um drei geht es lohos«, sang ich. Ein Blick auf die Uhr zeigte mir, dass uns noch eine Stunde blieb. Ich inspizierte das Bad in der Hoffnung, zumindest dort auf einen gewissen Luxus zu stoßen. Das war natürlich auch Fehlanzeige. Es lagen weder kleine Pröbchen noch große Handtücher aus. Lediglich zwei naturfarbene Frotteetücher zierten die beige gekachelte Nasszelle. Auf dem Waschbecken lag ein Stück Kernseife, aber wenigstens ungebraucht.

Mieke hatte Fokko fürs Boßeln organisiert. Fokko war Jeveraner, darauf bestand er, und er wurde tatsächlich fuchsig, als einer der Gäste ihn als Ostfriesen titulierte. »Ich bin Jeveraner. Das gehört zu Friesland. Ostfriesland beginnt erst jenseits der Stadt. Und kein Jeveraner möchte als Ostfriese bezeichnet werden, kein Ostfriese als Jeveraner. Das ist seit Menschengedenken so.« Für Fokko war dies eine richtig lange Ansage, gab er sich doch sonst eher friesisch wortkarg.

Ich kommentierte das nicht, fragte mich aber, wo jenseits von Jever wohl liegen mochte. Jedenfalls war Fokko Profiboßler und hatte rote Gummikugeln und einen Stab mit einem Korb dabei.

Die Hotelgäste scharten sich um ihn, als er die Regeln erklärte und auch, wozu dieser eigentümliche Fangkorb nützen sollte. »Damit holen wir die Kugeln aus dem Schlot.« Er blickte mich kurz abschätzend an. »Ich übersetzte das mal für die Nichtfriesen: Ein Schlot ist der Graben an der Straßenseite.«

Wir hatten gelesen, dass man beim Hobbyboßeln einen Bollerwagen mit Spirituosen und Leckereien mitnahm. Aber in dem Fall hätten wir Spaß gehabt, und der war hier ausdrücklich unerwünscht. Fokko war schlichtweg entsetzt, als wir ihn danach fragten. »Wir haben keinen Schnaps oder ungesunde Nahrung mit. Das würde unsere Körper, vor allem in der kalten Jahreszeit, zu sehr schwächen«, erklärte Fokko. »Es geht schließlich um den Sport!«

Wir warfen folglich die Kugeln über die Wege, fischten sie regelmäßig aus dem Schlot. Wir boßelten uns durch eine Wiesenlandschaft bis nach Cleverns und zurück. Die anderen Hotelgäste ähnelten Mieke und Fokko im Äußeren, in der Sprache, im Auftreten.

Jochen und ich hingegen waren eher Aliens, die sich unter eine fremde Spezies gemischt hatten. Wir trugen Steppjacken und Stirnbänder mit Polyesteranteil, nicht die Wollvariante. Wir hatten normale Winterschuhe an, keine Ökoboots, und ich war geschminkt, während der Rest der Truppe die Augenringe und Hautunreinheiten nebst spröden Lippen mit unterschwelligem Stolz zur Schau stellte.

Auch unser Auftreten unterschied sich grundlegend von den anderen. Immer, wenn ich laut über einen gelungenen Wurf jubelte, blickte mich die scheinbar geläuterte Restmannschaft an, als wäre ich reif für die Klapse. Gefühle äußerte man hier nur dezent. Wie in einer sachten Umarmung, wahlweise in einem anerkennenden Kopfnicken. Keinesfalls wurde man laut oder hüpfte vor Freude. Ruhigen Schrittes schlich man leicht vornübergebeugt und mit handgestrickten Norwegermützen getarnt über den Asphalt, gab nur hin und wieder einen Kommentar zur aktuellen politischen oder ökologisch fatalen Situation ab, vor allem, was die Intensivlandwirtschaft anging. Man feierte sich, weil man sich eindeutig zum besseren Menschenschlag zählte als den Rest der Welt.

Jochen und ich aber gehörten einfach nicht dazu. Ob es das war, was uns am Ende verleitete zu tun, was in unserer Situation unausweichlich war? Oder ob das alles nicht passiert wäre, wenn wir ein Teil der Gemeinschaft gewesen wären? Wer wusste dies schon.

Wir waren heilfroh, als das Boßeln vorbei war und Fokko uns zurück zum Hotel brachte.

Nun freuten wir uns auf den Grünkohl. Das Essen würde uns für die Widrigkeiten entschädigen. Denn beim Grünkohl konnte auch eine Mieke nichts verkehrt machen. – Dachten wir.

Wir erwarteten eine deftige Speise mit Pinkel, Mettwurst, Kassler und Speck. So wie wir es im Internet recherchiert hatten.

Aber wir hätten Mieke zuhören sollen. Als wir anstelle der angepeilten Köstlichkeiten geräucherten Tofu serviert bekamen, übertrat das für meinen Mann die Grenze des Erträglichen. Erst sackte ihm die Kinnlade herunter, dann sprang er so heftig auf, dass der Stuhl hintenüberkippte. »Ich habe *Grünkohl* bestellt. Echten ostfriesischen Grünkohl. Nicht so einen Ökofraß!«

Die anderen Gäste blickten reichlich pikiert herüber. Sie waren alle tiefenentspannt, genau wie Mieke. Diesen Bewusstseinszustand hatten Jochen und ich definitiv noch nicht erreicht. Mieke schwebte gerade mit einer weiteren Grünkohlschüssel und ökologisch und biodynamisch angebauten Kartoffeln in den Speisesaal. Sie stellte die Schüsseln auf dem Nachbartisch ab und trat zu uns an den Tisch. »Gibt es Probleme, Jochen? Wir können hier über alles reden, aber bitte nur in Ich-Botschaften. Vorwürfe vergiften das Klima. Und das willst du sicherlich nicht.«

»Ich rede, wie ich es will«, stieß Jochen aus.

»Das ist doch schon ganz gut«, säuselte Mieke. »Nun noch einen etwas freundlicheren Tonfall.«

»Wo ist das Fleisch?« Jochen hieb seine Gabel in den Tofuberg, der immerhin mit gehackter Petersilie geschmückt war.

»Jochen«, hob Mieke tadelnd an, »wir servieren keine Leichenteile in diesem Hotel. Wir leben gesund und in Einklang mit Natur und Seele.« Sie wollte sich eben abwenden, als Jochen den Grünkohl von der Gabel tropfen ließ. »Das ist ja eher Suppe. Sicher fehlt auch Schmalz darin, oder?«

Mieke ließ sich trotz des harschen Tons noch immer nicht aus der Ruhe bringen. »Jochen, Schmalz wird aus Leichenteilen hergestellt!« Sie hatte offenbar nicht vor, weiter über diese Art der Grünkohlzubereitung zu diskutieren. Im Biohotel *Seelenglück* verzehrte man das friesische Nationalgericht eben so. Dafür zahlten die Gäste einen hohen Preis.

Jochen zog an meinem Ärmel und zerrte mich raus. Er rannte zum Parkplatz, riss die Autotüren auf und brauste mit durchdrehenden Reifen in Richtung Jever. Dort aßen wir den besten und fettigsten Grünkohl.

Mieke trug Stiefel und Latzhose, als wir zurückkamen. Sie fegte den Hof. Ihrem Gesicht war kein Unmut über Jochens Wutausbruch anzumerken. Sie lächelte: »Jochen, wir sind nicht nachtragend. Auch nicht, wenn die Kommunikation eher disharmonisch verläuft. Ich bin dir nicht gram, Jochen. Du musst deine Emotionen rauslassen, sonst machen sie krank. Aber es wäre besser, du würdest andere Wege dafür finden, als deinen Frust bei mir abzulassen. Wir sind doch keine Feinde! Wir lieben uns hier alle. Nicht wahr, Jochen?« Sie zwinkerte ihm zu und ich wurde das dumme Gefühl nicht los, dass meinem Mann diese Geste durchaus gefallen hatte. Ähnlich wie das Getatsche auf seinen Arm. Egal, wie ärgerlich er zuvor noch gewesen war, das üppige Mahl hatte ihn gnädig gestimmt. Oder der reichliche Schnaps, der danach ausgeschenkt worden war.

»Hast du Lust, mit mir in den Entspannungsraum zu gehen? Ich denke, das wird dir guttun.« Mieke stellte den Besen an die Hauswand und sah Jochen fragend an. Der wiederum wandte den Kopf in meine Richtung und zog ergeben die Mundwinkel nach unten. Ich gebe zu, dass mir das alles suspekt war. Ohne diesen Küstennebel, wie sie den Schnaps hier nannten, wäre er nicht so gefügig gewesen.

Insgeheim fürchtete ich deswegen, dass Jochen nach dieser Entspannungssession in Kombination mit dem vielen Alkohol plötzlich ein Teil dieser verschworenen Gruppe sein könnte und ich der einzige Haken wäre, der nicht passte.

Trotzdem gab ich nach, welche Wahl hatte ich? Ein gutes Buch würde mir derweil die Zeit vertreiben, ich zog es aber vor, im Aufenthaltsraum vor dem Kamin darin zu schmökern. Wer wusste schon, wie lange Jochen für seine Entspannung brauchen würde, und nach spätestens einer Stunde hätte ich in unserem biodynamischen Zimmer Eiszapfen an der Nase.

Ich setzte mich also vors Feuer, las ein Kapitel. Ein zweites. Ein drittes. Dann wurde ich unkonzentrierter. Sah auf die Uhr. Blätterte mechanisch weiter. Nach zwei Stunden hielt ich es nicht mehr aus. Was tat diese Mieke mit Jochen? Die Frau, die keinen Mann, sondern nur einen LAG hatte. Ich knallte den Roman zu. Mir schwante Übles.

Das Treppenhaus nahm ich noch mit großen Schritten. Im Flur aber verlangsamte ich meinen Tritt, schlich

mich auf den Wollsocken (ich hatte sie Mieke doch abge-
kauft, weil mein rechter Zeh bereits Erfrierungsanzeichen
aufwies) über den Gang, bis ich vor dem Entspannungs-
zimmer stand. Ich legte mein Ohr an die Holztür – und
erstarrte. Alle bösen Fantasien bestätigten sich in Windeseile. Diese Geräusche waren eindeutig, diese Geräusche
gehörten aber nur Jochen und mir.

Ich sah mich um. Dachte an das leichte Streicheln über
den Unterarm meines Mannes. An seine wohlig aufge-
stellten Härchen. An das Zwinkern der Frau mit dem
LAG. Neben der Tür stand eine Bodenvase, sicher hand-
getöpfert und von unschätzbarem ideellem Wert. Was
war mir das egal in diesem Augenblick! Der eine Griff zu
diesem kreativen Erguss, der andere zur Türklinke und
schon befand ich mich in dem abgedunkelten Raum.

Ich überlegte nicht lange, sondern zimmerte die Vase
direkt auf Miekes Kopf. Sie zuckte nur kurz und brach
vor meinen Augen zusammen. Mich wunderte es, sie völlig bekleidet zu sehen. Und Jochen ebenfalls. Er hockte
an die orangefarbige Wand gelehnt, seine Arme seitlich
auf Kissen gestützt. Ich vermutete, dass seine Augen bis
zu meinem Eingreifen geschlossen gewesen waren. Jetzt
aber hatte er sie weit aufgerissen. »Was hast du getan?«

»Ich dachte ...«, stammelte ich, und Jochen ahnte, wo-
rauf ich hinauswollte.

»Wir haben nur Atemübungen gemacht, damit ich
nicht mehr so verkrampft bin, das funktioniert echt wunderbar. Das musst du unbedingt mal ausprobieren.« Seine
Fahne umwaberte mich.

Mir war angesichts der blutig vor uns liegenden Mieke
nicht nach entspannenden Atemübungen. Ich empfand es
als vorrangiges Problem, das Ganze irgendwie zu vertuschen. Jochen aber verfiel sofort wieder in seine singenden Töne. Das hatte Mieke immerhin noch geschafft.
Mein Gatte war völlig relaxt.

Um es vorwegzunehmen: Ich kam aus der Nummer nicht mehr raus. Diese blöden Tonscherben, meine Fingerabdrücke und mein tiefenentspannter Jochen, der nichts, aber auch gar nichts zu meiner Verteidigung beitrug, gaben mir den Rest. Er sagte sogar zugunsten Miekes und ihrer Biobrut aus, fühlte sich plötzlich dazugehörig. Und schon stand ich da als hysterisches Weibsbild. Und diese blöden schwarzen Krähen zogen hämisch kreisend über meinen Kopf, als ich abgeführt wurde. Ich hätte auf meine innere Stimme hören sollen, aber hinterher ist man ja immer schlauer!

So schnell kann es gehen. Ich habe jetzt ziemlich lange Urlaub. Nicht ganz so feudal, wie erhofft. Aber eines ganz sicher auch nicht: Bio!

Grünkohl

Zutaten:
500 g gefrorener Oldenburger Grünkohl, grob gehackt
4 geräucherte Mettwürste
4 Kohlpinkel
500 g durchwachsener Speck, frisch
500 g Kasseler am Stück
125 g Hafergrütze
1/2 Paket Schmalz
Salz, Pfeffer

Zubereitung:
Speck und Kasseler bei schwacher Hitze etwa 30 Minuten mit wenig Wasser auskochen, dann die Würste dazugeben und etwa 10 Minuten köcheln lassen.
Das Fleisch herausnehmen und den gefrorenen Kohl in den Sud geben. Eine Stunde bei schwacher Hitze kochen lassen, nach etwa 30 Minuten die Hafergrütze und das Schmalz hinzugeben. Sollte der Kohl zu flüssig sein, Hafergrütze nachgeben. Mit Salz und Pfeffer abschmecken. Das Fleisch und die Würste erhitzen und getrennt vom Kohl anrichten. Dazu schmecken Salz- oder Bratkartoffeln und gegebenenfalls Senf zum Fleisch.

Autoren

Monika Buttler

Journalistin und Autorin, Magistra der Literaturwissenschaft, Germanistik und Philosophie, war viele Jahre lang als Wohnredakteurin tätig. Seit 2001 Kriminalautorin. Kriminalromane »Herzraub«, »Abendfrieden«, »Dunkelzeit«, »Mord unter dem Halbmond«, »Rache schmeckt tödlich«. Kurzroman »Bei Lesung Mord« in der Reihe »Schwarze Hefte« des Hamburger Abendblatts. Rund 35 Kurzkrimis, Erzählband »Manchmal hilft nur Mord«. Hörbuch / Hörspiel »Ladykiller in Eppendorf« mit Lilo Wanders, Marc Bator und anderen. Außerdem publizierte Monika Buttler ihre Autobiografie »Das Hitler-Ei«. Nominiert für den International Short Story Competition-Preis, erster Preis im Literaturwettbewerb Dorstener Lesezeichen. Herausgeberin von Anthologien. Jurymitglied für den Friedrich-Glauser-Preis Kategorie Krimi-Kurzgeschichte. Monika Buttler lebt mit ihrem Mann in Hamburg. www.monikabuttler.de

Gitta Edelmann

Stammt aus Baden, hat in Brasilien, Schottland und an verschiedenen Orten in Deutschland gelebt, doch hat sie eine besondere Schwäche für die Nordsee, der sie – wie hier – nur zu gerne nachgibt. Neben Kurzkrimis und den Kriminalromanen ihrer Canterbury-Reihe schreibt sie Kinderbücher und hat auch ein Buch zum meditativen Zeichnen mit Kindern verfasst. Außerdem leitet sie Seminare für Kreatives Schreiben. Gitta Edelmann ist unter anderem Mitglied bei den Mörderischen Schwestern, im Syndikat und im Vorstand des Landesverbands NRW des Verbands deutscher Schriftsteller VS. www.gitta-edelmann.de

Heike Gellert

Komme aus Kamen. Nach über 20 Jahren in der Kreisverwaltung Unna widme ich mich den vielen Ks: Kurzkrimis, Kurzgeschichten,

Kriminalromane, Krimödien, Kräutermärchen, Kunst, Kreativität. Ich bin Mitglied bei den Mörderischen Schwestern, im Syndikat, im Westfälischen Literaturbüro Unna, bei Verdi.
www.ewas-apfelernte.de

Anne Grießer

Sie studierte Ethnologie und Germanistik, bevor sie auf die schiefe Bahn geriet. Nach einigen Ausflügen ins seriöse Berufsleben schreibt sie heute hauptsächlich über Mord und Totschlag. Als Autorin (Kurzgeschichte, Roman, Hörspiel, Theater), Herausgeberin und Krimi-Entertainerin schwingt sie in Freiburg die Feder und so manches blutige Theaterrequisit. Sie ist Mitglied bei den Mörderischen Schwestern und im Syndikat. Zuletzt erschienen ihr historischer Roman »Das Heilige Blut« und im Wellhöfer Verlag der Freiburg-Krimi »Die tote Spur«.

Anne Groeneweg

Ist 1960 in Grimersum (Krummhörn) geboren, lebt seit 1979 in Emden. Von 2004 bis 2007 Produzentin der Sendung »Is Teetied bi Gerda und Heike« bei Radio Ostfriesland. Schreibt hoch- und plattdeutsche Kurzgeschichten und Gedichte. Seit 2010 Mitglied des Arbeitskreises der Ostfriesischen Autorinnen und Autoren.

Hannelore Höfkes

Sie wurde 1962 in Aurich (Sandhorst) geboren. Sie ist verheiratet, zweifache Mutter und lebte ihre kreative Phase viele Jahre im eigenen Kostümverleih in Wiesmoor / Großefehn aus. Obwohl sie bereits im zarten Alter von zwölf Jahren zur Papiermörderin mutierte, begrenzte sich das Schreiben im Erwachsenenalter auf Gedichte. Erst die Schreibwerkstatt unter der Leitung von Regine Kölpin brachte die Tinte in ihrer Feder zum Fließen. Seitdem bekennt sie sich zur Serientäterin blutiger, nachdenklicher und lustiger Kurzkrimis. Letzte Publikation in »Muscheln, Möwen, Morde« (KBV) und Kurztexte in zwei Wellhöfer-Anthologien.

Matthias Houben

Jahrgang 1951, nach dem Studium von Germanistik, Philosophie und Informationswissenschaften in unterschiedlichen Berufen unterwegs.

Lebt und arbeitet als Softwareentwickler in Ostfriesland und schreibt Geschichten, Storys und Erzählungen.

Betrachtet sich selbst als Geschichtenerzähler.

Nach Erstveröffentlichungen unter seinem Geburtsnamen Matthias Schneider weitere Veröffentlichungen unter dem Pseudonym Matthias Houben.

www.litbit.de

Christian Jaschinski

Er lebt und arbeitet als Lehrer, Autor und Musiker in Lemgo. Er teilt sich seinen Geburtstag (nicht das Jahr!) mit Jimi Hendrix, was allerdings nicht zu Kollisionen führt, weil Ersterer Geburtstagsfeiern hasst und diversen Tasteninstrumenten zugetan ist, Letzterer hingegen diesseitigen Banalitäten längst entsagt hat und zudem frisurentechnisch völlig anders aufgestellt war. Neben Krimis in Lang- und Kurzform schreibt er Comedy-Literatur, verfasst verständliche (!) Studienbücher und gibt zwei Fachbuchreihen heraus. Er organisiert einen Autorenstammtisch für Autorinnen und Autoren in Lippe / OWL.

www.christianjaschinski.de

Regine Kölpin

Sie ist eine vielseitige Schriftstellerin, die in verschiedenen Genres ihr Zuhause gefunden hat. Die Autorin hat zahlreiche Romane und Kurztexte publiziert, gibt auch Anthologien heraus. Als Regine Fiedler schreibt sie für Kinder. Die Autorin wurde mehrfach ausgezeichnet, z. B. mit dem Stipendium Tatort Töwerland, der Auszeichnung zur Starken Frau Frieslands, dem Jahrespreis der Ostfriesischen Autoren. Ihre Lesungen gestaltet sie neben den Soloauftritten mit musikalischem Beiprogramm des Gitarrenduos Rostfrei, wo die Autorin in einigen Songs auch als Backgroundsängerin zu hören ist. Regine Kölpin ist verheiratet mit dem Musiker Frank Kölpin. Sie leben ihr Großfamiliendasein in einem historischen Dorf an der Nordseeküste Frieslands.

www.regine-koelpin.de

Horst-Dieter Loga

Er wurde 1952 in Seesen am Harz geboren und lebt mit seinem Hund Charly in Hatten-Sandkrug bei Oldenburg im Ruhestand. Nach seinem Studium unterrichtete er am Schulzentrum Sande und war anschließend für 23 Jahre Schulleiter der Grundschule in Neustadtgödens. Schon immer war Literatur neben der Musik und dem Sport seine Leidenschaft. Während seines Berufslebens war dafür allerdings wenig Zeit, zu wenig, um sich auch dem Schreiben intensiv zu widmen. Erst nach Eintritt in den Ruhestand bestand diese Möglichkeit verstärkt. So entstanden in den letzten Jahren mehrere Kurzgeschichten, Kurzkrimis, Erzählungen und Satiren, die zum Teil auch auf www.wortkrieger.de veröffentlicht wurden.

Lotte Minck – eigentlich Brenda Stumpf

Sie lebte 50 Jahre im Ruhrgebiet, bevor es sie an die Nordseeküste zog. Nach diversen beruflichen Stationen entdeckte sie vor knapp neun Jahren das Schreiben für sich. Als Lotte Minck verfasst sie die Ruhrpott-Krimödien-Reihe um die Sexhotline-Mitarbeitern und unfreiwillige Ermittlerin Loretta Luchs, stellt als Frau Keller eine Hälfte des Autorinnenduos Auerbach & Keller dar, veröffentlicht aber auch unter ihrem echten Namen sowie als Stella Conrad.

Sabine Prilop

Sie wurde 1960 in Göttingen geboren. Nach einer kaufmännischen Ausbildung studierte sie Literaturwissenschaft und Philosophie in Göttingen. Sie lebt als Schriftstellerin und Journalistin in Göttingen und ist stellvertretende Landesvorsitzende des Verbandes deutscher Schriftsteller in Niedersachsen und Bremen sowie verantwortliche Redakteurin der literarischen VS-Mitgliederzeitschrift »Kultur-

Netz«. Außerdem arbeitet sie als Biografin und Ghostwriterin. Verheiratet ist die Autorin mit Helmut Prilop. Sie hat eine erwachsene Tochter, Yvonne Isabel. Die Autorin hat zahlreiche Bücher veröffentlicht, darunter Kriminalromane, Lyrikbände, Sachbücher und Anthologien.

Barbara Saladin
Sie wurde an einem Freitag, den 13. im Jahr 1976 geboren, lebt im Kanton Baselland / Schweiz und arbeitet als freiberufliche Krimiautorin, Journalistin und Texterin. Sie schreibt vor allem Kriminalromane, Kurzgeschichtensammlungen, Kurzkrimis und Sachbücher (zum Beispiel eins über Baltrum). Während eines Krimi-Stipendiums auf Juist im Jahr 2008 lernte sie die Ostfriesischen Inseln kennen. Seither liebt sie sowohl Wellen, Watt und Weite der Nordseeküste als auch die Wälder und Weiden der Schweizer Jurahügel und ist literarisch gesehen an beiden Orten zuhause.
www.barbarasaladin.ch

Insa Segebade
1969 in Leer geboren und in der Nähe von Wilhelmshaven aufgewachsen, hat sie an der Universität Hildesheim Musik, Literatur und Kreatives Schreiben studiert und als Stipendiatin der Hans-Böckler-Stiftung promoviert. Sie arbeitet hauptberuflich als Autorin und Journalistin und lebt mit ihrer Familie im ostfriesischen Rheiderland. Sie hat zahlreiche Bücher veröffentlicht, darunter die Romane »Der Heiler«, »Verstummt« und »Das Geheimnis des Boxers«.
www.insasegebade.de

Regina Schleheck
Sie hat sich im Krimi wie in der Fantastik einen Namen gemacht. Unter anderem wurden ihr mit dem Friedrich-Glauser-Preis der deutschsprachigen Krimautoren in der Sparte Kurzkrimi sowie mit dem Deutschen Fantastikpreis für ein SciFi-Hörspiel die begehrtesten Auszeichnungen beider Genres zugesprochen.

Die in der Nähe von Köln lebende Autorin, im Hauptberuf Ober-studienrätin, daneben fünffache Mutter, Referentin und Herausge-berin, veröffentlicht seit 2002.
www.regina-schleheck.de

Claudia Schmid
Die Germanistin ist Jahrgang 1960, lebt in Mannheim und schreibt Kriminelles, Historisches und Reiseberichte. Neben ihren Büchern hat sie über zwei Dutzend Kurzgeschichten veröffentlicht und mehrere literarische Preise erhalten. Sie ist als Dozentin im Kom-munikationsbereich und als Redakteurin von Kriminetz.de tätig. Mit Vorliebe spielt sie kleine Rollen in Fernsehkrimis. An der Küste verbringt sie gerne ihre Urlaube, dabei hat sie auch schon die Stadt Leer besucht, in der ihr Kurzkrimi angesiedelt ist.
www.claudiaschmid.de

Manfred C. Schmidt
Er lebt in Esens / Ostfriesland, studierte in Köln bzw. Oldenburg Sonderpädagogik und Germanistik. Er ist mit seinen Texten in zahl-reichen Anthologien, Zeitungen und Zeitschriften vertreten und ver-öffentlichte 2007 seine Krimisammlung »Mord im Milieu«, 2010 seinen Debüt-Kriminalroman »Gut Schuss« und 2013 den zwei-ten Kriminalroman »Kaltblut«; Mitglied im VS sowie im Syndikat.
www.esens-krimis.de

Andreas J. Schulte
Der Journalist und Autor, Jahrgang 1965, ist verheiratet und hat zwei Söhne. Geboren und aufgewachsen in Gelsenkirchen, lebt er heute mit seiner Familie in einer alten Scheune zwischen Andernach und Maria Laach. 2013 erschien sein historischer Kriminalroman »Die Toten des Meisters«, dem folgten die beiden Bände »Die Spur des Schnitters« und »Die Ehre der Zwölf«. Neben historischen Ro-manen schreibt und veröffentlicht er auch Kurzgeschichten und moderne Krimis.
www.andreasjschulte.de

Alexa Stein
Wurde 1966 in Nürnberg geboren und kam 1990 der Liebe wegen nach Bremen, wo sie ihre Leidenschaft für den Norden, das Schreiben und mörderisch gute Geschichten entdeckte. Sie ist Mitglied der Mörderischen Schwestern und im Syndikat, war Gastdozentin für Kreatives Schreiben an der Universität Bremen und leitet seit 2011 das Krimifestival Prime Time – Crime Time.
www.alexa-stein.de

Simon Valta
Er wurde Mitte der 50er-Jahre des letzten Jahrhunderts geboren und ist in seinem zweiten Leben unter einem Pseudonym Landarzt.

Jennifer B. Wind
Sie wurde 1973 in Leoben geboren und wohnt mit ihrer Familie bei Wien. Die ehemalige Flugbegleiterin schreibt Romane, Drehbücher und Kurztexte. Zahlreiche Kurzgeschichten, Ratekrimis, Rezensionen und Gedichte wurden in Literaturzeitschriften, Zeitungen, Anthologien und Magazinen veröffentlicht. Viele ihrer Texte wurden mit Preisen ausgezeichnet. Ihr Debütroman »Als Gott schlief« stand vier Monate lang in der Top-10- Bestsellerliste für Krimis und Thriller bei Thalia in Österreich, Deutschland und der Schweiz, auf Platz 1 bei Amazon und Weltbild und wurde für den Wiener Kriminachwuchspreis nominiert. Sie ist Mitglied im Syndikat, bei krimiautoren.at und den Mörderischen Schwestern, deren Website sie betreut.
www.jennifer-b-wind.com

Möwenschrei und Meuchelmorde

Regine Kölpin (Hrsg.)

Wie eine Kette liegen sie vor der Küste aufgereiht, die Inseln Wangerooge, Spiekeroog, Langeoog, Baltrum, Norderney, Juist und Borkum. Verbindet sie aber auch eine Kette mörderischer und rätselhafter Verbrechen, die sich in vergangenen Zeiten zugetragen haben? Spannend, humorvoll und tiefgründig entführen namhafte Autoren den Leser in die kriminelle Vergangenheit der Ostfriesischen Inseln.

Begeben Sie sich auf eine packende Zeitreise!

320 Seiten, Euro 9,95

www.wellhoefer-verlag.de